旅游体验理论要略

ASPECTS OF TOURISM EXPERIENCE THEORY

余志远　著

东北财经大学出版社
Dongbei University of Finance & Economics Press

大连

图书在版编目（CIP）数据

旅游体验理论要略 / 余志远著. 一大连：东北财经大学出版社，2024.1
ISBN 978-7-5654-5032-7

Ⅰ.旅…　Ⅱ.余…　Ⅲ.旅游理论-研究　Ⅳ.F590

中国国家版本馆CIP数据核字（2023）第225969号

东北财经大学出版社出版发行

　　大连市黑石礁尖山街217号　　邮政编码　　116025

　　网　　　址：http：//www.dufep.cn

　　读者信箱：dufep @ dufe.edu.cn

大连图腾彩色印刷有限公司印刷

幅面尺寸：170mm×240mm　字数：219千字　印张：15　插页：1
2024年1月第1版　　　　　　2024年1月第1次印刷
责任编辑：魏　巍　徐　群　责任校对：何　力
封面设计：原　皓　　　　　　版式设计：原　皓
定价：75.00元

本书系国家社会科学基金一般项目"美丽乡村建设背景下乡愁旅游场建构研究"（项目批准号：21BJY200）阶段性成果

本书出版受东北财经大学学术专著出版资助（项目批准号：2023zy10）

序言

"一切理论都是灰色的，而生活之树常青。"这是歌德《浮士德》一书中魔鬼梅菲斯特的名言。就理论本身的外在表现而言，理论确实有灰色的一面——理论并不展现多彩世界的全景，它只抽取纷繁现象的实质，色彩自然有些单调暗淡；理论表达不同于日常会话，它必须有严密的逻辑和专门的术语，这也增加了理论的"灰度"。但是，这并不代表理论的功能也是灰色的；相反，科学理论的功能总是像金子一样熠熠生辉，它不但能启迪人生的智慧，更能为社会实践照亮前程。旅游景观开发的理论与实践就是生动的例子。

阿尔贝蒂在1485年出版的《论建筑》一书中详细阐述了他对理想庭园的构想。他所提出的以绿篱围绕草地（称为植坛）的做法，成为文艺复兴时期意大利园林以及后来的规则式园林中常用的手法，他本人被誉为"真正系统论述园林"的理论家。雅克·布瓦索在1638年出版的《依据自然和艺术的原则造园》中论述了造园法则和要素、林木及其栽培养护、花园的构图与装饰等，为后来的古典主义园林艺术奠定了理论基础。威廉·肯特宣称"自然嫌弃直线"，主张以绘画的方式真实地复制自然，开辟了近代风景园林艺术的经典之路，被誉为"风景园林设计之父"。

19世纪中叶至20世纪中叶，西方旅游景观开发开始了由传统向现代的飞跃，而引领这一飞跃的正是现代景观的科学和艺术两大流派的理论先锋。前者以19世纪中叶奥姆斯特德提出的"保护自然景观、保持园区草地、选用当地树木、道路循环、全园分区"设计理念及19世纪后半叶出现的"城市公园、公园大道与城市中心整体化"系统思想为代表；后者以20世纪初西方新艺术运动维也纳分离派的"弃写实、趋抽象"设计理念及现代主义浪潮设计师埃瑞克安的"吸收立体主义构图思想"设计观念为代表。

20世纪50—60年代，在欧美的城市、交通、住宅等诸多建设领域中，反对模仿传统、追求空间而非图案和式样、强调为人使用、构图原则多样化、建筑和景观融合的现代主义景观理论流行一时。经过第一代、第二代设计师结合传统和现实的设计，现代主义景观开发形成了不同的流派和风格。20世纪60年代末70年代初，经济繁荣下的社会畸形发展，引发了人们对生存环境和文化价值危机的思考，环境保护和历史保护成为普遍的意识，后现代主义、生态主义、解构主义等景观开发理论大行其道，由此带动了景观开发实践进入多样化时代。

人们常说，伟大的实践催生了伟大的理论。我们同样可以说，伟大的理论引领了伟大的实践。

尽管如此，旅游学术界和业界不相信理论能指导旅游实践的仍大有人在。他们认为：旅游业是实践性极强的行业，需要的是具有实践经验的人才而不是理论工作者。只要掌握实践技能和经验，有无理论素养并不重要。其极端者更是对理论指导实践持蔑视态度。网络上，一位旅游行业同仁发表了两篇题为"猪在教鸟儿怎么飞"的文章，一篇以比喻开头，一篇以比喻结尾，其核心观点都是对社会科学理论及其实践指导意义的否定，以及对实践经验的推崇。作者历数社会科学理论的种种不足和实践经验的诸多优点，基本不提前者的长处和后者的局限。须知，理论是关于事物的抽象的系统知识，经验是对事物的具象的简单总结，二者皆源于实践，各有其妙。就普适性、深刻性和"有效期"而言，理论与经验又不可相提并论。至于把理论比喻为"猪",把实践比喻为"鸟",虽是比喻,但终究有些不伦不类。理论是人类独有的思想结晶,实践是人类有目的、有意识的社会活动;猪和鸟均为动物,靠先天遗传和后天经验获得生存本领,有心理而无思维,有行为而少目的,哪个可以比作理论?哪个可以比作实践?论者也是学过理论的,只可惜因噎废食。如果还保留一点辩证法、认识论、实践论的理论素养,就不会如此片面地看待问题,也不会有此似是而非的比喻了。

虽然有人相信理论对实践的指导功能,但对于"如何指导"却不甚了了。在旅游研究中,理论与旅游研究实践脱节的现象时有发生,有的论著所综述的理论与将要开展的研究主题貌合神离,更有甚者,前面申明要运用的基本理论与后面所研究的主要内容脱钩断链。在旅游管理中,理论与旅游管理实践脱节的现象也屡见不鲜,有的管理者热衷于引进新理论、新理念,或生吞活剥,或装点门面。理论如此指导实践,其效果可想而知。上述这种情况,再加上个别"信而不用"的现象(如理论工作者"为研究而研究",旅游管理者只把理论挂在嘴边),也加剧了人们对理论指导实践有效性的疑虑。

理论的有效性取决于两个方面:一是理论的真理性;二是理论的适用性。

理论的真理性是指理论与所反映客观实际的符合程度。并非所有的理论都能如实反映客观实际,有的符合程度高,有的符合程度低,有的则完全不能如实反映客观实际。一般说来,理论的真理性越强,其指导实践的有效性就越高;理论的真理性越弱,其指导实践的有效性就越低。反常的情况也是有的,但这主要不是理论本身的问题,而是由理论以外的因素所致。反常最终还是要回归常态。哥白尼的"宇宙日心说"比"地心说"有较多的真理性,由于受宗教等势力的压制,"日心说"还是不敌"地心说",长时期不能发挥对天文研究的主导作用,直至50年后开普勒以椭圆轨道取代圆形轨道加持了"日心说"的真理性,"日心说"才在与"地心说"的竞争中取得迟到的胜利。农学家李森科提出的植物"阶段发育学说"理论,并无几分真理性,却凭借官方的推广,强行用于指导实践,一时风头无两。不到30年,李森科的理论及其指导的实践宣告失败。

理论的适用性是指理论在应用过程中的适宜程度。理论的适用性包括两个方面：一是理论与所指导的实践的适宜程度；二是理论与运用者的适宜程度。理论具有普适性，但这种普适性也是有限度的。就理论与所指导的实践而言，如果理论的内容与实践无关，再正确的理论也无法直接指导该实践，至多在思维上有所启迪，这就像中医所讲的"药若对症一碗汤，药不对症用船装"。一般说来，理论与实践的适宜程度越高，理论的有效性也就越强；反之亦然。就理论与运用者而言，如果运用者不熟悉或不习惯某种理论，即使该理论与所指导的实践再适宜，该理论的有效性也无法得到发挥。毕竟，理论不会自动指导实践，它要通过运用者付诸实践才能发挥效用。文化学理论是指导旅游文化研究的理论之一，有些旅游学者运用自如，在旅游文化研究方面取得了丰硕的成果，文化学理论也因此成为旅游文化研究的最佳利器；旅游学理论也是指导旅游文化研究的理论之一，有些文化学者对旅游学的理论并不熟悉，却自称"运用旅游学的理论研究中国旅游文化"，结果其所发表的"中国旅游文化"论著除了在概念上多了"旅游"二字外，在内容上与"中国文化"并无二致。旅游学理论的效用完全没有发挥出来。

"理论有效性"的探讨是理论与实践关系研究的一部分。我国顶级旅游期刊《旅游学刊》曾开辟专栏专门探讨旅游理论与旅游实践（包括旅游研究实践）的关系。旅游体验研究在我国旅游学术界已成为"显学"，如何运用相关理论指导旅游体验研究也成为学术界关注的热点，相关研究成果相继问世，东北财经大学旅游与酒店管理学院余志远博士的专著《旅游体验理论要略》就是本领域最新出版的一本。

旅游者为什么要进行旅游体验？他们在实地旅游的过程中将会获得怎样的体验？如何提升游客的体验品质与地方认同？哪些指标能够评价与衡量他们所获得的体验？这些都是旅游体验研究者普遍关注且众说纷纭的重要课题，也是本书关注的焦点。

对于人们为什么要进行旅游体验，中外学者试图从不同角度加以解释，可谓成果累累。本书从旅游内驱力的角度，重点介绍、论述了"补偿匮缺"这个一元论的观点，为此回顾了旅游内驱力理论的思想渊源，阐释了其理论内涵，并结合案例剖析了理论在实践中的应用。寻找"真实"被普遍认为是旅游者外出旅游或进行体验的内驱力之一。在作者看来，作为内驱力的旅游体验真实性问题，归根结底也是"补偿匮缺"问题。因此，作者继讨论"补偿匮缺"一元论之后，又特别讨论了旅游体验真实性问题的产生、理论的形成、内涵的演变、流派的类型，并运用旅游真实性的理论阐释了怀旧、文化商品化等与之相关的问题，提出了解决方案。上述内容具体体现在本书第一、二章中。

旅游体验是多种多样的，有旁观式体验，有参与式体验，有审美体验，有交往体验，有求知体验，有康乐体验……林林总总，应有尽有。旅游者在实地旅游的过程中将会获得怎样的体验？如何解释这些所获得的体验？答案也是五花八门。作者讨论了凝视、具身、符号、拟剧等旅游体验理论，不仅通过文献述评回顾其诞生与发展的脉络，而且提出了对一些问题的看法，通过实际应用指导实践，验证理论。上述内容具体体现在本书第三、四、五章中。其中，第三章讨论了凝视与具身两种理论与体验，第四、五章依次讨论了符号学与旅游审美体验、拟剧理论与戏剧体验。

提升游客的体验品质与地方认同是旅游者和旅游业的共同目标。如何提升游客的体验品质与地方认同？这既是理论问题，也是实践问题。学术界和业界为此做出了不懈努力，也留下了诸多困惑。本书第六、七、八章努力给出答案。其中，第六章结合契克森米哈赖的心流理论，讨论了旅游中的最佳体验状态——心流体验；第七章着重思考旅游体验的仪式感问题，在回顾旅游仪式感理论的基础上，剖析了旅游仪式感生成的关键要素，提出了提升游客体验品质的具体策略；第八章则重点讨论了旅游体验中的地方感主题，对游客地方感研究中的一些理论观点提出批判与反思，提出了提升游客地方感、促进游客地方认同的具体办法。

研究旅游体验，离不开对旅游体验的评价和测量。哪些指标能够评价与衡量旅游者所获得的体验？学术界为此做出了积极的尝试，也留下了诸多困惑。本书第九章专门探讨了旅游体验效果的评价问题。作者针对旅游体验质量测评中遇到的困惑提出自己的看法，明确提出：旅游体验质量的评价与测量可视为容纳度较大的评价体系，由旅游产品功能属性评价、旅游服务质量评价、游客体验感知评价等子系统组成，应依据场景、情境加以构建。作者还以休闲农庄旅游为情境构建了该旅游场体验质量的评价指标体系。

本书是一部研究旅游体验理论与实践的专著，与同类论著相比，有以下显著特点：

第一，视野宏阔。旅游体验研究魅力巨大，引来众多学科和流派竞相参与。哲学、社会学、文化学、人类学、经济学、美学、历史学、管理学、地理学、心理学……粉墨登场，科技派、艺术派、环境派、古典派、现代派、现象学、符号学、凝视论、拟剧论、仪式论、后现代主义、实证主义、诠释主义、存在主义、建构主义、女性主义……不一而足。每一学科和流派又有众多分支相互渗透。旅游体验研究已有众多成果，同类论著多着眼于某一方面或概述背景，未窥全豹。阅读本书，犹如立于高山之巅，旅游体验研究的江湖丘壑，尽收眼底。

第二，内容系统。如前所述，旅游体验研究魅力巨大，引来众多学科和流派竞相参与。随之而来的问题就是，参与旅游体验研究的众多学科和流派往往各自为战，纷纭而不集中，令人眼花缭乱，以致后来研究者在述评这些内容时，往往平铺直叙，不够系统。本书以旅游体验研究为中心，旁涉相关理论和方法，以"为何体验→什么是体验→如何体验→怎样测评"为主轴，巧妙地将漫溢散沙变成落盘珠玑，集中而成体系，合声而成妙曲。

第三，方法多样。旅游体验的跨学科研究，决定了其方法必然是多样的。以一己之力，评述这些方法本身就够吃力了，如何让这些多样的方法为己所用，更令研究者头痛不已。所以，在旅游体验研究中，研究者普遍只选择一两种理论或技术方法加以运用，而能多种方法同时运用的，少之又少。在本书中，作者不但以一人之力评述了数十种旅游体验研究的方法，而且熟练运用了旅游社区、地方感、凝视、真实性、怀旧、认同、拟剧、符号等理论，来研究旅游地居民地方感生成、旅游者的自我意识觉醒与主体建构、凝视理论从视觉凝视到精神升华、旅游场与旅游者怀旧情绪、背包旅游者自我认同的建构、旅游剧场的构成、旅游目的地意象的游客感知及形成等诸多旅游体验问题，方法之多、范围之广，令人羡慕。这应当得益于作者良好的方法训练和专注的方法研究（作者曾师从著名旅游学家谢彦君教授，并著有《旅游质性研究方法》一书）。

第四，知行并举。强调理论与实践相结合，这是学术研究的优良传统，旅游体验研究也继承了这一传统，只是贯彻得并不彻底，重应用、轻理论的现象依然比较突出。本书有意矫正这一偏颇，理论与实践并举贯穿全书始终。作者不单介绍了研究旅游体验可用的理论，还对这些理论如何应用于旅游体验研究做了详细的探讨。尤其难能可贵的是，在探讨这些理论如何应用于研究旅游体验时，并没有停留在同类著作泛泛介绍与简单总结的层次上，而是结合自己的学术积累和研究经验，对这些理论与应用，或修正，或补充，或存疑，体现了作者求是、创新的科学态度，从而增加了本书研究的效度和信度，也为读者留下了广阔的思考空间。

余博士谦虚宽厚。唯其谦虚，各种旅游理论与实践得以一书融汇；唯其宽厚，各种旅游理论与实践受到足够尊重。融汇与尊重，并不排斥批判。本书的批判性还是有的，但在学术界缺乏批判精神的今天，本书的批判性应该再加强一些。"吾爱吾师，吾更爱真理。"学术的批判性只会增加学术的生机而无损它的尊严。

余博士的《旅游体验理论要略》，我是花了将近一周的时间读完的，有些章节读了不止一遍。读罢余博士的这部著作，我又想起了理论的另一比喻：理论之树是常青的。是的，通过余博士的《旅游体验理论要略》，我们可以隐约看到，旅游理论之树正在茁壮成长，由灰变青。理论只有深入实践并随之不断更新才能焕发出青春的本色和强大的生命力。换言之，理论的本色和生命力，在于它能否与时俱进，在于它是否扎根实践。时代是理论之母，实践是理论之源。只有与时俱进的理论，才能生生不息，造福时代；只有扎根实践的理论，才能枝繁叶茂，涵养实践。

是为序。

渤海大学旅游学院　邹本涛

2023 年 10 月 5 日于锦州

前言

一

在一代又一代旅游研究者的精耕细作和不懈努力下，旅游研究已形成了诸多细分领域，名家辈出，各种学派继起。党宁等（2023）通过对"中国知网"数据库的部分旅游载文进行梳理，识别出当前我国旅游学术领域已形成旅游体验流派、旅游资源流派和旅游产业流派。旅游体验在 2002 年的中国尚属于新鲜事物，但到今天已有几千篇专文探讨它。短短的二十多年间，它已然成为一个热门研究领域，并发展成为国内旅游研究的重要流派。

旅游体验研究的兴起，显然跟整个社会所处的时代具有一定的联系。美国学者派恩和吉尔摩（1998）在 20 世纪末提出体验经济时代来临，指出体验经济是继农业经济、工业经济与服务经济之后的第四个发展阶段，并认为体验是围绕消费者创造出的难以忘怀的经历。在体验产品的供给体系中，旅游实际上可以看作体验经济的前沿阵地。对于这个时代的宠儿，旅游学术界给予了它应有的学术关照。事实上，国外旅游体验研究在 20 世纪 60 年代就已投入了关注的目光。其中，波斯汀

（Boorstin）是旅游体验研究的先驱者，为旅游体验研究奠定了基础。此外，麦肯耐尔（MacCannell）、特纳（Turner）、科恩（Cohen）、尤瑞（Urry）等分别对旅游体验展开了深入的研究，相关学术著作相继问世，由此也形成了诸多旅游体验领域的研究积累。旅游体验之所以受到热切关注和青睐，不仅由于它是体验经济时代赐给旅游学术界的恩惠，更是由于旅游体验在本质上可以看作旅游研究的核心领域，它是纷繁复杂的旅游现象的万变之源，甚至聚焦于它而形成的科学研究成果能够统御所有旅游知识，从而促成旅游知识共同体的形成（谢彦君，2010）。从根本上来说，旅游心理学、旅游社会学、旅游人类学、旅游美学等讨论的是旅游体验的需求问题，而旅游企业管理、旅游营销、旅游经济学等所要解决的是旅游体验的供给问题。

从旅游体验研究实践价值的角度来看，北美体验派学者较早就认识到旅游体验才是旅游休闲管理的最终产品，甚至指出旅游开发规划的核心是为游客设计独特的体验（龙江智，2010）；而唐文跃等（2018）认为，我国景区开发长期以来存在旅游产品参与性弱、游客体验不佳等问题，严重影响了游客的重游意愿和推荐意愿。因此，加强旅游体验研究具有重要的学术价值和实践意义。

二

自 19 世纪末，第一篇真正意义上的旅游学术文献——鲍迪奥（Bodio）所写的《在意大利的外国人的移动及其消费的金钱》一文发表以来，国际旅游学术研究已整整走过百余年的历史。在这段历史发展进程中，来自不同领域、不同学科背景的学者为了共同的学术使命和目标，不断为旅游知识共同体的建设添砖加瓦。相对于其他学科而言，旅游研究或许显得稍微有些滞后。尽管社会科学对旅游的研究姗姗来迟，但在过去的三十年里，旅游学成为社会学、人类学、地理学、政治学、经济学和其他学科中受人尊敬的学科（Cohen，2008）。在这些成果中，不乏诸多对现象进行深度描述和细致解释的经典文献，最富有贡献或给人以深远启迪的，是通过对现象或问题的探索，提炼出一批具有深刻洞见的理论思想。

　　这些理论对实践问题进行了高度抽象，进而阐发事物的原理，揭示事物背后的规律与机制。理论知识源于人们对自然和社会现象的解释与规律的概括，它由一系列组织起来的概念形成，建构出一套系统的关于某一领域的解释性知识（徐菊凤，2017）。理论与实践之间应相互促进、相辅相成。今天旅游研究中很多理论的形成，绝非像过去那样，旅游研究者只是坐在书斋里闭门造车，而是积极地躬身实践，再将实践中的调查所得进行抽象概括并总结为理论，又由理论指导日后或他者的实践，从实践中来，又回到实践中去。实践为理论的养成提供了肥沃的土壤并作为检验它们的试金石，理论则是实践土壤中开出的花朵，又化作春泥更护花。

　　有人对理论提出质疑，或许可以从以下方面给予解释：第一，理论源于实践，指导实践，但并非百分之百适用。首先，现代旅游学科的理论或其他学科的理论绝对不是空想，也不是纯粹通过形而上或思辨的方法来获得，这些理论都是通过科学的研究方法而得到，是基于对实践的观察以及案例的总结。例如，在管理学领域，保健-激励双因素理论是由赫茨伯格（Herzberg）和他的助手通过对一些企业机构的工程师、管理者的访谈而得到的。它是从实践中提炼出来的，经抽象而形成的理论；反之，它会对实践起到一定的指导作用。然而，理论指导实践并非百分之百适用，这是由于理论在形成过程中采取的方法是归纳法。归纳法的缺陷是归纳不全。理论是从实践中归纳得来的，但总有归纳不够周全的时候，实践中总是能找到例子来反驳它。这就是理论不能百分之百适用的一个原因。如果某项理论能解释百分之六七十的现象，或许它就是一个好理论。第二，理论的产生带有时代性和社会背景，因而具有特殊的时代适用性。比如，旅游真实性理论的建构与发展就具有鲜明的阶段性。很多旅游者去民族村寨旅游地访问是为了体验原汁原味的民族文化。按照这种理论观点，旅游景区提供的旅游产品和活动项目应尽可能地真实，不能虚假，否则被游客识穿后，他们会不满意。这个理论适用于我们当前这个年代。但在未来，随着后现代社会的到来，旅游者可能不再去关注旅游产品和活动项目是否真实，而只是注重其自身开不开心，注重开心就好。所以，在未来旅游真实性理论未必适用。我们有的时候发现一些理论不能适用，原因可能就在于此。第三，对同一个问题的解释可以有不同的理论视角，视角不同，得出的观点或许就不一样。对某个社会现象或某个产业实践的解释，我们可能会形成不同的理论观点，这些理论从不同的视角切入分析，这些观点不太一样，甚至可能是完全相反的。

理论有时还难以引起更多人的共情和认同。关于这个现象，笔者认为可能是由以下因素导致的：第一，不排除部分理论由于语言上过于晦涩或者具有很强的专业性，导致了这些文字难以被清晰地解读。第二，或许因为理论实际上是一种高度的抽象和概括，而上升到理论层面的抽象和概括，其目的并不是简简单单地做个原理的总结，而是要因此达到更具普适性的推广，在更为广阔的实践中得以应用。但也正因为这种高度的抽象，导致了它本身并不能被当作一个具体的"术"去解决实践中的问题，而是要上升为"道"的层面来指导，并对旅游研究者和行业实践者提出善于将理论向应用成果转化的高要求。

三

当传统的产品和服务难以满足顾客的胃口时，消费体验已成为人们关注的焦点，在旅游研究领域的文献获得极大积累的今天，国内旅游学术界尚缺乏一项针对旅游体验流派的集成创新成果。也就是说，目前还缺少对旅游体验基础理论的细致梳理和系统阐释，而紧密地将这些理论与实践结合起来的成果更为稀缺。在这样的背景下，笔者试图回顾旅游体验研究领域的若干代表性理论，阐释这些理论的起源、发展和内涵，尽量结合旅游产业发展实践中的案例，讨论相关理论的实际应用性，并在此过程中对一些理论提出个人的看法。

在本书的研究中，笔者致力于回答旅游者为什么需要旅游体验，他们在实地旅游的过程中会获得怎样的体验，这些体验将有助于他们达到怎样的状态，哪些指标能够评价与衡量他们所获得的体验等问题。在这些问题的讨论中，笔者梳理了相关理论的前期成果，也表达了自己的构想与理论抽象。

全书共九章，大致可划分为四大部分。

　　第一部分，旅游体验的动力（第一、二章）。人们为什么需要旅游体验？我们将这个关乎旅游发展的根本性问题纳入全书讨论的起点。关于这个问题的答案，一些针对旅游动机主题的探讨可以为它提供一定的解释。但笔者还是愿意推荐补偿匮缺的旅游内驱力这个一元论的观点。在笔者看来，它似乎更同于"道"的统一，它所起到的作用或可相当于"道生一，一生二，二生三，三生万物"所产生的效果，该理论可以给我们带来诸多有益的思考。为此，第一章回顾了旅游内驱力理论的思想渊源，阐释了该理论的内涵，并结合案例剖析了该理论在实践中的应用。当大众旅游在全世界范围迅猛发展之时，波斯汀哀叹今天的旅游已丢失了往日的艺术，旅游者追求的是肤浅的、被旅游产业设计好的"伪事件"，即他们获得的是失真的体验。这个话题引起了麦肯耐尔的关注，并对旅游真实性问题产生了讨论的兴趣。显然，麦肯耐尔不同意波斯汀的解释。在麦肯耐尔看来，所有的游客都体现着一种对真实性的追寻。游客是当代的朝圣者，他们远离了家乡到远方精神中心进行朝拜。因此，第二章讨论了旅游体验真实性问题，包括讨论大众旅游现代性与真实性的关系，以此了解真实性体验发生的原因及根源，分析真实性的内涵以及旅游真实性的类型，还阐释了旅游真实性与怀旧、旅游真实性与文化商品化等问题。

　　第二部分，旅游体验的性质与内容（第三、四、五章）。当旅游者决定出游，并展开真正的行程时，日常生活世界之外的绚丽的风景、古朴的建筑以及好客的居民等一一跃入游客视野，这种对非同寻常的景观、符号的观看，在尤瑞的眼里，被定义为旅游凝视。尤瑞赋予了视觉凝视在旅游体验中的根本性和重要性地位，将凝视看作旅游体验的中心。但尤瑞特别强调视觉在旅游体验中的核心地位受到了质疑，他忽视了身体的其他感官在体验中同样起到不可替代的作用。从某种意义上来说，旅游世界俨然成为一个身体的感觉场，自然界中的一举一动都被敏锐的身体触角所捕捉，视觉、触觉、听觉、嗅觉、躯体感觉等方面的综合调动展现出了一个"活生生"的自然，这种旅游体验是多感官的，通过整个身体感受到的。为此，第三章讨论了凝视和具身这两种各具特色的体验，不仅通过文献述评回顾了旅游凝视理论的诞生与发展以及具身理论的兴起，还提出了笔者对一些问题的看法。旅游者在踏上旅途之后便会看到旅游世界中的各种符号，旅游者的体验就是在这个由各种符号构筑的时空中获得的。另外，旅游世界可以被看作由舞台和观众席组成的旅游剧场，旅游者仿佛置身于剧场，徜徉于各个场景，经历起承转合以及旅途中的种种挫折后，最终走向高潮。为此，第四章从符号学的视角讨论旅游审美体验问题，第五章则从戏剧学的角度剖析旅游者的体验，从而丰富对旅游者体验内容的认知。

第三部分，旅游体验的状态（第六、七、八章）。从本质上来说，旅游者的消费实际上是寻找一种特殊的体验，而如何提升旅游体验品质，让游客达到最佳体验状态，进而获得令他们难忘的体验经历，这实际上是旅游企业需要重点关注的话题。第六章结合契克森米哈赖的心流理论讨论旅游中的心流体验问题。第七章着重思考旅游体验的仪式感问题，在回顾旅游仪式感理论的基础上，剖析旅游仪式感生成的关键要素。旅游学科在理论建构过程中，借鉴了诸多其他学科的理论。游客地方感的观念就来自地理学的理论发现。对于游客地方感问题，有学者批评指出，地方感首先针对的是生于斯、长于斯的居民，而旅游体验是一种暂时性的体验，何谈游客地方感？为此，第八章重点讨论了该话题，并明确旅游者的体验同样能够形成地方感。讨论中，笔者对游客地方感研究中的一些理论观点提出了批判与反思，重点分析如何提升游客地方感，促使其在旅游体验的过程中对旅游目的地产生依恋和认同，培养游客更加忠诚的旅游行为。

第四部分，旅游体验的评价与测量（第九章）。第九章关注的是旅游体验效果的评价问题。针对旅游体验质量测量中遇到的困惑提出看法，根本性地认识到旅游体验质量的评价与测量需要分场景、分情境加以考虑，并以休闲农庄旅游为例构建该类旅游场中游客体验质量的评价指标体系。

需要说明的是，尽管笔者努力做出以上尝试，但正如上文所言，旅游管理实际上是一个入门容易、进阶难的专业。而旅游体验作为旅游学的核心，对它的理论探索或者如何将理论与实践有机结合，其难度也是显而易见的。笔者愿以本书为抛砖引玉之作，唤起更多旅游学人对旅游体验研究的关注，并期待与学术界同仁共同攀登旅游体验研究的学术高峰。此外，笔者很想看到有更多的旅游学术界同仁整理各自领域的理论思想，为旅游知识的大厦构建更坚实的基础。

余志远

2023 年 3 月

目录

第一章 补偿匮缺：驱动旅游者出游体验的根本力量

　　旅游者的出游到底是为了什么？这个关乎旅游最根本、最核心的问题，已然在国内外旅游学术界掀起了广泛性的讨论。在某种意义上，这项问题的讨论聚焦于对旅游动机的剖析，并表现为一元论和多元论的观点。麦肯耐尔（1976）在其经典著作《旅游者：休闲阶层新论》中指出，旅游意识的动机是对真实体验的渴望；格雷（1970）则将旅游的动机概括为"漫游癖（wanderlust）"和"阳光癖（sunlust）"；麦金托什等（1985）提出了健康动机、文化动机、社会关系动机、地位与声望动机四分法。类似的讨论有很多，不一而足。但笔者认为，探讨旅游动机问题最具科学性与合理性的路径应该分情境、分群体，甚至需要结合时代背景加以讨论和分析。举例来说，城市旅游者的旅游动机与乡村旅游者的旅游动机必然存在不同；城市主题公园内游客的旅游动机与博物馆内游客的旅游动机也存在差异；老年旅游者出游的动机与"Z世代"旅游者的出游动机同样具有根本性的差别。在格雷的上述二分法的概括中，"漫游癖"和"阳光癖"的动机很明显地与二十世纪六七十年代欧美国家广为流行的背包客漫游以及 3S（Sun（阳光）、Sea（大海）、Sand（沙滩））旅游的兴盛具有极大的关联性。值得注意的是，以上这种多元分类观带有解构的色彩，它们能够更为具体、更为清晰地揭示某些特定旅游者的旅游动机。但需要强调的是，这种分类观只有结合相应的情境、群体类型等因素进行综合考虑，才能发挥其应用价值。从这个角度来说，我们需要真正地了解驱动旅游者出游的根本力量。对于这个问题的讨论，将为人们为什么旅游这个问题的解释赋予更高层次的概括。而笔者还认为，概括往往能使结论可外推至更大的范围。对此，谢彦君的补偿匮缺作为驱动旅游者出游的根本力量的观点满足了这种特性和要求，并具有很好的解释力和实用性。本章首先分析该理论的渊源，通过回顾弗洛伊德的精神分析论和库尔特·勒温的场论观，借此阐释该理论的内涵，并借用案例探讨该理论在旅游实践中的应用。

第一节　弗洛伊德的人格结构说

谢彦君（2015）指出，旅游内驱力是推动旅游者出游的根本力量，其中补偿匮缺可以看作是一个重要的旅游内驱力。该原理可以从心理学领域的动机发生过程加以解释。库恩和米特尔（2008）概括了动机的发生过程（如图 1-1 所示）。

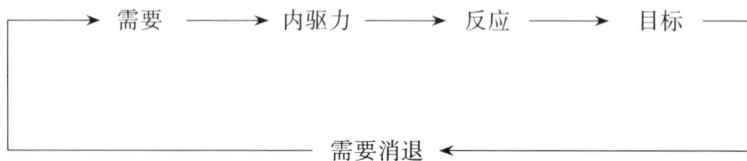

图1-1　动机发生过程的心理学模型

简单来说，需要的缺乏产生了生理或心理上的失衡，这种失衡状态成为内驱力产生的根源，内驱力激发了个体的反应，并利用一个或一组行动，以实现特定的目标。结合马斯洛的需要层次理论可以看出，人的需要不仅包括生理层面的，还包括安全、爱与归属、被人尊重、自我实现等心理层面的需要。同样，旅游需要也包括生理和心理层面的需要。举例来说，一些北方游客旅行至温暖的南方，就是为了弥补日常生活环境中阳光的匮乏，借此补充身体上的能量，这是为了满足生理健康的需要；而有的游客将旅行体验经历当作自己谈话的资本或加入某个群体、获得群体认同的条件，这是出于社交需要或获得他人认可的心理层面的满足。从这个角度来看，补偿某种需要的匮缺是驱使个体行为发生的根源。

我们还可以借助弗洛伊德的精神分析论对这个理论观点进行深入的解释。在弗洛伊德的理论体系中，他的人格结构说为该理论提供了很好的阐释。弗洛伊德（2020）将人格从整体上分为本我（id）、自我（ego）和超我（superego），每种"我"具有不同的特征。本我是指人格中原始的、非理性的冲动和本能，主要由先天的本能和欲望组成，包括一些基本的生理需求。本我行事的原则是快乐至上。通俗地说，就是怎么快乐怎么来，喜欢的东西就要不顾一切得到，只关注自己的欲望是否得到满足，而不顾及是非曲直、美丑对错。弗洛伊德将本我比喻为"一大锅沸腾汹涌的兴奋"，而这股能量来源于力比多（libido）。如果每个人的人格都按本我的意愿行事，那这个世界将充满暴力，处于无法想象的混乱之中。超我是指人格中至善的我、理想的我。超我是一个人在父母、老师及社会人士的教育和规训下，遵纪守法、符合纲常伦理的我。超我的行事原则是至善原则，即按照道德原则行事。自我是指人格中基于现实的我，是协调本我和超我之间关系的我。在某种意义上，本我和超我之间存在矛盾冲突。这是由于超我需要遵守伦理道德、按章办事，而本我则不顾后果，一味寻求生理或心理上的快乐，这就导致了本我和超我之间存在冲突。这个时候，自我就会调和二者之间的冲突，常常采取折中的办法来尽量满足二者的需要。然而，当本我和超我之间冲突非常紧张、矛盾不可调和时，自我也很难给出最优的办法，人也有可能出现精神方面的问题。

如上文所述，本我和超我之间存在矛盾冲突，甚至本我和自我之间也经常出现矛盾冲突的情形。这个时候，人就会感到痛苦和焦虑。弗洛伊德的女儿安娜·弗洛伊德在继承她父亲思想的基础上，在其著作《自我与防御机制》中系统性地提出了著名的心理防御机制理论（郗浩丽，2006）。这种心理防御机制就是自我的一种防卫功能，其作用是维持人们在精神上的稳定，防止个人在心理层次上产生恐惧、悲伤、惊愕等不安的感受，借助于它，自我可以摆脱由内心冲突导致的不快和焦虑，控制过度的冲动、情感和本能欲望，以保持内心的平衡；心理防御机制主要包括否认、歪曲、反作用形成、转移、抑制、投射、摄入、升华、退化情感、幽默、利他、压制、预期、理智化、合理化、补偿、抵消、隔离、幻想、转化、解离等常见的类型（李长庚等，2009）。其中，补偿是很重要的一种自我心理防御机制，它在个体心理出现不平衡、充满焦虑时，利用其他途径让焦虑得以缓解，重新回到健康状态。弗洛伊德的弟子阿德勒则将人的所有心理和行为问题统统交由补偿来解释，当个人追求某种目标受挫或因某种缺陷自卑时，以发挥自己的优势力求在其他某方面得到弥补，从而掩盖自己的焦虑感和不安全感（林崇德等，2004）。从这些原理上来看，补偿匮缺是个体行为发生的内驱力。

第二节　勒温的场论观

德国著名心理学家库尔特·勒温（2003）根据拓扑学的理论，在心理学上引用物理学中的磁场概念，形成了场心理学体系，并认为在个体行为的表象背后，存在决定行为的内在动力，而这种决定力量可以界定为"心理的生活空间"，即行为主体所处的整个主观环境，也就是个体的心理经验的总和，该空间包括"人"和"环境"两个部分（如图1-2所示）。也就是说，在推测个体行为时，必须同时考虑人和环境两个因素。这里的"人"包括"人格内部区域"和"运动知觉区域"两个部分。人格内部区域表示人的需要，运动知觉区域处于人的内层区和心理环境之间的边缘地带，它表示一个人的认知和操作。这里的"环境"并非单指纯客观的外界环境，而是指心理环境，是对个体有实际影响的那些事实。"人"和"环境"既具有各自独立的组织系统，又具有相互影响性质的交互作用，"人"感知和认识"环境"，"环境"刺激或引发"人"的反应。

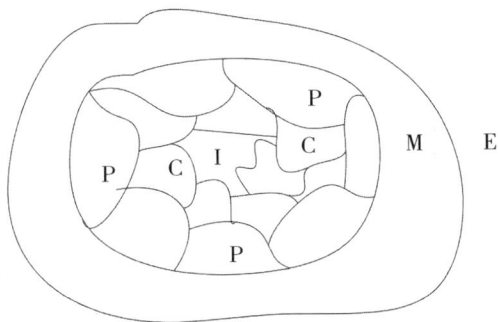

图1-2 人的拓扑结构

注：M——运动知觉区域；I——人格内部区域；P——I的边缘部分；C——I的中心部分；E——环境。

谢彦君（2005）在谈到行为中力的来源时，曾表示："这种力的来源在于存在的不平衡，而不平衡则造成张力，引发运动（流动或移动），运动则构造一种场环境或场现象，包括物理场（如压力的差异）、经济场（如供求的平衡）和行为场（如生理或心理的失衡），它们都有其力的系统，尤其是行为场，其力的来源就是生理或心理失衡所形成的内驱力。"

按照库尔特·勒温的场论观，我们也可大致推测出旅游行为的产生源于潜在旅游者本身及其所处的环境这两个因素共同作用的结果。对此，我们暂且将二者分离开予以论述。但要想做到纯粹的分离是不可能的，因为人并非生活在真空中，环境的影响不可避免。对于旅游行为发生前的"环境"，研究者通常提到的是日常生活环境，并借此指出它是人们希冀冲破生活世界樊篱的主要理由。至于日常生活环境的模样，克里品多夫（1986）曾这样概括："垃圾、噪声、工作、忙乱、学校、勤奋、污染，所有这些词语，都是日常生活中司空见惯的。"实际上，这样的描述用于刻画旅游行为发生前的"环境"颇显不足，原因是：第一，上述对日常生活环境的描述实际上针对的是城市人所处的生活空间，类似这样的描述只能解释部分旅游行为的成因。也就是说，如果要寻求城市居民为何要去乡村旅游的答案，上述词语所概括的日常生活环境还是可以提供一些解释的依据；相反，如要想阐释乡村居民城市游的动机，则会遭遇解释上的困难。第二，潜在旅游者所熟悉的日常生活环境只是"环境"的一个组成部分。当描述旅游这个特定行为发生前的"环境"时，我们最好将脱离日常生活的环境概括其中，从旅游的视角可将这种环境界定为旅游环境。实质上，日常生活环境与旅游环境只是一个相对性的变量，它们完全是从（潜在）旅游者的视角生发的两种不同的感受。举例来说，假设地区 A 是居民甲的日常生活环境，地区 B 是居民乙的日常生活环境，如果甲旅行至地区 B，那么乙的日常生活环境就变成了甲的旅游环境；反之，如果乙到地区 A 旅游，那么甲的日常生活环境就成为了乙的旅游环境。所以，依据上述讨论的不足，我们还可得出这样的启示：首先，对日常生活环境的描述不应只包含消极的色彩，因为这种环境在另一群体的眼中却是五彩斑斓的崭新世界。人们暂时性地离开日常生活环境进入旅游环境的根源或许在于两个环境之间所表现出的差异性特征，如景观的差异、人物的差异、文化的差异、生活习性的差异等。正是由于这种差异性特征，使得某一地区的人们总能感觉日常所熟悉的生活环境少了些什么（我们在此将其界定为环境匮缺），而旅行至他地的人们可以通过观光、交往等体验来弥补这种匮缺。除了"环境"的因素，潜在旅游者所拥有的有形的肉体和无形的精神也在一定程度上影响其出游动机，如身体上的匮缺、心理上的匮缺。

第三节　旅游作为匮缺的补偿

依据以上理论渊源，谢彦君把旅游者出游行为的根本驱动力看作对自我及环境的匮缺补偿。对于这个理论的内涵，我们结合上文做以下三点说明：

第一，旅游活动被看作是一种心理匮缺上的补偿。这里跟大家讲一个故事，我们姑且称故事的主人公为 A。A 大约 30 岁，高中文化水平，比较内向，没有固定的职业，年收入约 5 000 元。A 是一个热爱旅游的人，偏好那种户外冒险性质的活动。对于这一点，A 的家人很不赞同，认为旅游有点不务正业。A 应该早点成家，过上安稳的生活。2005 年 5 月，A 从黄河上游向下漂流。漂流的起漂点是青海的玛多县，漂流的工具是 A 专门从天津定制的一个 2 米长、1 米宽、40 厘米厚的大泡沫筏。5月份的青海还是很寒冷的，黄河水面有的地方结着冰，当时 A 戴着手套，身穿一件棉大衣和一条厚毛裤。A 在玛多县准备了方便面、饼干、火腿肠和两大瓶水。就这样，A 坐在泡沫筏上晃晃悠悠地飘荡着。途中有的地方是一片浅滩，泡沫筏吃水很少，仍然免不了搁浅，需要 A 下水推筏。为此 A 感慨道："那是什么水？高寒地冻的水啊！哇，走两步，脚骨头都要被拔出来了。"当 A 将这种常人难以体验到的经历写在网上，与他人分享时，许多网友在他的帖子下面献鲜花、点赞，评语多为"超赞""厉害""偶像啊""好棒啊""真佩服你那么大的勇气"。从心理学的角度来分析，A 在日常生活中，或许找不到一种很好的认同感和存在感。但在旅游世界，A 的冒险精神，让大家欣赏、佩服，这让 A 找到了认同感和存在感。所以，旅游对 A 而言是一种匮缺的补偿。

第二，这个理论所强调的匮缺补偿并非特指上述例子所提到的心理上的补偿，还可以包括弥补日常生活环境、身体等方面的各种匮缺，如人际交往、气候、健康、风景、自由、知识、声望、自我认同等。

第三，如果将以上观点换种说法，那么我们可以认为：旅游者的出游是为了寻求一种差异性的体验，即发生在旅游世界的人—人互动、人—场互动等体验可以弥补个体在日常生活中的种种匮缺。在旅游产业的发展实践中，这个观点引起经营管理者重点思考的问题是，旅游目的地如何积极地为游客创造一场令其难忘的差异性体验。

第四节　地方性+创意：游客差异体验感生成的重要因素

从补偿匮缺理论中可以看出，只有差异性才能引发旅游的动力。就旅游目的地而言，应该考虑在自身可以改变的范围内，如何营造与目标客源群体的生活世界具有差异的地方。事实上，营造地方差异性是当今旅游发展过程中需要解决的一个重要问题。有学者批判指出，旅游的快速发展加剧了地方"大跃进"式的发展，标准且均质的人造景观在众多旅游目的地大量涌现，地方越来越趋于同质化和规范化（何瀚林和蔡晓梅，2014；Lefebvre，1991；Relph，1976），导致了今天的旅游目的地在许多方面很相似，而不再有更多的差异性。试想，如果仅存的差异性都消失了，那么一个人还有什么理由愿意花钱去旅游呢？从这个角度来说，旅游目的地在空间差异性的塑造上显得尤为重要。因此，一个有效的策略是强调地方性元素的挖掘与运用。

该观点包含以下四个方面的内容：

第一，地方性元素的挖掘与运用有助于空间差异性的塑造和提升。这里的地方性元素包括地方的人、事、物和文化。地方性是地方独有的特征，是一个地方所具备的区别于其他地方的特质。地方在形成与"发育"的过程中，岩石、植物、山体、水域所构成的地景，建筑、生产生活设施所形成的聚落，由于所处地理位置的不同和环境的差异，造就了不一样的地景以及"十里不同风、百里不同俗"的文化聚落空间，进而呈现出各自鲜明的个性。笔者曾经选择郎德上寨作为研究案例地，分析了该旅游场的地方性问题（余志远等，2021）。郎德上寨是一个拥有百户千人的苗族村寨。由于自然条件得天独厚，少数民族文化丰富多彩，郎德上寨在20世纪80年代初期就成为了贵州第一个开放的民族文化旅游村，被评为中国"露天民俗博物馆""中国景观村落"，并于2012年成功入选第一批"中国传统村落"名录。郎德上寨独特的地方性由三个维度构成。首先，它由自然地理和人文地理环境得以表现。每个地方的第一本性是地方特有的自然地理环境，即第一自然；第二本性是在地方长期发展中形成的建筑、道路、城市形态等人文物理实体，即第二自然（周尚意和张晶，2015）。郎德上寨依山傍水，四面群山环抱，青瓦吊脚木楼错落有致地分布在山坳斜坡上，蜿蜒的山路掩映在绿林青蔓中。在不少村民的眼中，坐落于他们家园的自然景观是美丽的、原生态的和富有魅力的。这种物理环境的本真性，不仅强化了郎德上寨的鲜明特色，还强化了其他地方无法复制的独特情感。其次，地方性可从社会文化特性上体现出来。地方文化是传达地方意义的重要方式，保持独特的地方文化是彰显地方性的有效手段。唐文跃（2013）曾批评指出，如果传统的地方文化没有被加以保护，而是被大众文化所同化和侵蚀，则地方文化将失去灵魂，逐渐向"无地方性"演变。访问中，村民们表示苗语、刺绣、歌舞等从小就学。随着地方旅游的发展，一些传统的节日、仪式等得以传承。随着当地旅游业的发展，村民们对郎德上寨的传统文化充满着认同感与自豪感，引起对先祖文化根源的共鸣。郎德上寨的地方性还凸显在村民身上。在手工艺品商店，村民会诚实主动地告诉游客哪些商品是手工编制，哪些商品是机器制作；路上遇到游客，村民会主动友好地跟游客打招呼，邀请游客一起过节。郎德上寨人为这个地方营造了热情、好客、友好、融洽的交往氛围（如图1-3所示）。最后，地方性还体现在经济制度的特性上。至今，集体经济下的工分制仍被郎德上寨人所接受。"全中国只有我们这里还保持'工分制'。"我们在听原村支书介绍时，明显地观察到他的脸上洋溢着自豪感。这种被现代社会淘汰的经济制度，却因它的稀缺性反而增强了社区居民的地方自尊，同样表征了这是个不一样的地方。

图1-3　热情的郎德上寨人[1]

杭州西溪湿地公园充分挖掘该地特有的城市文化和民俗文化，如戏曲、建筑、古老的村落空间、历史文化故事等，在保留水系完整的同时，提炼出文化的精华应用到设计中，再现江南水乡古朴的自然风貌

---

[1]　本书照片均为作者本人拍摄。

（如图 1-4 所示），为游人带来别样的体验感受（王金瑾，2011）。比如，建筑采用"修旧如旧"的原则，延续江南水乡白墙灰瓦的建筑风格，保护并修缮历史价值高的构筑物，新建筑也要与当地风格和周边环境相协调。再如，内蒙古饭店为了让顾客感受蒙古族传统文化，设计师把大堂的吊顶设计成三个穹顶，即把蒙古包建筑结构中的顶搬到了现代建筑空间中，顾客虽然置身于现代酒店大堂，但也由于蒙古包文化元素的融入而唤起了他们对蒙古包的怀念。

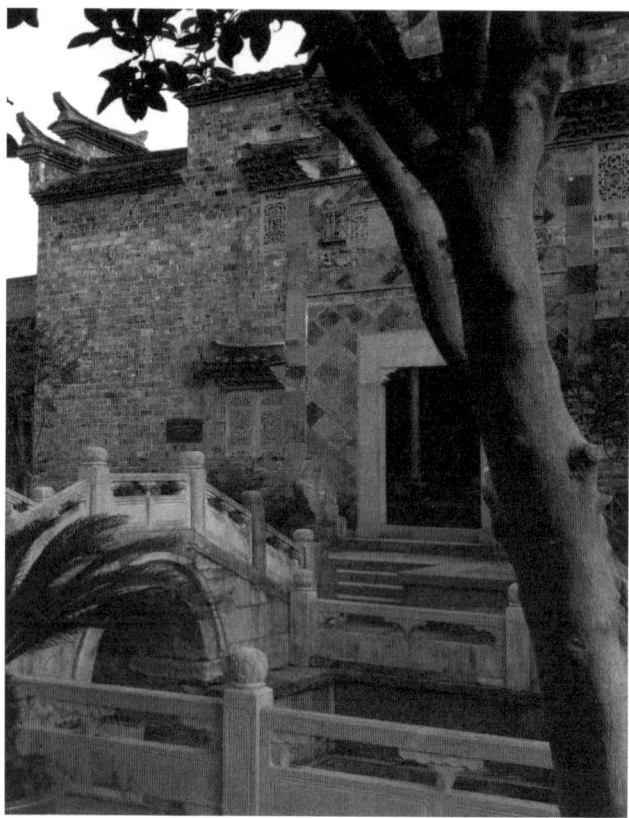

图1-4 杭州西溪湿地的地方建筑

上述分析指出，地方性元素的运用有助于某个地方形成与其他地方的差异。理论上来说，某个旅游空间差异感的形成还可以通过异域文化元素的采借得以达成。但有学者建议，旅游空间必须以旅游目的地为依托进行塑造，即某个小的、特定的空间与完整的、广阔的旅游目的地不应割裂（Vorobjovas-Pinta，2018）。也就是说，旅游空间的打造应结合旅游目的地的区域社会文化背景加以考虑。因此，地方性元素的运用不要让旅游空间显得与更为广阔的旅游目的地有突兀感。从这个角度来说，2003 年耗资 15 亿元人民币、号称"中国首座超五星酒店"的"梦幻城堡"项目计划的流产，或许缘于项目所突出的文化元素与地方文化不相适应。"梦幻城堡"由美国著名设计师威尔登·辛普逊先生主导设计，为双塔式建筑，双塔间以廊桥相连；总台脚下是碧波荡漾的湖面，在休博园大门口乘坐贡多拉（威尼斯式小船）可以沿水路直接划进酒店的大堂；客房总数超过 1 000 间，设有 20 多个各种规格的会议室和展厅，其中包括多个同声传译的国际会议中心，最大的会议室可容纳数千人。黎花（2004）曾深度解析了该案例并指出，"梦幻城堡"在外形上就是典型的西方古代建筑，与杭州江南水乡的秀气相反，豪华且气势磅礴；而其"梦幻"的主题，追求一种远离现实的体验，这与根植于生活的温馨舒适的休闲气氛相反。她在分析中还提到，同样是以外国的风光作为主题，但深圳威尼斯酒店是成功的，差别在于二者修建的区域背景不同：深圳与杭州不同，深圳是在经济特区的政策下发展起来的，城市的历史文化底蕴比较单薄，由于人口外来居多，多元文化交融发展，因此威尼斯主题并不会给城市带来冲击，相反成为多元文化的一部分。

第二，地方性元素的挖掘还有助于开发出具有独特性、新颖性的旅游产品。杨振之（2002）在谈到旅游目的地规划时指出，旅游规划的过程就是不断发现新资源、挖掘有价值、有特色的旅游资源的过程。今天的洛带古镇拥有丰富的旅游产品体系，这与数十年前规划者所看到的场景是完全不同的。当年杨振之的规划团队进行规划时，古镇上的三大会馆有点破烂不堪，无法跟周庄、同里相比。但他们通过对客家文化这种地方性元素的深入发掘，最终规划了"火龙节""水龙节""客家菜""客家婚俗"等一系列客家文化突出的旅游产品，从而让洛带古镇热闹鲜活起来，重新焕发耀世光华。

第三，尽管上文提到了地方性元素的运用不要让旅游空间显得与更为广阔的旅游目的地有突兀感，但也绝非说明旅游空间的打造完全不去吸收异文化的元素。也就是说，地方性元素与其他元素并非就是水火不容、相互排斥的关系，但要讲究的是不突兀、不违和。举例来说，广州永庆坊的改造就巧妙地将传统与现代、本地与他地等元素有机融合起来（如图1-5所示），它提取了民国经典的建筑元素，保留西关大屋、竹筒屋的传统建筑样式，在对建筑单体进行修缮维护的过程中，采用红砖或青砖贴面恢复立面原有肌理，并大量运用符号化的拼贴手法，将从岭南建筑中提取出来的象征性元素，如雕花、满洲窗、灰塑等重新运用于立面修缮与整饬，以期还原或强化岭南建筑的整体风貌，并在"复原"传统建筑符号特色的基础上，大胆引入诸如玻璃幕墙、钢结构、外凸窗、折叠屋面等全新样式的建筑风格，将由外观维系的怀旧空间氛围转换为既熟悉又新奇的空间体验，营造出新旧交融的、地方感与现代感并存的、和谐的建筑风格与街区特色（温丽，2020）。

图1-5　广州永庆坊

第四，大尺度的旅游空间形成差异感依赖于地方性元素，而小尺度旅游空间上的彼此差异则需要求助于创意。在以上分析中，我们强调旅游空间的规划设计中使用地方性元素以形成差异感。但这里针对的是大尺度旅游空间上的差异。比如，贵州与西藏两个不同省域的旅游空间可以凭借不同的地方景观、区域文化等塑造出不一样的旅游目的地。但当不同的、存在相互竞争的旅游空间都从属于同一个大区域，共享同一个文化圈时，这就需要强调创意，让彼此共享地方性元素的同时因不同的创意而形成差别。陕西袁家村项目做得很成功，它从 2007 年开始接待游客，近年来每年吸引 300 万游客，年营业额超过 10 亿元，被奉为陕西民俗村的典范。袁家村的成功为周边地区提供了效仿，据不完全统计，继袁家村之后，陕西先后出现了 40 多家民俗村，除马嵬驿、党家村、青木川等特色鲜明的 15 家民俗村外，其余的如重泉古镇、张家窑、将军山古镇、官厅村等都没有知名度，无人问津。它们大多以袁家村为模板，靠模仿，缺乏创新，注定发展不理想，有的甚至关门歇业。许多类似袁家村的景区在现实运营中之所以没有获得成功，我们还可以借助杨振之的"形象遮蔽"理论加以解释。"形象遮蔽"是指在一定区域内分布着若干旅游地（景区），其中旅游资源级别高、特色突出，或者产品品牌效应大，或者市场竞争力强的一个旅游地（景区），在旅游形象方面也会更突出，从而对其他旅游地（景区）的形象形成遮蔽效应（杨振之和陈谨，2003）。从该理论的角度来看，袁家村周围的民俗村实际上在开发与袁家村相类似的产品，它们在市场消费者心中的形象已经受到大品牌"袁家村"的遮蔽影响，进而无法在市场上获得高度的认同。

婺源篁岭景区位于江西省婺源县的一个徽州古村，景区内的建筑是非常典型的徽派建筑风格，粉墙黛瓦，高高的马头墙，层楼叠院，高脊飞檐。如果从徽派建筑文化代表性的角度来看，安徽黄山市的西递村和宏村同样拥有鲜明的徽派建筑文化，并且这二者的名气更大。从交通区位上来看，篁岭距离西递村和宏村仅 100 多千米。如果篁岭不能给游客提供差异性的旅游产品，那么它将很难突破西递村和宏村对它的形象遮蔽效应。事实也是如此。它的确在一个时期沉寂为古徽州繁星般古村落的普通一员，默默无闻、破败不堪，古村濒临消亡。2009 年，婺源篁岭文旅股份有限公司（以下简称篁岭公司）成立，开始对篁岭进行创意开发，在婺源"中国最美乡村"文化意象框架内，寻找自身独特的突破点。篁岭公司为篁岭景区策划的最大卖点是，村庄利用独特地形地貌所造就的晾晒农作物的习俗，将它开发成"晒秋人家"文化品牌，打造出世界上独一无二的晒秋农村景观，将农家晒秋图景凝结成了一个标识性的文化符号。在"晒秋人家"品牌符号的基础上，篁岭公司将晒秋产品做了更多的创意延伸。2015 年 10 月 1 日，篁岭晒秋大妈用 500 斤朝天椒拼国旗迎国庆的新闻火遍全网，很快令篁岭名声大噪。而当晒秋文化产品被其他村落模仿时，篁岭公司又开发出四季花海项目。近年来，随着夜间旅游产品开发的流行，篁岭景区的夜间特色项目不断丰富，如古村灯光秀、街头演出、深夜食堂等，并成功打造了篁岭"山村奇妙夜"主题活动。由此可见，篁岭景区在创意的路上不断更新迭代，并完美地规避了它与其他村落的同质化问题。

在笔者看来，补偿匮缺的旅游内驱力理论可以帮助旅游企业诊断经营管理中的问题，指导旅游目的地规划与开发以及旅游形象策划。接下来，我们提供两个案例对该理论的应用进行说明。

案例1：三亚建设国际旅游消费中心过程中的一个困惑

今天的三亚，已然呈现出一幅欣欣向荣、活力四射的画面。近年来，三亚着力推动海昌梦幻海洋不夜城、亚特兰蒂斯、三亚湾红树林度假世界、乐高乐园等大型旅游综合体项目落地，这些项目的建设有力地推动了三亚文化旅游产业的加速发展，极大地提升了三亚的知名度和品牌价值，促进三亚旅游业态转型升级。

三亚旅游产业的迅猛发展，与国家政策的大力扶持有很大的关联。近几年，三亚正在积极响应国家号召，把自身打造成为国际旅游消费中心。但在三亚国际旅游消费中心的建设过程中，同样遇到了一些困难。比如，通过对三亚旅游接待情况的统计发现，来三亚旅游的外国旅游者的比重并不算大。以2018年的旅游数据为例，三亚市全年接待游客为2 099.7万人次，接待入境旅游者数量为81.68万人次，入境旅游者占总量的3.9%。其中，俄罗斯游客和韩国游客在旅游客源市场中占据较大比重。俄罗斯和韩国作为三亚的重要客源国比较符合距离衰减法则，但这两个国家的游客选择三亚作为旅游目的地，跟上文提到的补偿匮缺旅游内驱力具有一定的关联性。对俄罗斯人来说，俄罗斯的冬天实在是太漫长了，因此三亚所具有的温暖的阳光和浪漫的海滩等资源对该国游客有很强的吸引力，再加上三亚针对俄罗斯市场的大力促销和优惠政策，使得大量的俄罗斯游客选择三亚作为他们的休闲度假目的地。在三亚，我们常常看到俄罗斯游客到海边游泳、冲浪、晒太阳，然后回酒店休息。韩国游客之所以喜欢三亚，其中一个很重要的因素是韩国人很喜欢打高尔夫球，高尔夫运动在韩国已成为一项大众运动项目。但据说，韩国人要想在本国打一场高尔夫球，需要提前一个月预订，同时，会员卡的费用也很昂贵。如果韩国人飞到三亚打一场高尔夫球，所有用于交通和住宿的费用加起来可能都要比他们在本国的费用更加划算。除了俄罗斯游客和韩国游客外，其他一些欧美国家游客的数量较少。从补偿匮缺的角度来考虑，原因在于欧美人对大海并不陌生。3S 旅游在 20 世纪 50 年代的欧美国家就已经流行起来了，加勒比海滩、夏威夷海滩都是世界上非常著名的海滨旅游胜地。也就是说，海洋是欧美人日常生活中常见的景观和休闲资源。对欧美人来说，三亚的海或许对他们并没有太大的吸引力，吸引他们的反而是独特的地方文化。按照这个逻辑，我们也就清楚并理解为什么欧美旅游者喜欢到访我国的北京、西安等地。

案例2：大连庄河旅游形象的重新定位与品牌塑造

旅游目的地形象对旅游发展至关重要，它不仅成为吸引目标客源市场的重要力量，还是一幅引导目的地旅游资源规划与开发的图景。从理论上来说，旅游目的地形象定位需要综合考虑旅游资源禀赋、品质等级、政策、市场前景及与周边竞争者的差异等各种因素。

大连庄河生态环境优美、气候宜人，拥有山水、海岛、温泉、寺庙、古人类遗址等丰富的旅游资源。目前在作为重要旅游吸引物而开发的资源中，冰峪沟、海王九岛和银石滩相对来说具有较高的级别，但将它们纳入全国范围（即使全省范围内）加以审视，其实它们并不具有垄断性和排他性。就山水资源而言，辽宁本溪旅游目前主打山水品牌，若庄河还以山水为形象品牌加以推广，则在全省范围内很难突破本溪旅游形象的遮蔽效应；就海岛资源而言，长海县、瓦房店同样拥有丰富的海岛旅游资源；就温泉吸引物来说，辽宁省本身就是温泉大省，全省范围内拥有大量的温泉旅游度假村。另外，在辽宁省十大著名寺庙名录中并没有庄河的寺庙。也就是说，目前在庄河正大力推广的旅游品牌中，没有一个能够构成在本省范围内具有鲜明个性、强烈差异化的产品，进而制约了庄河旅游产品的市场招徕力。

笔者认为，庄河市具有小众化特点，虽然在某种意义上被忽视，但是极具推广价值的旅游资源或许是黑脸琵鹭。黑脸琵鹭，又称黑面天使、黑面舞者，世界级的濒危物种，被誉为"鸟中大熊猫"，它对环境要求极为苛刻，是生态环境的指示性物种。从2003年开始，庄河市政府采取多项举措加强对黑脸琵鹭的保护，使得黑脸琵鹭的数量逐年稳步增长，春季由南方迁徙到辽宁庄河附近岛屿筑巢繁殖，并携幼鸟在入海口滩涂栖息、觅食，秋季返回台湾等地过冬，现已成为庄河市一张亮丽的生态名片，并作为海峡两岸建立沟通的重要媒介。从这个角度而言，黑脸琵鹭是生态符号，表征生态环境的优越。有资料显示，庄河石城岛是黑脸琵鹭在中国唯一的繁殖地。因此，庄河实际上可以借助黑脸琵鹭来凸显本地区高质量的生态环境。

值得一提的是，目前庄河正致力于大力发展康养旅游产品。从区域差异化、政策契合度及市场前景等角度来判断，该发展战略是科学合理的。庄河以康养产品作为品牌主打，与"魅力大连""文化沈阳""山水本溪""小品之乡铁岭"等形成明确的差异，从而有望摆脱同质化发展的格局，因其本身的独特性而极具旅游之魅。近年来，面对亚健康人群比重增加和全球人口老龄化等问题，我国相继出台"大健康"战略和"加快建设医养康养相结合的养老服务体系"等政策，鼓励康养旅游的发展并引领康养消费。因此，康养旅游具有广阔的发展前景。

以上分析重在阐释两点：第一，庄河旅游形象定位中宜突出其生态优越性，并可将黑脸琵鹭作为明确性的生态符号表征体；第二，庄河旅游目前所主导的康养品牌比较符合区域差异性定位与市场趋势。

为此，首先建议庄河应该重新塑造其自身的旅游形象，有意识地向市场投射"中国最具生态的康养胜地"的形象，其口号建议拟为"黑面舞者故里，生态康养家园"。该口号包含以下内涵：第一，创新性地将黑脸琵鹭引入策划口号，借其唯一性获得市场的感知和认同，采用黑脸琵鹭的昵称——黑面舞者，则是为了彰显它的神秘性，让该形象赋予一定的韵律感、画面感和动感，有意使庄河旅游形象表现得更为鲜活。第二，庄河可借黑脸琵鹭在中国唯一繁殖地的优势，首先策划出黑脸琵鹭的故里在庄河，以形成庄河旅游资源的垄断性，带来市场的轰动效应。另外，"故里"一词还具有一定的隐喻意义，借此表达台湾与大陆之间的情感连接。第三，庄河康养实际上突出的是生态康养的定位优势，并引导未来康养旅游产品体系的构建，而"家园"一词则是强调了地方的温度与情感，为远方客人极力营造宾至如归之感。

在上述形象口号的引领下，庄河未来旅游品牌的塑造还需要重视以下三个方面：第一，不应将黑脸琵鹭的定位仅局限于市场吸引和营销宣传上，而应围绕其做系统化的包装，并以其为题创作一篇主题鲜明、创意十足、文旅融合的大文章。比如，将它作为庄河的市鸟与城市吉祥物，幻化出各种有趣、活泼的形象，有选择性地以 logo 图案、景观小品、文创产品等形式遍布于城市的角落，如特色街区、老建筑、商店橱窗、文艺书店、公交巴士、城市休闲椅等；围绕黑脸琵鹭进行创新性的文化创作与开发，将该自然资源演化成文化资源，最终强有力地构成庄河的文化资本。第二，庄河利用森林、湖泊、海洋、温泉等各种生态资源进行生态康养产品谱系的全方位开发。关于庄河目标市场的定位，需要注意的两点是：一是有意识地将未来康养产品定位为中高端，避免因大众旅游者的蜂拥而至所带来的对生态环境的破坏，且这样更加符合生态旅游的发展理念；二是建议庄河康养旅游不要完全定位在老年群体上，同样突出为中青年、妇婴幼等群体设计养生、健康产品，该战略的提出不完全从市场多元化的角度思考。更重要的是，该战略的实施使得城市青春鲜活，充满勃勃生机。第三，以上旅游形象主要从差异化发展战略的角度确定庄河在全省，甚至全国的定位，在庄河推进旅游高质量发展的进程中，其内部的各个片区同样应该贯彻差异化发展的战略思想，即在结合旅游资源禀赋和创意的基础上，围绕生态康养主题培育出众多特色突出、差异明显的系列生态康养旅游精品。

第二章　寻找真实的旅游体验

　　人们在日常生活中常常使用真实性评估商品和体验的优劣，无论是购买的衣服、奢侈品、餐饮、食品、饮料，还是欣赏艺术、参观博物馆（Newman，2019）。这就使得一些人声称，消费者渴望真实性高于所有其他属性。自现代旅游出现以来，评论者与旅游研究者就开始探讨真实性与旅游之间的联系（理查德·沙普利，2016）。这个话题的讨论源于麦肯耐尔提出的"舞台真实"概念，并认为旅游者的体验是为了寻求真实性。瑞克利（2022）指出，真实性是旅游研究中最古老，也是讨论最热烈的概念之一。尽管在这场旷日持久的讨论中，真实性问题有过争议，但它仍然在旅游研究中占据主导地位。在讨论过程中，学者们不仅对什么是真实性问题给予解释，还从哲学角度提出了客观性真实、建构性真实和存在性真实等具体的分类。这些分类的观点可以从不同角度为旅游产业实践中发生的现象提供解释，并对实践的发展提供了有益的理论指导。本章主要讨论旅游真实性问题。首先从大众旅游的兴起、现代性的发生等角度阐释人们对真实性问题的关注，即梳理旅游真实性理论的源流；其次，分析真实性的内涵以及旅游真实性的类型；最后，讨论旅游真实性与怀旧以及与文化商品化之间的关系。

第一节　大众旅游、现代性与真实性

　　旅游真实性问题的产生与现代大众旅游的诞生具有一定的相关性。到 1800 年，虽然距教育旅行的出现已过去两百多年，但旅游依旧是一种仅由少数特权人士才能够享有的活动（理查德·沙普利，2016）。这种局面直到 19 世纪 40 年代才开始改变，也就是从 1840 年起，旅游活动的发生范围和规模都有所转变。具体来说，工业革命促进了现代旅游业的发展和繁荣，它带来了社会整体经济的繁荣、个体收入的增长、运输技术的提高，以及个体自由时间的增加，等等。这些因素共同促使了旅游从特权阶级少数人所享有的奢侈品转变成为大多数人可以消费得起的休闲活动。从旅游影响的角度来看，大众旅游给旅游目的地的经济、文化和环境等各个方面都带来了积极的贡献，但我们也应看到这种旅游同样造成了诸多负面性的影响。由于旅游产业的迅猛发展，为了迎合大众旅游者的需要和体验诉求，不少的旅游目的地刻意建构起一个个供游客体验的"舞台"。这让波斯汀（1964）在回忆少数特权人士的精英旅游时，不无忧虑地哀叹：今天的旅游已丢失了往日的艺术，旅游者追求的是肤浅的、被旅游产业设计好的"伪事件（pseudo-events）"，即他们获得的是失真的体验。对旅游真实性有着更高追求，或对旅游可持续发展存在担忧的一些人来说，大众旅游的发展也让他们积极思考旅游方式的某种改变。从某种意义上来说，大众旅游是制度化的产物，这种形式的旅游体验与非制度化的旅行有着本质上的区别。有不少的文献通过研究背包旅游者这种非制度旅游者，来表达它与大众旅游者在体验上的差别。比如，背包旅游者的典型特征是追求冒险新奇和特立独行，寻找未被发现的地方，经常绕开大众旅游者行走的线路，逃离制度化的旅游业系统，深入东道主社区开展互动交流。背包旅游者把自己定位为旅行者而不是旅游者，他们更愿意深入当地的社会，认识、结交当地人，深度体验当地的文化和生活，而不是匆匆的走马观花的过客。其实，不少的背包旅游者反感自己被称为"旅游者"（这个词更多的是与制度化旅游者联系在一起），而更愿意被他人称为"旅行者"，在内心里将背包旅游者视为"我们"而将旅游者看作"他们"以示区分（Riley，1998）。磨房网上的"老余"以一名背包客的眼光表达了他对制度化的大众旅游和背包旅游的看法。

上述林林总总的（背包）旅游体验，不是一大群人蜂拥而至某个风景名胜，拍上一张"××到此一游"照片的旅游所能带来的。它需要的是用心去体会，用自己的双脚去丈量，双眼去观察，是身与心的体验，不是跟着导游的小旗子走马观花所能了解的。

与背包旅游者的上述体验不同。查尔斯·利弗尔（Charles Lever）曾于 1865 年在《黑森林》杂志（Blackwood's Magazine）中描述了旅行社组织的游客在意大利的旅游，他写道："至意大利城市的游客趋之若鹜，且看游客们步步紧跟，三四十人结伴成群，在导游的率领之下，沿街款款而行——导游时而前行时而尾随，俨若一只牧羊犬——此情此景形同驱赶羊群。"

这种调侃的背后暗含的就是大众旅游者体验的非真实性（理查德·沙普利，2016）。而在这样的语境中，旅游者已近乎被刻画成了二等公民。作家口中的这种充满优越感的言辞曾经出现在那些带有下意识偏见的关于某"外族"的评价中，诸如印第安族人、芝加哥氏族、年轻一族、黑人及女人，现在却用在了旅游者的身上（麦肯耐尔，2008）。

尽管波斯汀指出大众旅游者所经历的非真实性体验问题，但他认为"虚假事件"同样能让旅游者获得满足。与这种观点相反，麦肯耐尔（1973）认为，旅游者出游的动机是为了寻求一种真实性的体验，而旅游者之所以为真实性动机驱使，主要是由于他们生活在现代被异化了的社会。而这种异化是由现代性所带来的。

现代性表达的是现代时期的社会生活及其事物所具有的性质和状态，其本义描述的是现代社会与传统社会的差异，表达了现代社会对自由和进步的追求，批判的是传统社会的宗教迷信和愚昧。但随着资本主义大工业发展，现代性的内涵已与最初的含义相背离，并出现一种异化，呈现一种资本主义现代性。因此，弗洛姆（1987）、西美尔（2002）和韦伯（1987）等哲学家对现代性展开了激烈的批判，他们认为，现代性赋予人自由的同时，又将人异化为物欲的奴隶，给人带来了新的不自由。这个观点展开来说：进入发达工业社会的人们获得了更多为开展休闲活动提供先决条件的自由时间，享受到更安全的生活环境以及更舒适的生活条件，对环境的控制能力也越来越强。所有这一切，似乎都说明人类越来越"自由"。但事实上，今天的人类在享受比过去多得多的自由的同时，却又陷入一系列现代"自由"的法制、规范和规则的枷锁中，并被强制变成不折不扣的"温驯的人"。正如马尔库塞（2006）所言："在这个极权社会中，人们丧失了其否定性和批判性，不管是在政府、文化、思想上，都已变成了'单向度的'。"如此看来，作为人们安身立命、繁衍生息的场所，生活世界在某种意义上发挥的是一种让个体自由感丧失的功能。具体来看，生活世界的以下特征构成了对个体自由的束缚：

第一，生活世界是一个简单的、重复的、乏味无奇的世界。在科西克（1989）眼里，日常生活首先是一个沉沦的、机械的、盲目的"无意识的黑夜"，是某种貌似熟悉的能动的，其实是完全消极被动的生存状态，他还指出："平日首先在于把人们的个人生活组织成每一天，他们的生活功能的可重复性固定在每一天的可重复性中，固定在每一天的时间安排表中。平日是时间的组织，是控制个人生活史展开的节奏。"个人的生活时间被平日所控制、安排，由此给人带来一种窒息感。

第二，生活世界日趋表现为一个人际交往关系淡化甚至冷漠的世界。从积极方面来看，由于日常交往把人限制在相对狭窄的交往范围之中，它可以为交往中的主体提供一个确定的位置，使得他们以某种角色生活在相对稳定的群体之中，从而在一定程度上满足了人们的归属需要。但是，这种归属感在现代社会里却显得有些苍白。在现代社会，由于科技空前发达以及社会散发出浓厚的商业化、市场化气息，人们逐渐变成技术和金钱的奴隶，人性随着日益发达的技术而被异化，金钱成为人们追求的最终目标，人与人的关系变成了物与物的关系（舒杨，2009）。在弗洛姆（1987）看来，西方社会中大量的丧失自我的异化现象完全扭曲了人的个性，把人变成了一台台虚伪的机器。在马克思（1844）看来，这种交往的性质属于异化交往。异化理论是马克思主义思想中的一个重要内容，其本义是指人本身活动的产物变成了一种与人对立，不受人控制且反过来统治人的异己的力量。在《1844 年经济学哲学手稿》中，马克思（1844）将异化劳动概括为四种表现形式，其中强调了人与人关系的异化。在被异化了的功能化交往关系中，交往双方均忽略了对方的情感、尊严等而将对方视作客体、物、抽象的实体，只是把对方当成满足自己某种需求的工具。这使建立在利益、功能关系上的人际关系变得脆弱化，人与人之间不再有心灵的碰撞和沟通，不再有发自内心的朴实的爱，人际关系成了不带感情的例行公事（陈双凤，2009）。

第二节　真实性的最初内涵

"真实性（authenticity）"一词率先由麦肯耐尔引入旅游研究中，并引起了大量的讨论，从最初的概念不断发展成为一个个理论，甚至最终构成一种新的研究范式。

"authenticity"一词起源于中世纪的欧洲，是从希腊语"authents"一词演化而来的，除了有 authoritative（权威的）与 original（原始的）的含义外，该词还包含 originator（创作者、创始人）和 creator（创造者）之意（陈文玲和苏勤，2012；赵红梅和李庆雷，2012）。"真实性"一词最初指的是博物馆中那些收藏物品是否表里如一、名副其实，跟原初的样子是否一致（Cohen，1998）。而在旅游中，真实性概念适用于各种情境，如用来描述产品、艺术品、菜肴、服饰、语言、节庆、仪式、建筑等（理查德·沙普利，2016）。今天，旅游资源开发实践过程中受到诸多的批判，其中一个很重要的原因就是旅游开发导致了资源真实性的破坏。比如，很多的传统村落在城乡一体化建设过程中没有得到合理保护，受到了破坏而失去了传统的特色，甚至一些旅游地的建筑在旅游发展过程中也因为各种各样的原因而逐渐发生了样貌上的变化。泸沽湖的摩梭人在旅游接待中挣得一定的收入后，就会想到重新盖房子，而建设与传统建筑不一样的新房对他们来说是一种与时俱进的表现。云南双廊古镇上白族建筑风格的演变也说明了建筑真实性的缺失。白族的建筑作为双廊旅游展示中最直接的形象符号，应作为白族文化最有代表性的特征，体现着民族文化的原生性，展示着民族成员的外在认同。白族传统民居大多采用木石建筑，常见的格局有"三坊一照壁""四合五天井""六合同春"等十数种，一般在外墙上使用白色为基调，飞椽厚壁，屋檐下的墙面及山墙上饰以彩画。由于发展旅游，大量游客涌入，双廊需要大量的住宿接待设施，很多居民将自家房屋翻新改造成为家庭旅馆，而新的家庭旅馆大多偏离了传统的建筑特点。还有大量的外地客商前来租地或买地建客栈，村民从中得到利益，将自己所有的土地卖给或租给客商，客商建客栈却没有统一标准，导致了很多的白族民居偏离了原来的建筑风格。对客栈经营者来说，最好每间房都是湖景房，能租出最好的价格，而传统的"三坊一照壁""四合五天井"的 U 形结构分为主房和厢房，为了满足看湖景的要求，很多客栈中厢房反客为主，价格卖得最高。为了满足城市旅游者对舒适性的需求，客栈内部建筑结构也做了调整，如大面积的落地窗、大床等。

第三节　旅游真实性的类型

近 40 年来，学者在旅游研究领域中持续不断地讨论旅游真实性问题。这场旷日持久的思辨最初由历史学家波斯汀拉开帷幕。在对该问题的讨论过程中，"客观性真实""建构性真实""后现代真实性""存在性真实"等各种观点接踵而至。这些不同类型的划分实际上遵循的是不同的哲学范式。尽管上文给出了真实性概念的含义，但这个概念在被广泛讨论的同时，却一直没能得到统一的界定。其中，一个最主要的原因就是，旅游真实性在理论发展的过程中已产生诸多类型，这些不同种类的旅游真实性差别较大，因而导致概念的内涵有着本质上的区别。

一、客观性真实

旅游学者最初关注的是博物馆语境下的真实（马凌，2007）。也就是从历史学的角度判断某个东西到底是不是真的。比如，判断旅游工艺品、节庆、饮食、服装等的"真实"或"不真实"。所以，当波斯汀指出旅游者所经历的其实是被旅游业设计好的一个个"伪事件"而获得失真的旅游体验时，麦肯耐尔对旅游目的地的真实性产生了讨论兴趣。麦肯耐尔不同意波斯汀的解释，在他看来，所有的游客都体现着一种对真实性的追寻。游客是当代的朝圣者，他们远离了家乡到远方寻求一种精神中心进行朝拜。麦肯耐尔的初衷是让游客获得真实性的体验，这种真实强调了东道主为使景观、场所、客体与事件显得更为真实，不得不做舞台化的处理。麦肯耐尔的这个观点至少表达了两个信息：第一，麦肯耐尔所说的真实是从实证主义哲学的理论视角加以审视，由此表现为客观性真实的观念。第二，麦肯耐尔所说的真实是"舞台真实"。显然，这种舞台真实观受到戈夫曼（1959）拟剧理论的启发。莎士比亚在《皆大欢喜》中说："世界是一座舞台，所有的男男女女不过是演员；有上场的时候，也有下场的时候。"这句台词影响了诸多社会学家和人类学家。其中，戈夫曼曾深受该隐喻的启迪，他在其题为《日常生活中的自我呈现》的著作中充分引用了戏剧学术语，借此分析社会中的人际互动并发展出著名的拟剧理论。在这本著作中，戈夫曼将社会比作舞台，每个人都是这个舞台上的演员，人们在日常的生活和工作中扮演着各种各样的角色，并在不同的情境场中完成各自的表演。在戈夫曼的眼里，人们在互动过程中总是有意或无意地运用某些技巧（如言辞、表情或动作）来塑造自己在他人心目中的形象，并借此达成某种个人意愿，这种策略被称为"印象管理"或"印象装饰"。戈夫曼还发现，人们的表演在不同的区域具有差异，借此提出了"前台"和"后台"等概念。"前台"是一个有观众在场的区域，人们试图在此呈现能被他人和社会所接受的形象。"后台"是与表演区域相隔离、观众不能进入的场所，它是为人们在前台的表演做准备、掩饰前台所不能呈现的某种形象的场合，人们常常会把他人和社会所不能或难以接受的形象隐匿其中，并可在此摘掉"面具"获得放松和休息的机会，它是不能随便向外人展示的。

麦肯耐尔认为，现代旅游开发中，东道主将他们的文化（包括他们自己）当作商品展示给游客，从而导致东道主社会生活真实性的舞台化。当游客和东道主面对面接触时，他们常常就像是在舞台上演戏。由于旅游者的出游是为了体验真实，许多旅游目的地为了在舞台上营造出一种真实，向旅游者再现该旅游目的地的历史发展与文化特色，它们的舞台布景与道具通常经过精心的装饰与挑选。新疆维吾尔自治区的喀纳斯风景区在舞台布置与道具（包括家具、装饰、物理布局和其他背景项目）安排上试图展现其真实的一面，如居民家中摆放的绣有成吉思汗头像的地毯，墙上挂有第十世班禅佛像的壁龛、传统的图瓦乐器和少数民族风格的衣服，餐桌上的奶茶和奶制品……所有的这些，都是努力地为游客们营造出一个"这是图瓦人生活的地方，而不是汉人的家"的印象（Yang et al.，2016）。丽江古城为了维持真实性，积极组织实施古城民居修缮工程，与美国全球遗产基金会共同签署了《丽江古城传统民居修复协议》，并根据《丽江古城传统民居保护维修手册》的规定，共同出资完成了对具有历史文化保护价值的 299 户传统民居、236 个院落的恢复性修缮。

由于旅游真实性理论范式的流行，如何让旅游者的表演空间呈现得更为真实同样成为一个重要的研究课题，这也是管理实践中需要解决的问题。其中，科恩等（2012）提出的真实性"热""冷"认证观具有很好的启发性。"热认证"往往借助于某些近似于表演的行为，并多次重复实施，目的是创建、保存和增强某一对象、景点或事件的真实性，这一过程往往是基于信念进行的，而非事实证据。比如，旅游过程中人们在某一景区进行的拜佛祈祷仪式，这一仪式就是对该景区真实性进行"热认证"的过程，这类近似于表演的仪式有助于增强人们对该旅游目的地的敬畏感。"冷认证"则是指一种单一的、明确的认证过程，通常是正式的甚至是官方的表演行为，通过这种行为，某一对象的真实性被声明为原创的、真实的，而不是造假的（如图 2-1 所示）。在旅游领域，"冷认证"有利于验证旅游者体验对象的客观性真实，如通过星级评定标准对酒店进行评级，或对某些打着"名人故居""历史文化名街"名号的景点进行真伪认证。尽管如此，由于缺乏明确的标准来认证旅游景点的真实性而让"冷认证"本身也存在一定的问题。姆科诺（2013）曾提出，虽然"冷认证"有助于某一旅游景区对其客观性真实进行认证,然而认证主体的合法性存在某些问题,认证实施主体的真实性受到争议,并带有主观性,即存在"谁来判断认证专家的真实性"这种问题。实际上,客观性真实存在一个隐晦的预设,即裁决其是否客观、是否真实的权力交由博物馆馆长、考古学家、艺术史学家或人类学家等权威人士,即由这些专业人士来判定。

图2-1 海口骑楼老街的"冷认证"

客观性真实的塑造,不仅需要对舞台进行真实化的处理,旅游交往中的真实同样应引起注意。笔者曾经在旅游目的地规划中提出他者真实化的建议,认为他者真实化应包括以下内容:第一,他者身份真实化。当前不少旅游地在实施旅游开发前,主动动员迁出当地居民,却在运营过程中雇用异地求职者扮演本地居民。对这种做法的一个可能性解释是开发商担心原住民日后给景区管理带来不便与麻烦。殊不知真实的他者才是景区原真性的灵魂,会给景区带来更为多样、更为持久的效益。从旅游可持续发展的角度来看,旅游景区最好确保他者身份的真实性,并利用好真实的他者。丽江古城在旅游开发过程中,常常被人诟病的是古城"空心化"现象比较明显,即古城内真正的原住民越来越少。认识到这个问题的严重性之后，丽江古城开始有计划地留住古城居民，从2003 年开始，每年安排近 300 万元用于古城居民生活补助发放。第二，他者行为真诚化。旅游目的地仅拥有一批数量的真实的他者是远远不够的，还需要这批他者真诚地与旅游者交往，真心地款待旅游者。如果他者的眼中只有金钱，内心只是一味在盘算如何与旅游者达成交易，那么他们所表现出的待客行为就是商业化的"好客行为"。绝大多数旅游者所期盼的好客不是一种职业化和商业化的好客，而是一种质朴的情感——自然流露的"本真好客"。

二、建构性真实

建构性真实源于从建构主义理论视角加以审视。"建构（construction）"一词在直观上通常表示"由……建造、制作、构成"等含义。"建构主义"这个概念是由哲学家纳尔逊·古德曼（Nelson Goodman）提出的（安维复和梁立新，2008）。有学者认为建构主义可以追溯到康德、维科和黑格尔等哲学家那里（邢怀滨和陈凡，2002；史云云和靳钰炜，2008）。例如，康德认为，知识，至少是部分知识是人类思维的产品，而不是产生于客观的事实中。在康德的眼里，知识的来源分为感性知识和理性知识，感性知识强调经验是知识最重要的、唯一可靠的来源，理性知识则强调人的抽象思维的作用。建构主义阵营中分化出了各种各样的理论派别，社会建构主义就是其中一个影响较大的派别。建构主义的出现，无疑反映了一种看世界的新视角。一旦进入这种逻辑，我们看待的世界将会发生改变。在实证主义的观念中，真理是客观的，而科学研究则被看成是对已有真理运行规律的一种发现和描述。但社会建构主义坚持对实证主义一些观点和立场的批判，不认为真理是客观的，而是建构来的（刘保，2006）。对于这个观点，肯尼思·J.格根（2020）在其题为《社会建构的邀请》中举了一个例子加以解释。

假如我是一名新闻记者，想要尽可能客观、准确地描述发生在阿富汗的事件，我该怎么写呢？我可以将眼前横尸路边者写成"有五名人员伤亡"，也可以写成"原本大有前途的年轻人的血肉之躯被炸成碎片"。

又如，社会建构主义者经常引用的一段对话：三个裁判围坐着喝啤酒，一个人说："有好球也有坏球，是什么我就喊什么。"另一个人说："有好球也有坏球，我看到什么就喊什么。"第三个人说："有好球也有坏球，在我喊出来之前，它们什么也不是。"这个小故事形象生动地揭示了我们可以从三个不同的视角去看待所谓的"现实"：前者代表了传统的实证主义取向，实证主义认为存在一个所谓的"现实"或"真理"，我们可以通过科学方法找出它们是什么；中者代表了后实证主义取向，后实证主义承认"现实"或"真理"是存在的，但我们不一定能够探究出"现实"何在？只能是"我们看到什么就是什么"；后者则代表了社会建构主义取向，社会建构主义则认为不存在所谓的"现实"或"真理"，它们都是社会建构的结果，即存在重建构、多重现实（何雪松，2005）。

建构主义认为真实性不是绝对的，而是被认同为真实的结果。真实性并不严苛地指涉"原初"或"一成不变"，而是一个处于协商中的过程（Wang，2007）。从建构主义的视角来看，一切判断在某种意义上都是社会性建构，而这些建构者可以是专家、旅游企业从业者、媒体、东道主、导游，甚至是游客。

由于旅游者缺乏关于目的地的直接信息，各类媒体介质尤其是旅游营销文本，对目的地的描述强烈塑造着游客对旅游目的地的感知和关于目的地真实性的地方想象。从这个角度来说，媒体建构着地方。比如，浏览网络上对泸沽湖的推介和游记，常离不开强调"真实"二字。"畅游泸沽湖女儿国，探秘真实的摩梭人走婚""走近摩梭人的真实生活""真实的淳朴"等类似字眼随处可见。权威门户网站关于泸沽湖的攻略中，"远古、原始、淳朴、至诚、独特、信仰、纵情、探秘"这些话语成为泸沽湖真实性的代名词，在现代性的语境中，成为与现代人相对立的"他者"的真实存在。

阿哈罗尼（2017）的文章中举了一个非常有趣且具有代表性的例子，他观察到一个现象："到访罗马古城的游客很容易获得真实的体验，这是因为他们可以在古城内参观到大量的纪念碑、拱门和寺庙等历史文化遗迹。但相比之下，参观耶路撒冷老城的游客和朝圣者会遇到真实性体验的挑战。在这个城市里，没有寺庙这种代表真实性的历史建筑。那么，如何让游客获得真实性体验？"通过参与式观察及深度访谈，阿哈罗尼从导游的身上寻找到了答案。该研究表明，这个地方是通过导游的表演来塑造和展现真实性的；导游不仅会通过话语，还会运用讲解过程中的反映情绪变化的表情，甚至借助动作等各种表演让遗址显得真实。根据研究者的观察："一位年长的女导游在她每一次带团的过程中，都会将她的手和脸放在西墙的石头上，同时默默地亲吻着墙祷告。一旦导游触摸到墙壁，游客就会模仿着她并做出同样的事情。"

从建构主义的观点上来看，真实性可以被认为是动态的概念，它可以被附加到一个最初被感知的旅游场所是不真实的，而经过多少年后被认为是一个真实的地方（Belhassen，2008）。迪士尼所构建的虚拟的"真实世界"，是幻想的产物，是人造的布景，就物质载体而言，它没有任何"真实性"可言，但我们却不能说迪士尼是伪的，因为它带给人们的是"真实的体验"，而且一段时间以后，它最终也会成为当地文化的一部分。与之相似的例子，今天很多地方设计大量仿汉、仿唐、仿宋、仿明、仿清、仿近代的建筑，是一种伪的建筑文化，因为它们不是汉、唐等时代的人建造的，但随着历史的演进，它们又会成为后人研究我们当今社会的重要史料，而成为真实的文化（杨振之和胡晓霞，2011）。举个例子来说，武汉的著名建筑"黄鹤楼"是江南三大名楼之一，也是武汉主要的标志性建筑之一。但今天所看到的黄鹤楼已经不是先前古人登临的黄鹤楼了，它在中国历史上经历过大大小小的重建多达数十次。每一次黄鹤楼的重建，其规模、形状都有所改变。现如今我们所看到的黄鹤楼是在 1985 年开始动工重建的，其位置也发生了变化。新建的黄鹤楼吸引游客纷至沓来，开放不到 2 年，就已经收回了主楼的投资。这种真实性就属于建构性真实。从这也可看出，建构性真实对旅游者来说也会有吸引力。当然，也有新闻报道过外国游客拒绝登黄鹤楼，原因是他觉得这不是真的黄鹤楼，而是一个"假古董"。

三、存在性真实

按照尤瑞（1991）的观点，"寻找真实性"很难用于解释当代旅游。这个说法似乎有些绝对，或者过于悲观。王宁（1999）对这个问题同样进行过反思，并指出拜访亲戚朋友、滨海旅游、自然旅游、迪士尼乐园游、购物、钓鱼、打猎及其他体育运动等，与麦肯耐尔口中所言及的真实性并没有任何的关联，由此探讨了一种新类型的真实性，即存在性真实。存在性真实概念的提出，直接受益于海德格尔等存在主义哲学思想。皮尔斯和墨斯卡多（1986）称，真实性来自人与地方（场所）的体验，与海德格尔"自我实现"及"此在"等概念联系在一起。

存在性真实表示这样一种特殊状态，人忠于自身并可以作为在现代西方社会中因公共角色和公共领域"真我"丧失的解药，关注人本身的意义就是寻找真实性的含义（王秀红等，2010）。存在性真实就是生命体真实。在笔者看来，这种真实是与"自由""诗意地栖居"紧密联系的。

通常，现代人自我的丧失发生于日常生活的世界。一部分人在现代社会里彻底迷失了自己，已经认不清我到底是谁；还有一部分人在社会习俗的压迫下把真实的自我伪装起来，并刻意展示自己非本质的部分。正因如此，"我们现在再也看不到一个始终依照确定不移的本性而行动的人；再也看不到他的创造者赋予他的那种崇高而庄严的淳朴"（卢梭，1962）。那么，人们又能在何处找到真实而完整的自我呢？对此，马克思给出的答案是"自由王国"。他认为，现实中的我是处于分裂状态的被异化的我，"自由王国"中的我则是真实而完整的自我形象。在旅游研究领域，谢彦君（2005）从旅游的视角将整个世界分为日常生活世界和旅游世界两个构成。从社会批判的角度来看，日常生活世界所呈现的是一个简单的、重复的、乏味无奇以及人际交往关系淡化甚至冷漠的世界。在这个世界里，人们还需要遵守各种各样的制度和规矩，承担众多的责任和压力。在很多人的眼里，日常生活世界逐渐成为约束他们自由的枷锁。日常生活世界是一个结构化的世界，是一个自由感丧失之域。在这个世界里，与"我"接触的人、事、物对主体都有"奴役"或"强迫"的成分，使得"我"在日常生活中只能言常人之所言，日程化、机械化行事，以及被动地接受社会创造之物。人们内心深处强烈地感觉到自己处于一种"被活着"的状态，感知生命意义在逐渐减弱。

前文已述，现代技术对人类的生存根基"大地"和生存环境"自然"的毁坏，又造成了现代人的"无家可归"，即家园感的丧失。对于以上所提到的现代人遭受的境遇，海德格尔（2005）提出拯救的办法。他认为，要改变人类的生存状态，就应该让天、地、人、神相互聚集，达到"诗意地栖居"，而诗意的寓意是"主要在四方之内"。其中，天是基本的，日月运行，群星闪烁，四季轮转，代表着节律和规律，为人们提供了熟悉的体验背景；大地是效力承受者、开花结果者，它伸展于岩石和水流之中，涌现为植物和动物，养育着自然万物；凡人指的是"与另一个人在一起"，通过致力于共同分享，人们可以彻底团结成一个社区神灵；诸神是有所暗示的神性使者，表现为圣洁的、权威的。从"天、地、人、神"四方论看城市人的生活，似乎就能够理解以上哲学家为何批判城市人的生活已经脱离"诗意地栖居"状态。现代技术的应用，给城市人提供了新的生活节奏并取代适应气候的生活方式，打破了"日出而作、日落而息"的规律。人类过于信奉自身的力量，向大自然无限索取，工业化、城市化严重破坏了生态系统平衡，大地已变得贫瘠不堪。而从人的角度来看，大城市为人们完全冷漠地对待邻人提供了可能，齐美尔称其为"广场恐怖症"，即城市里的人与人之间存在屏障，彼此有着轻微的嫌恶、相互的疏远和排斥（弗里斯比，2013）。而作为特殊存在者的现代人，在海德格尔看来是严重缺失神性的贫乏者，科技的进步让他们缺乏对神性的体悟和领会，消解了对自然的敬畏。现代人又在哪里可获得"诗意地栖居"？里尔克在《朝圣书》中写道："机器隆隆效人欲，未见送来真幸福；金属怀着乡愁病，生机渺渺无处寻。欲离钱币和齿轮，离开工厂和金库；回归敞开山脉中，山脉纳之将门闭。"这为海德格尔及其追随者提供了重新想象"地方"的路径（海德格尔，1997）。从某种意义上来说，具有原真性特点的传统乡村可为现代的旅游者提供重新发现世界魅力的机会，提供一个"诗意栖居的精神家园"（本书提出这个观点，但也并非说明唯有古村落可以提供诗意栖居之所）。古村落在空间维度上表现为偏僻，在时间维度上表现为传统。远离城市的乡村保存着接近自然的原始状态，这也就意味着乡村社区的居民没有对自然进行过多的改造，对自然敬畏和顺应，并按照"天"的规律行事："逐水草而居""靠山吃山""靠水吃水"，人与天空、大地"合为一体"（王峰，2017）。乡村的居住系统是典型的"熟人社会"（费孝通，1998），终生互动的村民不仅可靠、值得信赖，而且亲密无间。传统的乡村社区不仅看重村民之间的关系，对外来的游客也是热情好客的，这与城市人在人际交往过程中保持距离有着很大的不同。乡村地区的人们更加友善，缺乏计谋。它也唤起人们在城市环境中丧失的某种自由感，在城市环境中，由于发展的物质变化，人们丧失了所感知的自由和纯真的地方。因此，从以上论述中，可以看出传统乡村旅游场真实性的释放，将更有助于游客达到真实的存在状态。

以上三种真实性实际上是从不同的层面加以考虑。第一，它们是从不同的哲学视角生发出的概念；第二，它们所指涉的对象不尽相同，客观性真实和建构性真实指涉的基本上都是旅游吸引物，而存在性真实指涉的则是旅游者。另外，从以上论述中，我们可以看出，旅游真实性是一个包括"客观性真实""建构性真实""存在性真实"的理论体系。虽然这几种真实性表达不同的含义，并在不同的情境中发挥作用，但并不能因此说明谁优谁劣。在不同的情境中，它们能为旅游产业的实践做出理论解释，也能为实践工作提供理论上的指导。对舞台进行客观性真实塑造为旅游景区规划与设计提供了一个明确的方向和建设的理论依据。这对那些本身拥有丰富文化的景区而言，要竭力保护好文化并展示它的原真性。除此之外，旅游景区也要依托建构性真实的力量。依笔者看来，客观性真实和建构性真实构成旅游景区真实性塑造的双翼。如果旅游景区的客观性真实得以很好地保护，建构性真实的塑造可以更好地提升旅游景区的真实性。而建构性真实强调了建构者的力量，政府、旅游规划者、旅游从业者、东道主，甚至是文本等都可以成为真实性的建构者。例如，波考克（1992）调查了前往南泰因赛德（South Tyneside）的游客，一个英国小镇，它的形象是由一个受欢迎的小说家凯瑟琳·库克森创造。小说资料被认为极大地影响了人们对目的地的看法。游客们证实创新获得了真实的体验，并断言他们的期望都是基于库克森小说在他们脑海中塑造的形象。存在性真实强调旅游体验赋予旅游者自由及"诗意地栖居"，它突出了个体层面的获得感，但这并不意味着对客观性真实的否定。对某些旅游场而言，它们保留或恢复原真性，才有可能让旅游者体验到"诗意地栖居"。

第四节　前台与后台：旅游真实性的空间区域

按照杨振之（2006）的观点，如果让旅游目的地社区全部打开大门，毫无屏障地迎接游客的到来，那么整个社区都将成为前台，东道主社会生活的真实性也就没有了存在的空间，文化的存续将会出现严重的危机。但问题在于，随着旅游者经验的日趋丰富，他们也慢慢认识到他们在前台的舞台上所体验的文化并非就是原汁原味的，并由此而引发一些旅游者对他者真实生活（即后台）的寻找与关注。尽管部分旅游者（如背包客）可以通过长期与旅游目的地社区居民共同生活而得以窥探真相或真实，但大多数的游客（尤其是大众旅游者）则可能没有这样的机会。在这种情况下，旅游实践中又发展出假的后台（即旅游后台）以满足这类旅游者对真实性的追求。

结合戈夫曼的前台/后台理论和旅游发展实际，旅游目的地可划分为以下三个空间区域：

（1）旅游前台（舞台1）：这是一个经过装饰的旅游化的舞台，游客集中到访的区域，旅游目的地借此展示地方文化，让游客了解地方文化，参与到文化互动中，对该地文化进行体验。但这些展示、表演、体验实际上都是对文化的"走马观花"，是表象化的认知，是文化的快餐化，游客所见所闻，都出自东道主的表演，而不是东道主的真实生活。为了满足旅游者的需要，旅游化的前台有可能会进行艺术化的处理。旅游演艺通过对旅游地特色文化的艺术加工，形成了具有艺术美感的舞台上的文化。显然，舞台上的文化与真实的文化已有较大差别，哪怕是自诩为原生态的《云南映象》《纳西印象》《印象·丽江》《美丽西江》（如图2-2所示）等。因为旅游演艺已经从"生活文化"上升为舞台艺术，它也不再是简单的田间劳作或真正的"十送红军"，如《云南映象》的藏民虔诚朝圣、彝族的鼓舞说唱等都是经过了导演的艺术加工，其动作上的协调与流畅、声音上的和谐与美感与其生活中的匍匐朝拜及节日说唱已完全不同，前者是艺术化的场景，后者才是真实的场景（毕剑，2020）。

图2-2 《美丽西江》大型苗族情景歌舞剧

（2）旅游后台（舞台2）：这是为了满足不相信旅游前台所展示的真实性的游客的需求，而构造出来的虚假的后台。事实上，这个后台仍然是东道主表演的空间，但相对于旅游前台而言，它有以下区别：第一，它的商业化氛围逐渐减弱，文化的真实性逐渐增强；第二，它实行有控制性的开发，不允许大规模的建设；第三，大众游客可以进入，但游客的行为受到比较严格的限制。

（3）真正的后台：后台是东道主展示他们真正生活的地方，不做旅游开发，不对大众游客开发，偶尔允许一些背包客进入。不是所有的民族文化都可以开发成旅游产品，即反对民族文化的全面商品化。一般来说，属于民族文化精神层面的价值观、宗教信仰和民族性格等是深植于心的，不容易改变，一旦改变就会导致民族文化发生本质的变化，造成真实性的丧失，这部分内容不宜开发成旅游产品，应尽可能在后台保留（王彬汕，2010）。

第五节　旅游真实性与怀旧

"怀旧（nostalgia）"一词是 17 世纪晚期由瑞士医生胡佛（Hofer）创造的，该词由希腊语词根"nóstos（回到过去）"与"álgos（渴望、怀念）"组合而成，意为乡愁，即怀想起过去的记忆而伤感（Hwang，2013）。该词起初主要用于医学领域，描述在远方征战的士兵因思念家乡而引发的一些生理性疾病（Chen et al.，2014），后多用于表达人的一种情绪。

今天，怀旧氛围几乎弥漫于社会的每一个角落：人们开始渴望返璞归真、田园牧歌式的生活；《致青春》《芳华》等怀旧体裁的影视作品相继涌现；现代人对历史街区和复古文艺小店的追捧，表现了当代社会对典型时代的记忆和思念；人们还试图通过到访一些保留着历史痕迹的场所来抚慰他们的心灵，获得乡愁的慰藉，如参观历史博物馆、游览工业遗产地、探访名人故居、体验古镇老村等。这些带有历史痕迹的地方实际上表征着客观性真实。丹恩（1994）曾指出，旅游业可以据此激发旅游者的乡愁，而对旅游者来说，过去意味着某种真实性。怀旧是人类自古就有的思乡情结，如汉代班固于《西都赋》中曾言："原宾摅怀旧之蓄念，发思古之幽情。"同时，怀旧也是一个现代问题。赵敬蓉（2005）指出，现代性是造成怀旧的重要因素。现代性表达的是现代时期的社会生活及其事物所具有的性质和状态，其本义描述的是现代社会与传统社会的差异，表达了现代社会对自由和进步的追求，批判的是传统社会的宗教迷信和愚昧（李留义，2016）。但随着资本主义大工业发展，现代性的内涵已与最初的含义相背离出现一种异化，呈现为一种资本主义现代性。因此，弗洛姆（1987）、西美尔（2002）和韦伯（1987）等哲学家对现代性展开了激烈的批判，他们认为，现代性赋予人自由的同时将人异化为物欲的奴隶，给人带来了新的不自由。在现代社会，由于科技空前发达以及社会散发出浓厚的商业化、市场化气息，人们逐渐变成技术和金钱的奴隶，人性随着日益发达的技术而被异化，金钱成为人们追求的最终目标，人与人的关系变成了物与物的关系（舒杨，2009）。在弗洛姆（1987）看来，西方社会中大量的丧失自我的异化现象完全扭曲了人的个性，把人变成了一台台虚伪的机器。李长成（2013）也将现代社会比作一台"僵死的机器"，认为每个人都是这架庞大机器上的一个"齿轮或螺丝钉"，个人按照自己的信仰及理想价值而行动的自由将会受到极大的压制。从另一个角度来说，工业革命的飞速发展使得人类征服自然的能力大大提升，人类开始肆无忌惮地对大自然进行掠夺，以主宰者的姿态挥霍着大自然的一切。人类对地球的征服导致了人类自身"根基持存性"的沦丧，也导致了人类丧失了自己的家园，让自身陷入一种漫无目的、无家可归的漂泊状态（姬君，2011）。现代性导致了传统意义上的家彻底丧失，人们逐渐开始怀念过去慢节奏的生活，努力寻找最原始的文化生态风貌借以回归自然和传统，找回迷失的家园。但由于不能重返过去，人们试图通过旅游的形式访问和探索那些保存历史遗迹的地方来唤起曾经美好的记忆，表达个体对过去的追求与渴望。

怀旧初始本是一种因对故乡的思念而引起的忧郁、焦躁和痛苦等症状。直到 20 世纪初，怀旧开始去医疗化，逐步从一种病症转向热切渴望过去的情感（李梦雅，2012）。也就是说，怀旧已不再被视为诸如忧郁症、强迫症或幽闭症之类的症状，而是属于像爱、嫉妒和恐惧等这些表达情感的范畴（Davis，1979）。但无论是生理上的疾病还是心理上的情感，怀旧最本质的特点则是人们表现出对家的回归。最初怀旧中的家乡指的是那个人们经历了成长，并真正生活过的故乡。但当怀旧作为一种大众情怀时，家的意义其实有所改变。对于远离故土的当代人，尤其是对迁居都市的人来说，他们常常会因孤身一人而感到失落、寂寞，甚至无助。在他们的眼里，家不再是一个纯粹的物理空间，而是一个象征美好与温馨的情感之域。大都市的居民以冷漠作为相处之道，无论是对待邻近的人，还是对待那些在日常生活中相逢的人（田婷婷，2014）。这是由于大都市里的人际交往从性质上来说并非本真性交往，彼此间渗透着利益，并更多以货币交易的形式表现出来。因为货币交易只关心交换价值，所以某个人对待他人和事物的纯粹客观性也就自然而然地导致了对一切独特的东西都漠不关心。

除此之外，由于深受现代人类中心观的影响，现代人对自然的盲目索取带来了生态环境的不断恶化。因此，直至今天，呈现在人类面前最普遍的图景则是人与人之间的冷漠、人与自然之间的冲突。现代性逐渐消解了传统家园带给主体的居家安全感、稳定感和温暖感。现代人的这种异化生活方式，迫使他们必须寻求新的体验空间来释放被压抑的情感或情绪（Chen et al.，2014）。熊剑峰等（2012）指出，作为理性动物，面对混乱不堪的现在与模糊不清的未来，人类选择往回看。人们希望借助怀旧旅游这种方式重返自己记忆中的家园，重温人与自然以及人与人之间的和谐。

接下来，本书以笔者开展过的一项针对安仁古镇的怀旧旅游体验研究为例，说明旅游场中的哪些真实性的要素将会给旅游者带来怀旧的情绪。该研究指出，当旅游者漫步在饱含历史意蕴的古镇旅游场中，他们与古镇人、古建筑、古物件等产生视觉、听觉及触觉等感官接触，常常会联想起历史事件、历史人物和历史场景，从而引发对那个时代的思考（余志远和游姣，2018）。而这些因素在古镇怀旧旅游场的建构中值得引起旅游资源开发与规划的注意。

（1）场景。安仁古镇除了完整地保存了20余座民国时期的公馆群和安仁古镇特有的街区、古巷和古建筑之外（梁萌，2005），还引入了一些民国风情建筑景观、特色交通方式（如黄包车、民国风情的电车）及参与性的主题活动（如民国服饰秀）。这些符号元素建构起一个个透射着历史和文化气息的场景，营造出一种过去时空的氛围，让游客回忆起过去的岁月并产生情感上的共鸣。在谢彦君（2018）看来，旅游世界存在两种形态的场：一种是氛围场，笼罩在"旅游凝视"之下；另一种是呈现在游客行为环境中足以唤起游客种种即时行为的行为场。按照结构同型论的观点，游客高峰体验感的获得或实现需要旅游世界的氛围场和行为场达到高度同构。借助这个理论，我们其实也可以推论出：旅游者怀旧情感的生成不仅取决于旅游者内心所拥有的怀旧情愫，同样需要依托于对怀旧氛围场的营造（使其怀旧特质更为突出）。因而，笔者提炼出了能够触发旅游者怀旧情绪的三大场景：一是历史场景，主要指怀旧主体受环境刺激而引发对过去某个历史年代里某些情景的想象。大到历史建筑，小到景观小品，它们或许都可以成为引发旅游者回忆、联想并产生怀旧情感的场景。比如，"喜娃游天下"在游记中提到，"令我印象最深的就是刘氏庄园里'收租院'的文物雕塑，每一个雕塑都活灵活现，眼神里饱含着被压迫的凄惨目光。你仿佛身临其境一般，看到他们正受欺负的样子，将我拉回到了那个动荡不安的年代"。"喜娃游天下"从刘氏庄园的文物雕塑中联想到了民国那段历史，想象那个年代的农民惨遭地主压榨收租的场景。二是影视作品或者文学作品中的场景，也就是作家笔下所描绘的引发旅游者的想象，并触发其怀旧之情的场景。比如，"丢失的青春"在游记中提到，"安仁车站、安仁戏院，让我一下想起电视里大上海的样子，有点情深深雨濛濛的感觉"。这是电视剧作品《情深深雨濛濛》带给怀旧主体的怀念和联想。三是个人亲身经历的场景，这种场景主要指的是与个人切身相关，怀旧主体受环境刺激而对过去亲身经历过的场景的回忆。比如，"再别康桥"在参观电影博物馆后叙述道："童年时期最爱跟着父母去看电影了，当时电影院里播放最多的就是各种朝鲜电影……每次放映可谓是万人空巷，当时的电影插曲也是流传甚广，男女老少都能哼上两句。"从游记中很明显地解读出，"再别康桥"参观电影博物馆时联想到了童年时期跟随父母一块儿看电影的场面，并产生岁月流沙、似水年华的惋惜之情。

（2）人物。对古镇而言，"人"的因素至关重要，因为"人"在古镇繁衍生息，保留了古镇传统的生活方式，创造了古镇独特的民俗文化，赋予了古镇灵性与活力。古镇人同样会成为怀旧情感的触发媒介，他们能让旅游者产生怀旧情感。其实，霍拉克等（1992）曾通过问卷调查发现，人物因素（如家人、同学、朋友）可以使人们产生怀旧情感。Huang 等（2013）的研究也指出，社会方面的因素是触发怀旧情感的一个重要因素，重点指的是回忆起某位朋友或者曾经邂逅的热情的人。我们通过编码分析，提炼出古镇旅游场中激发旅游者产生怀旧情感的人物主要有两种：一种是现实中遇到的人，主要是指旅游者在体验过程中遇到的原住民，并因其而回忆联想起自己以往的生活或旧友亲朋。比如，"佚名"在其游记中提到，"当我看见一家店铺里坐着一位正在纳鞋垫的阿姨，我的思绪一下子被拉回到了童年时代，仿佛又见到了以前常常在缝纫机前忙碌的母亲"。另一种是历史人物。比如，"会飞的毛驴"谈到，"我很小的时候就知道仇恨，仇恨四大恶霸地主，还有《红色娘子军》里的南霸天，欺负'白毛女'的黄世仁，《半夜鸡叫》里的周扒皮"。尽管我们认为现实中遇到的人能够让旅游者产生怀旧情感，但需要强调的是，这些现实中遇到的人应保留或赋予自身浓郁的怀旧特质而让旅游者获得高强度的怀旧情感体验。具体而言，古镇人之所以能让游客产生怀旧情感，是因为他们保留的一些民风民俗、传统礼仪等让怀旧的氛围场得以强化。从怀旧旅游体验的视角来看，文化的原真性保护与开发十分重要。

（3）物件。这里所言及的物件主要是指那些带有时代印记的真正的老物件，但也包括一些饱含着怀旧符号的做旧物品。这些物件既包括特殊历史年代集体记忆中的物品，又包括那些旅游者过去常见的、对其而言具有特殊意义的物品，它们以视觉冲击引领着游客置身于过去的年代，激发旅游者产生怀旧想象，生成怀旧情绪。雷森维茨等（2004）更是指出，那些具有过往特征和元素的物品更容易触发消费者怀旧，且对他们而言更具意义。截至2016年，安仁古镇共有保存完好的中西合璧老公馆27座、现代博物馆（含展示馆）32座、文保单位16处，其中藏品800余万件。当游客置身于安仁古镇，那些古老的有轨电车、老照片、旧标语、古书籍、过去的生活用具与衣着配饰等都能成为触发他们怀旧情感生成的媒介。比如，"北碚陈哥"提到，"转到广场，有一辆有轨电车，号称是西南地区第一辆有轨电车，此车过去在重庆曾经一度作为公交车，而在这里就变成了观光游览车，车身上张贴着三四十年代的招贴画，坐着它逛刘氏庄园与民国风情街区，将安仁的历史与民国文化浓缩其中，畅游古镇，回味年华"。物件之所以能够成为触发旅游者怀旧情感的媒介，主要原因在于这些物件本身标志着过往时间，是特定时代的符号表征，对拥有那个年代记忆的人而言是具有特殊意义的。尤瑞（2009）曾指出，旅游者看到的事物都由符号组成，它们都表征着某种意义。所以，当旅游者在追溯过去的情感记忆时，老物件是他们所要寻找的承载着情感记忆的"旧有"符号。

（4）事件。触发怀旧旅游体验的事件包括两类：一类是个人事件，是指个体亲身经历，发生在自己身上并与个人过去相关的事件；另一类是历史事件，是指主体情感在怀旧旅游场中受到触发的具有时代意义、影响历史进程的史事或者是一些重大灾害性的事件，对旅游者而言，这些事件只是存在于他们的共同记忆中，并没有亲身经历。比如，有的旅游者在其游记中提到，他花 10 元钱买了把弹弓，使他回忆起儿时握着自制的弹弓漫山遍野寻找山雀的时光，这属于对个人亲身经历事件的联想；"小白小小白"到访建川博物馆，被展馆里的展物触动而产生对抗日战争、知青下乡等情景的联想，主要是由于他阅读过近现代史，对其中的历史事件有些了解。相对而言，个人事件更易触发个人怀旧，而历史事件更有助于引起集体怀旧。这是由于个人怀旧以个人的过去经验为基础，与个人的生活圈子密切相关，而集体怀旧是基于关系导向，趋向于社会、文化、世代、团体等层面，强调个体与过去共有经验的联系。在霍拉克等（2006）的眼里，集体怀旧比个人怀旧具有更大的共通性，有助于商家寻找到更大规模的细分市场。从这个角度而言，试图开发怀旧旅游产品的景区可以利用旅游者的集体记忆，凭借怀旧性的旅游产品唤起他们的共同回忆，从而达成情感上的共鸣。就具体策略而言，这些景区应更重视对历史事件这一集体记忆载体的挖掘及其具象化的表达。

第六节　旅游真实性与文化商品化

大众旅游的兴起促进了现代旅游业的蓬勃发展。从某种意义上来说，正是由于旅游资源的开发导致了文化的商品化。同样的观点表明，旅游业实际上是现代社会商品化的重要推动因素（Ye et al.，2018）。但需要引起警觉的是，因旅游而带来的文化商品化很有可能会导致文化失去其本义，即原真性的丧失。格林伍德（Greenwood）批评指出，将文化从其生长的环境中剥离出来是对文化"真实性"的亵渎，剥夺了文化的内涵并将最终导致文化失去真实性。为此，他还举过一个例子：西班牙的富恩特拉比亚（Fuenterrabia）有一项称作"阿拉德（Alarde）"的传统仪式。这项仪式最初是为了庆祝富恩特拉比亚的老百姓集体抗击法国侵略者，并最终获得胜利而举办的游行庆祝仪式。该庆祝仪式最初于每年胜利纪念日举行，城中的男女老少、富人、穷人都参加这场活动。仪式的内涵不仅仅是庆祝胜利，它的真正意图是展现全城人的团结和凝聚力，以及他们的"集体高贵"精神。但这种仪式作为旅游产品展示给游客、供其消费体验之后，每年一次的表演安排并不能满足游客的需求，进而演变成一天举办两次。"阿拉德"仪式的变化不仅引起了当地人的反感，也受到了诸多学者的批评。

从这个案例中或可以看出，"商品化"并不是一个受欢迎的词语。从客观性真实的角度来看，旅游商品化在一定程度上削弱了文化的真实性，正如上例所示可能会引发族群认同感的削弱，降低了文化的价值及对旅游者的吸引力（Cole，2007）。我们在贵州黔东南西江千户苗寨的调研发现，苗族传统民居的室内布局因旅游化的改造而发生了很大的变化（余志远等，2022）。走进西江千户苗寨，村寨最具视觉冲击力与民族特色的建筑是木质结构的吊脚楼（如图 2-3 所示），依山而建，层层叠叠、星星点点。传统上，寨内的民居基本上是清一色的穿斗式木结构吊脚楼，鳞次栉比，层叠而上；竖向空间为三段式分区，即吊脚层为牲畜杂物层，二层为生活层，三层为粮食储藏层。经过 30 余年的旅游开发，寨内不少的民居尽管在外观上还保留着传统的面貌，但其内部早已经被现代化的民宿和客栈所侵蚀，传统的生活空间已向旅游化的商业空间演化变迁。对旅游者来说，这些现代元素给苗寨披上了商业化的外衣，冲击着这个古老寨子的原生态氛围，也给旅游者带来了失落。

图2-3 西江千户苗寨吊脚楼

但谈到这个问题，还需要进一步指出的是，也并非所有的旅游者对真实性体验的寻求都有着特别的执念。实际上，不同年龄、不同文化层次、不同职业的旅游者对旅游体验的要求是存在差别的。以色列社会学家科恩（2007）将游客体验分为存在性体验、经验性体验、实验性体验、转移性体验和娱乐性体验五种类型：前三种类型的旅游体验与人类学者以及博物馆学者的体验相似，对旅游体验的真实性要求比一般旅游者要高，而且他们具有一定识别真实性的能力，如果他们能够在所游览参与的对象中找到自己所了解的真实，他们就很满足了；在后两类体验状态下的旅游者，其出游动机主要是寻求快乐与愉悦，"真实性"并非这两类旅游者的追求，因此他们不会为"不真实"而烦恼。

以上论述是从客观性真实角度来看文化商品化问题。其实，从文化变迁理论的角度来说，现实中不存在亘古不变的文化，即使最原生态的民族生活本身，也处于不断的发展变造之中（高芳，2008）。以云南为例，众多的民族文化得以保存的主要原因之一，就在于南北向的横断山脉和水系阻隔了东西向的文化交流与同化。然而，随着现代交通技术的飞速发展，地理阻隔对民族文化独特性的保护作用已经消失。即使没有旅游者的打扰，民族文化本身也在迅速发展。任何人为的限制都无济于事。因此，不存在绝对原始的真实性。这也就为建构性真实提供了存活的土壤。与上述观点相反，从建构性真实的角度来看，商品化又重新塑造了真实，加强了文化的价值与旅游吸引力（Adams，1997）。真实性是一个社会建构的过程，现在的文化商品化可能成为未来的文化真实性的组成内容。为了说明这个观点，高芳（2008）列举了一个例子：《云南映象》中一段"烟盒舞"表演，真实的彝族烟盒舞表演中有击掌的动作，但是杨丽萍将击掌动作丰富化、舞台化，加上了双手拍地、翻滚拍地等动作，彝族演员发现这样的改编使舞蹈更好看了，他们将这些动作带回村寨，这些改变很可能成为未来彝族"烟盒舞"的真实内容。

在全球化的发展进程中，旅游所造就的旅游目的地的文化商品化是一个很难改变的趋势。凡事皆有度，过度的文化商品化必然会带来诸多负面的影响。但是，如果运用得当，不但不会对社会造成危害，反而有利于社会的发展。在发展相对落后的偏远少数民族地区，如果一味地追求文化原真性的保留，而未考虑到当地人民的实际生活条件显然不切实际，这种强制性不仅起不到有效的保护作用，反而会在推行过程中困难重重；而如果适度地开发，不仅可以打破少数民族落后地区半封闭的自然经济状况，还可以改变当地传统落后的观念，帮助当地居民树立现代的商品意识，将少数民族地区从传统的生产生活中解放出来，有更多的精力和条件去重审民族文化，去寻求文化开发和文化保护（何兰兰等，2013）。另外，针对一些濒临消失的传统工艺和民族文化，通过旅游市场的追捧，可以迅速地提升民间手工艺家的创作空间和原真性的保留，使一些失落的老艺人再次找到生活的希望。比如，如今在丽江能够演奏纳西古乐的人已为数不多了，演奏者基本上是屈指可数的老人。可以说，这个乐种在当时的整个丽江民间处于即将失传的状况。20 世纪 80 年代，丽江旅游业逐步兴起，老艺人们自娱自乐的演奏引来游客中音乐爱好者的兴趣，有听众会零星地捐一点款。这个时期，一个叫宣科的人发起并重建了由十几位古稀老人、十几样稀世乐器组成的"大研纳西古乐会"。由于旅游业越来越火，加上宣科等人的商业化运作，纳西古乐已世界闻名。现在，参加纳西古乐表演的乐手中已经有很多中、青年。纳西古乐之所以能够保留、传承，从某种意义上来说归因于文化商品化。

第三章　旅游凝视与具身体验

　　受到法国哲学家米歇尔·福柯"医学凝视"概念的启发，尤瑞将旅游定义为视觉凝视，即一种"看的方式"，并特别强调了这种凝视观察在旅游目的地与家乡社会的不同，而由此表现为对差异性景观的关注。自此，旅游凝视受到学术界的关注和青睐，成为旅游研究的一个焦点主题。但是，这种旅游方式并不能涵盖旅游体验的全部，许多的旅游产品带给游客的体验所依赖的不纯粹是视觉感觉，还要调动身体上的其他感官与人的精神意识。本章将讨论旅游凝视和具身体验两大主题，在分析各自内涵的基础上，提出在凝视和具身视角下的旅游产品设计所应关注的重点。

第一节　视觉中心主义

　　科学研究显示，在人的所有感觉器官中，眼睛是大自然创造力量的最奇异和最美好的馈赠，有80%的外界信息是通过视觉分析器进入人脑的，与此相对应的是，听觉占10%左右，嗅觉、味觉和其他感觉总共不到10%（刘益民等，2006）。另外，就环境的感知及其范围而言，味觉仅限于个体舌头上的味蕾，触觉需要身体与外界的触碰，嗅觉适于发现近距离的目标，听觉能对百米外的声音有反应，视觉却可以捕捉一公里以外的事物（赵一凡，2006）。因此，从生物学的角度来说，视觉在所有的感官中居于重要地位。不仅如此，西方哲学长期以来也对视觉的重要性同样有所强调，进而使人类在近代以来进入了一个"视觉霸权"的时代（Levin，1993）。柏拉图、亚里士多德、阿奎那、笛卡尔、黑格尔、贡布里希、阿恩海姆、胡塞尔等都承认视觉的优先性，由此形成了西方文化中的"视觉中心主义"。视觉中心主义指的是把与看相关联的视觉视为一种真理性认识的高级器官，并且在人们的日常语言和哲学言说中，常常运用视觉隐喻来意指那些具有启示意义和真理意义的认识（朱晓兰，2011）。古希腊哲学家柏拉图（2003）在《蒂迈欧篇》中就指出："在各种器官中，神首先发明了能放射光芒的眼睛……现在我要谈论神把眼睛赋予我们有什么更加高尚的用途和目的。在我看来，视觉乃是我们最大利益的源泉，因为我们若是从来不曾见过星辰、太阳、月亮，那么我们有关宇宙的谈论一句也说不出来。而现在我们看到了白天与黑夜，看到了月份与年岁的流转，这种运动创造了数，给了我们时间观念和研究宇宙性质的能力。从这一源泉中，我们又获得了哲学，诸神已赐予或将赐予凡人的恩惠中没有比这更大的了。"从柏拉图的叙说中，我们可以看出视觉被认为是获得真理的重要途径，而且在人类获得真理的进程中享有比其他几种感官能力更为优越的地位，由此确定了"视觉中心主义"的地位。实际上，柏拉图（2003）依据与真理的远近关系建立起了一种"感官等级制"。在这种"感官等级制"中，视觉如上所述最受推崇，这是因为眼睛像太阳一样放射光芒，它常被认为是神性的感官。紧随视觉之后的是听觉，因为"节奏和旋律比其他事物更容易渗入心灵深处，在那里牢牢扎根……受过正确音乐教育的人……长大以后，会很自然地欢迎理智的到来，理智在他看来就好像是早已认识的老朋友。"至于味觉和触觉，由于它们直接关联于肉体的欲望，柏拉图的评价相当低。在法国巴黎的卢浮宫，一群游客正在安静地观赏断臂维纳斯雕像，突然人群中有人用手触摸了一下维纳斯雕像，周边的群众马上用鄙夷的眼光看着这个人。周边群众为何有这种表情，就是因为触觉在一些哲学家眼里带有低俗的味道，因而将其视为低等感官。科斯梅尔（Korsmeyer，2002）写道："通过眼睛和耳朵对物产生的享受——美丽的场景、声音、艺术作品——将注意力转移到周围的世界，从而产生审美快感……相比之下，触摸、嗅觉和味觉的愉悦则将我们的注意力引向了身体的状态。这些感官被认为是认知迟钝的，更重要的是，追求它们的快乐会导致自我纵欲、懒惰、贪食和整体的道德堕落。"

第二节　拉康的"凝视"

20 世纪中后期，凝视理论的最为直接的理论基础是建立在拉康（Lacan）之上。尽管拉康并不是专门对凝视进行研究的学者，但他所提出的"镜像阶段论"和"主体建构三界说"等理论与凝视具有密切的联系。

"镜像阶段论"是拉康进入精神分析领域后的第一个贡献，描述了6~18个月的婴儿的生命体验，这个阶段的婴儿在大人的指引下，通过照镜子，从无法辨识镜中的自己到充满狂喜地认出自己，在整个镜像阶段完成从"他者"存在到"自我"存在的认知。具体来说，镜像阶段基本上要经历三个时期：第一阶段，婴儿在母亲（或他人）的抱持下，看到了镜中自己的影像，却把它看作一个现实的事物，或者说只是把自己的影像当作一个可与之进行游戏的伙伴来看待，他还未将自己与外界其他对象区分开来，这个时期婴儿基本上是把自我与他人混淆起来的；第二阶段，婴儿发现镜像不再是一个现实的事物，而仅仅是他人的影像，这时婴儿表现为一会儿看看抱着他的母亲，一会儿看看镜中母亲的影像，然后高兴地冲母亲笑一笑或发出兴奋的"咿呀"声，因为他可以区分母亲与母亲的影像了，其结果是婴儿与母亲的分离，并可以把影像从他人中区分开来，但它还不认识自己；第三阶段，婴儿终于发现镜像就是自己的影像，如自己张嘴，镜像也在张嘴，镜中的影像按照婴儿本身的动作做出反应，婴儿脸上露出兴奋的表情，并发展出一种想象的能动性和完整感（王国芳，2019）。值得说明的是：第一，镜子实为一种隐喻。我们可以把一切能反光的物体当作镜子来看待，通过它们能映照自身的影子。比如，库利（Cooley）把他人的反应和评价比作"镜子"，借此指出个体是从这面镜子中照见自己。他说："正像我们从镜中观察自己的脸、手指和衣着，因它们属于我们自己而感兴趣一样……我们也从他人的思想中认识我们的面貌、风格、目标、行动、特征、朋友等。"第二，拉康是从婴儿成长期中观察到这种现象，并将其抽象为理论，但并不说明这个理论仅适用于分析 6 ~ 18 个月的婴儿，它同样可以适合分析个体成长的更高级阶段中的心理和行为，人的一生实际上都在持续不断地建构自我。也就是说，镜像的作用不仅仅体现在婴儿时期，还贯穿于人的一生，始终着力于人类自我在身心方面的塑造。

"主体建构三界说"是拉康的另一个重要贡献。主体建构包括想象界、象征界和实在界，虽然这三界是三种不同阶段，但它们又是相互交织在一起的，甚至会出现重叠的情形。想象界产生于镜像阶段，它指的是婴儿在镜前会投注一定程度上的想象、幻想及对自己的钟情与迷恋，这个阶段被拉康解释为自恋性认同。拉康（2001）说："我们在个体成长的各个阶段，在人取得各种程度的成就中都可看到主体的这个自恋时刻。在这个时刻之前的阶段，主体必须承受'力比多'的挫折，在这之后他则在规范性的升华中超越自己。"但拉康进一步指出，迷恋性认同出自主体对自己的审视，但主体对自己的确证还必须引入他人的形式，只有在他人的介入下主体才能得以实现（陈静姝和闵健，2014）。拉康提到的"象征界"由传统规则、法律与文化所主宰，是社会秩序制约规范下的领域（杨洪霖，2019）。因此，在象征界中，个体的行为受到规范和约束，即在社会秩序的目光注视下而被规训。而实在界代表着一种原始的无序和无知，其作用是催生欲望，恰似弗洛伊德的本我，本我的行事原则是追求快乐（王国芳，2019）。

笔者曾对一群骑游川藏线的女性自行车旅游者开展过研究，其中就使用了拉康的上述理论对她们骑游体验心路历程和主体建构进行了解释（余志远和谷平平，2022）。受到"父亲"目光的注视，女性所处的日常生活世界恰似象征界，这个由传统规则、法律与文化所主宰的社会秩序制约规范下的领域，男权以及社会秩序规训着女性非得按照特殊的价值属性扮演她们的角色，如要求她们必须循规蹈矩、遵守妇道、温柔贤惠，父权制的压迫使得女性成为"他者"，并逐渐失去了自我。象征界中传统固化的"男主外、女主内"的社会分工让女性为家庭做出了更多的牺牲。当女性陷入家庭事务之中时，其"实在界"的主体欲望不能得到很好的满足。从这个角度来看，这些受访女性在"实在界"中的自我由于受到"象征界"中社会秩序规训而遭到压制或压抑，因此会产生焦虑的情绪，并试图寻找机会从现有角色的扮演与焦虑的状态中抽离。此时，自行车骑游成为了她们可以暂时摆脱"他者"身份的机会。女性在日常生活中受到"父亲"严厉目光的注视，这在很大程度上规训、约束了她们的行为。相反，在户外自然的旅游世界中，自然以"母亲"般慈祥、温柔的目光允许和容忍了女性更多的自主探索、自由发现及自我发展。人迹罕至的川藏线是女性自由灵魂的天然栖息地，充满了创造力，是许多女性骑游者灵魂的天堂，在路上她们是"渴望的""激情的"，甚至是"疯狂的"，并能够找到真实的自我。对女性骑游者来说，旅游世界就是一面大镜子，由无数"材料"不同的小镜子构成，骑游者在其中的身体实践及其与其他外部对象的互动过程中观看到自己"影像"的生成，其想象界则是"各种像的集合"。女性骑游者通过她们的身体实践观看自己并达到对自己的认识。但主体在该过程中往往会投注一定程度上的想象、幻想及对自己的钟情与迷恋。这些女性在自我凝视过程中，在与他人互动的过程中，通过他人的表情、语言等的反馈来达到对自我的认识，进而构成确证性认同，最终与原有的身份认识进行协商，建构起新的自我，为自己感到"自豪""有成就感"。

第三节　福柯的"凝视"与权力

凝视（gaze），就其含义而言，是指"长时间的看"，有"注视""盯视"之义，有别于"浏览（scan）"和"一瞥（glance）"等快速观看行为。这个词在 20 世纪西方研究的语境中，是一个重要的概念和关键词，即从日常用语中脱离出来而进入学术领域。福柯在《疯癫与文明：理性时代的疯狂史》《临床医学的诞生》《规训与惩罚：监狱的诞生》三部作品中逐步阐释了凝视理论。福柯在《临床医学的诞生》一书中提出"医学凝视"概念，它指的是医生用科学的眼光打量和分析病人的身体。在医生的权威下，病人的身体可以由医生"支配"。显然，福柯的医学凝视赋予了医生某种权力，而其背后凝聚着权威话语体制的力量。福柯在《疯癫与文明：理性时代的疯狂史》中指出，这种权力更具有支配性。疯人因"疯癫"而被收治，他们无法与医生进行沟通，只能由医生凭借自身的专业知识去判断、诊治，并加以驯服，这种凝视无疑带有权力性质，而且是单向的。在《规训与惩罚：监狱的诞生》中，凝视中的权力被阐释得更为翔实。福柯介绍了边沁设计的全景敞式监狱。这种监狱的建造原理是："四周是一个环形建筑，中心是一座瞭望塔。瞭望塔有一圈大窗户，对着环形建筑。环形建筑被分成许多小囚室，每个囚室都贯穿建筑物的横切面。各囚室都有两个窗户，一个对着里面，与塔的窗户相对，另一个对着外面，能使光亮从囚室的一端照到另一端。然后，所需要做的就是在中心瞭望塔安排一名监督者，在每个囚室里关进一个疯人或一个病人、一个罪犯、一个工人、一个学生。通过逆光效果，人们可以从瞭望塔的光源恰好相反的角度，观察四周囚室里被囚禁者的小人影。"（福柯，2019）这种构造的建筑表现出两个方面的特征：第一，瞭望塔上的监督者具有高高在上凝视的权力，能清清楚楚地观察囚室里发生的一切，而囚室里的人却不能观看到监督者，即他们在任何时候都不知道他们是否被窥视；第二，由于受到监督，即使瞭望塔里没有监督者的存在，囚室里的人也不敢做出任何违规的事情，其行为受到规训。由此可见，他人的凝视所带来的，不是对于主体的认识，而是一种规训，是权力的压迫。综观福柯的医学及监狱的凝视理论，可以发现福柯的凝视与权力紧密地联系在一起。从这个角度来看，凝视这个词与"浏览""一瞥"具有明显的差异。英国学者丹尼·卡拉瓦罗在其著作《文化理论关键词》中，收入了"凝视"一词，并做出以下解释：

凝视的概念描述了一种与眼睛和视觉相关的权力形式。当我们凝视某人或某事时，我们并不是简单地"在看"。它同时也是在探查和控制。它洞察并将身体客体化。大多数时间，我们仅仅是在"看"事物：我们只是对与光、颜色和形状相联系的某种感觉留下印象，没有任何潜在的动机。有时候我们"观察"事物，为了详细地研究它们，我们仔细地看它们。还有些时候我们是"看一眼"事物：我们眼睛掠过它们，漫不经心地瞧一下它们的外表。但当我们凝视某些东西时，我们的目的是控制它们。

综上所述，从福柯的"凝视"中，我们可以看到该凝视具有以下含义：

（1）一种观看方式，是凝视动作——目光投射的实施主体施加于承受客体的一种作用力。

（2）有形地、具体地、无处不在地存在于现代社会，并象征着一种权力关系和一种软暴力。

（3）被社会组织化的和社会系统化的看不见、摸不着，但又实实在在存在的无形的社会力。

第四节　"旅游凝视"的诞生与发展

一、旅游凝视的最初内涵

尤瑞将福柯的凝视引用延伸至旅游研究领域，借用福柯的这一犀利的思想批判洞察和分析了现代旅游的逻辑运行及现代游客的种种偏好和行为。但尤瑞在其著作《游客凝视》的开篇中就强调了一点，旅游凝视所关注的是愉悦，是假日、旅游和旅行，是五彩斑斓的旅游世界，这与福柯讨论的严肃的医学和医学凝视世界毫无关系。概括而言，尤瑞讨论的旅游凝视具有以下内涵：

第一，游客凝视的是一组不同寻常的自然风景或城市风光。这种凝视是通过"离开"，即远离家乡社会的常规和日常活动，以此形成反差而获得与日常生活截然不同的愉悦体验。其实，旅游凝视的对象也不限于自然风景或城市风光，在旅游体验过程中，他者和活动都可成为凝视的对象。刘丹萍（2008）曾举过一个很有趣的例子，用以说明现代人的"返璞"情结，在此把它借来说明这个观点："那天有雾，听服务员小马说是新街镇赶集的日子，心想一定有料！就背着相机离开了县招待所。

集市就在后面那条街上，很近。太有趣了！有人拉着小猪当街叫卖，彝族妇女身后的围裙逗得我直乐，还有那鸡冠帽，啧啧！突然，我看见人堆里有个哈尼族妇女竟然抱着鸡在那里逛，不知是要卖，还是干什么？趁她不注意赶紧拍下来，呵呵！一张精彩照片呢！"事实上，活动成为观赏对象，并非专指能带给旅游者视觉冲击和心灵震撼的纯粹表演性质的活动，那些具有一定参与性的娱乐活动也能带给旅游者视觉上的享受，尽管其本身是旅游者的娱戏对象，但是对那些旁观的旅游者来说，他人娱乐嬉戏的活动场面同样是一道赏心悦目的风景。

第二，人们会选择某些地方去凝视，是因为这些地方满足了他们的幻想和期待，而这些幻想和期待在某种程度上是被媒体（如电影、电视、文学作品、杂志等）建构起来的，即这些媒体建构了旅游凝视，并且强化它。也就是说，游客的凝视是被社会组织的，虽然它看似是一个主体性行为，但是暗中被各种文化力量操控着，即专家、大众媒体、旅游书籍、营销图片等共同定制、操纵和掌控了旅游凝视。

第三，旅游者的凝视是对地方景观符号的消费，如游客看到巴黎街头有两人亲吻时，他们在凝视中解读到的符号意义是"浪漫的巴黎"，而在某种意义上来说，地方是由某种景观意义符号组成的。

第四，旅游凝视并不限于视觉体验，它还表现为对地方的作用力，地方因旅游者的凝视而被建构起来。在我国开启旅游凝视研究先河的是刘丹萍（2008）。她首次采用"旅游凝视"作为理论分析工具，以摄影图片作为研究路径，从历时态、共时态、精神与文化动因三个方面总结了元阳梯田旅游地的发育过程，分析了元阳哈尼梯田如何在摄影人、游客凝视及与当地居民、政府官员的互动中逐渐演变成一个旅游地。

第五，旅游凝视具有不平等性，旅游者与旅游目的地居民之间的"看"与"被看"隐含着一种不平等的意味。从某种意义上来说，似乎也隐含着权力，一种不对等的支配。

二、尤瑞眼中的两种凝视

在《游客凝视》这本书中，尤瑞提出了旅游凝视的两种类型，即浪漫凝视和集体凝视。他指出,浪漫凝视展现的是一种"不受干扰的自然之美",这种类型的凝视者往往喜欢独处,沉浸于对景观的美学体验。尤瑞援引了沃尔特的一段描述游客在斯托黑德公园中的凝视体验:"在这儿,游客都有这样浪漫的观念:远离社会,在大自然中独自沉思。斯托黑德的花园是最完美的浪漫之地,月牙状的湖边有林中小径,有杜鹃花海、岩洞、教堂和一座哥特式的别墅……徒步于幽静的花园中,漫步于自然的奇异中,如有他人出现便会显得与整个环境不协调。"

在沃尔特的这段描述中,提到了人在大自然中的独自沉思,并享受独处的浪漫,而一旦有他人出现则会破坏这种浪漫的氛围。萨特(2007)就曾讨论过个体在凝视过程中被他人凝视而带来主体性丧失的问题。萨特漫步在公园中,发现只有自己一个人,于是他认识到自己完全控制了视野,并得到无限快乐,但是别人闯入公园,这个闯入者就打碎了单独观察者所独享的宁静,并破坏了萨特对视野的控制。周志强(2010)评论说:"一旦我们被发现在看,主体感就会迅速消失;反之,主体感则会变得强烈,并激发起浪漫的美学体验。"

与浪漫凝视不一样,集体凝视提倡他人的存在,并认为只有他人的凝视或者在集体的注目下,这个场域才会呈现热闹和欢快的氛围。比如,迪士尼乐园只有拥有一定数量的游客,大家在玩耍刺激项目的时候,不约而同地发出大声的尖叫,并受到旁观者的瞩目,投入羡慕、敬佩、赞赏的目光,才会达到集体欢腾。海滨度假旅游地、一些仪式类的活动同样需要集体的凝视和参与,否则,就会让人觉得寂寥、冷清。比如,旅游者探访肇兴侗寨,初入侗寨、喝下拦门酒,感受过侗寨人的热情,领略了侗寨文化的波澜壮阔之后,参加夜晚的篝火晚会时,整个旅游场的气氛达到峰值,旅游者的情绪感受也即将走向高潮。在集体的相互凝视中,游客忘记了彼此的身份、区域和文化背景,而是作为旅游者单纯地和大家一起互动,感受这场欢快的节庆活动,放松身心、尽情地享受当下的快乐,体现了旅游中的角色颠倒、不受约束的放纵时刻(马凌和保继刚,2012)。互动性与自由感引发了在场表演者集体性的关注,彼此的身体互动使得参与者产生了一种高涨的热情感和集体欢腾或共睦态的兴奋感,整个场所变得沸腾了起来,大家彼此相互关注、相互分享并共同建构快乐，在这种超越与颠覆日常规则中回归本真的自我，达到忘却自我融入当地的超凡体验。正如旅游者所言："能够参加他们这里的篝火晚会，我感觉真的非常愉快，包括最后主持人让我们手拉手，排成一圈，围着中间的火把跳舞，好像他们也没有什么步伐或者什么规则，就只是围着和他们一起，但是我依然觉得很放松，很久没有这么开心过了。"

浪漫凝视和集体凝视的类型划分对旅游规划与开发具有一定的启示性作用。当今天参与式体验为众多旅游目的地所青睐的时候，一定要注意参与式体验产品的设计同样需要依产品的形态和场景的类型而定。当产品的形态主要是浪漫凝视型产品，且场景属于"不受干扰的自然"时，任何一种牵强附会的参与式活动项目都会打破这种浪漫的氛围。比如，九寨沟的核心景区，它在旅游规划与开发过程中只需要解决好游客的可进入性问题，似乎就能够让游客获得一种惬意的体验和愿望的满足。

三、旅游凝视的进一步发展

"旅游凝视"概念最初由尤瑞提出，但该概念自从提出并由尤瑞为之赋予一定的思想之后，便引起了国内外旅游学术界的热议，并在该领域积累了大量的文献。在此过程中产生了一个带有悖论性的问题，即这些文献的积累并没有完全廓清旅游凝视的内涵，反而使之成为了高度模糊、众说纷纭的概念。李拉扬（2015）对这种境况的形成原因所给出的解释是：一方面，《旅游凝视》这本书并没有很清晰地道出旅游凝视的内涵，不少的研究者在阅读过程中存在误解；另一方面，一些学者不负责任、不加分析地使用凝视概念而无视其自身的逻辑可能，这种概念使用上的片面或泛化反而导致了解释的困境。笔者认同以上判断，但同时想提出的是，旅游凝视概念由尤瑞首先提出，但该理论在发展过程中不断被诠释、改进，甚至被赋予了新的思想，或者已经超出了尤瑞的本意。应该说，旅游凝视理论发展到今天，已是集体智慧的结晶，属于学术共同体共同建构的知识体系。

在尤瑞的旅游凝视中，他重点关注的是游客的凝视，即凝视的主体是游客，而凝视的对象则是旅游目的地的自然、人文景观，甚至旅游目的地居民；他也强调了旅游者施加于旅游目的地的一种单向的作用力（程绍文等，2017）。但在这个理论的发展过程中，引起许多学者反思的一个问题是，旅游凝视或许不应该被限定为一种来自旅游者单向度的凝视，他们同样也有可能成为被凝视的对象。为此，以色列学者毛茨（2006）提出了"双向凝视"的概念，而这个理论观点的发现，源于他对赴印度旅游的以色列背包客群体的考察。相对于大众旅游者来说，背包客的旅游行为特征则赋予了他们更多可以进入东道主社区后台，与当地人进行直接接触的机会。也正因如此，这些背包客旅游者才更容易与东道主之间形成明显的"双向凝视"。在这些以色列游客还未踏入印度国土之前，他们在西方媒体和旅游指南宣传下形成对印度人固有的先验画像，如印度人是"平和的""快乐的""微笑的"等。这些游客对当地居民的凝视则调节了他们对居民的态度，并愿意接受当地居民的信仰。而在游客的凝视作用下，东道主社区迎合他们的需求或偏好，使得一些地方（如南部的特拉维夫）变成了以色列游客生活的飞地。在那里，大部分食物都是以色列的，菜单部分用希伯来语，挂在街上的标志也是如此，他们读着以色列报纸，听着以色列音乐。当地人对游客也注入了凝视的目光，但大多数的游客几乎没有意识到这种凝视，主要是因为他们傲慢地拒绝了它的存在。大多数的印度人表达了对以色列人的不尊重，认为他们是享乐主义者，过度强调自由的人，不礼貌、不友好。当地人的这种凝视反映在他们对待以色列人的态度上，在以色列人经常光顾的一家餐馆的菜单上会出现了这样的词："如果你给予尊重，你就会得到尊重。"彭兆荣（2018）也提出了类似于双向凝视的思想，使用了"互视"概念。在他看来，景观是游客凝视的对象物，但凝视同样可以作为景观本身。比如，游客在景区的体验就是一个典型的"互视结构"，即游客通过自己的眼光对景观的投视，也包括客体的眼光反射的镜鉴，由此而获得心理上的感受。事实上，笔者在前文中将旅游世界比喻成镜子，就有着同样的思想。游客凝视景观对象物，而在景观对象物镜面的照射中看出自己情感的变化或心灵的感悟。吴茂英（2012）在此基础上又进一步提出了专家凝视的观点，以此构成了"旅游凝视系统"。

第五节　视觉中心主义的消解与身体转向

　　尤瑞提出旅游凝视理论之后，在受到学术界追捧的同时，也引起了一些学者的批评。最为突出的是，尤瑞特别强调视觉在旅游体验中的核心地位受到质疑。他本人其实也承认了这一点。因为有不少的旅游活动，如攀岩、滑雪、泡温泉等似乎并不突出强调视觉上的感受，而是身体上的感受。或许由于类似的想法，身体开始受到西方学者的重视。尼采认为，身体成为思考人之为人的关键所在，身体是人之存在的根基（郑震，2009）。莫里斯·梅洛-庞蒂将身体知觉问题列为考察的对象，对他而言，身体知觉的层次是混合了精神性和物质性的含混的存在，当我们去触摸某物时，物体是一个完整的结构存在，而非某种视角的"凝视"（吴志远，2022）。身体本身在世界中，就像心脏在机体中：身体不断地使可见的景象保持活力，内在地赋予它生命和供给它养料，与之一起形成一个系统（莫里斯·梅洛-庞蒂，2005）。从旅游体验的角度来看，旅游世界俨然成为一个身体的感觉场，自然界中的一举一动都被敏锐的身体触角所捕捉，视觉、触觉、听觉、嗅觉、躯体觉等方面的综合调动展现出一个"活生生"的自然，这种旅游体验是多感官的，通过整个身体感受到的。

　　从20世纪90年代开始，旅游者的具身体验进入西方研究视野。对身体的重视迥异于旅游凝视理论暗含的对视觉中心的强调，旅游具身体验研究将游客的境遇化身体重新还原到现实的旅游情境中，对于推动旅游体验理论的发展，以及旅游研究的范式转型具有极其重要的意义（樊友猛，2020）。对于具身（embody）这个概念，樊友猛做出了以下解释：这个词在英语中，"em-"作为前缀表示"进入……之中"，与"body"组合，可直译为"进入身体之中"，意味着身体与世界的互动和一体化；在甲骨文中，"具"字的上半部是鼎，下半部是一双手，表示双手捧着盛有食物的器物，传递出人的身体与外物关联、结合的意象（樊友猛，2020）。为此，樊友猛将"旅游具身体验"界定为旅游者经由自我身体与旅游世界发生交互并获得存在意义的过程。

从本质上来说，旅游者的旅游是一种身体与外部世界互动下的体验。但在不同的旅游发展时期，旅游者对体验的诉求具有阶段性的差异。在观光旅游时代，旅游者对审美和凝视更为看重。而在度假旅游兴起的今天，旅游者似乎更为关注具身性的体验。具身体验强调了身体中各个要素的作用与力量，突出了身体的地位。"体验"一词，也很好地诠释了"以身体之，以心验之"的含义，并更加积极地看待身体对外部世界的感知、涉入，以及心灵的参与。具身概念则更进一步地表现几者之间的连接关系，强调了彼此之间的相互关联与相互作用。原研哉（2006）指出，人体的各个部位都可以作为信息的接收体，但不同的记忆途径会产生不同的记忆效果。按照樊友猛（2020）的解释，旅游具身体验是旅游者经由自我身体与旅游世界发生交互并获得存在意义的过程。尽管这种概念性的定义给出了理论上的界定，但怎样对它进行操作层面的转化，以给旅游企业提供实践上的指导，则成为我们进一步思考的问题。笔者以为，从身与心两个维度来讨论旅游具身体验，或可为旅游资源的规划与开发、旅游产品及活动项目的设计与优化提供启示。

一、身体上的"五觉"

身体上的五觉指的是视觉、听觉、嗅觉、味觉、触觉等物理感官。旅游具身体验突出强调了身体五觉的作用，就是要打破过度依赖视觉凝视的作用。换句话说，旅游景区的旅游产品供给不应单纯强调旅游吸引物的视觉效果，而是要为游客创造多感官的刺激。

（1）视觉感。旅游企业要充分认识到旅游者的旅游是一种审美活动。这是一个发现美、解释美的过程。康德在美的分析中，将美划分为"纯粹美"和"依存美"。纯粹美是事物本身固有的美，而依存美要涉及概念、利害计较和目的判断。从康德对美的分类中，我们可以看出旅游世界需要展现、表达，甚至构建、塑造它的纯粹美，带给游客以视觉的刺激和冲击，当然也要注意到的是，有些美的形态并非表面化的，它需要旅游者从其符号意义上进行解读，这就需要发挥心灵的力量。纯粹之美，需要利用景观物的形体、肌理、材质、颜色等来表达。比如，人们对色彩有着较强的敏感性，而色彩的冷暖、明暗能够带来异样的心理感受。色彩学家将各种颜色与人类的情感联系起来，路易斯（Louis）总结了不同颜色所代表的人的性格和愿望，如绿色表示平安和解脱，红色代表欲望和生命力，黄色代表光明和温暖，蓝色代表深沉和平和等（余树勋，2008）。因此，景观设计中需要巧妙利用颜色，既要符合景观的特质，又要借此刺激游客不同的情绪和情感。在景观设计过程中，尤其需要注意旅游世界中"凡物景观化"的设计理念，该理念的贯彻不仅体现在宏大的建筑景观上，旅游巴士、休闲椅、标识牌、垃圾桶、观光电梯、缆车（如图 3-1 所示）等旅游基础设施也应兼顾这个设计理念。另外，适当地发挥一些"刺点景观"在整体舞台布景中的作用，让人产生震惊、震撼的结果。只是需要强调，这种美的展现或塑造，或者带给游客视觉的刺激感，并非刻意地追求标新立异，它在吸引游客眼球的同时，应做到整体画面的和谐、统一。还需要注意的是，景观视觉效果的呈现，不纯粹依赖于景观本身，还需要利用旅游者观赏的主观能动性，如认识到观赏位置的不同可以感受不一样的景观效果。举例来说，荷兰的绿色心脏计划是通过在田野上堆积一些农作物方垛的方式，不但可以丰富空旷的田野，强化了视线向地平线的延伸，还可以引导人们的视线，向体验者展示田园里独具特色的视觉效果，同时在合适的观赏点上设置瞭望台，为旅游者提供了新的视觉角度，而瞭望台本身也按景观标准建造，成为这片田野上的制高点与标志性景观。

图 3-1 广州长隆野生动物世界里带有动物元素的缆车

（2）听觉感。1929 年，芬兰地理学家格兰诺（Granoe）提出声音景观（Soundscape）概念，以此强调景观的可听性，让声音等要素被人感知并在人脑海中形成意象，体会到景观的意境美（翁玫，2007）。我们生活在声场中，被各种各样的声音包围着，不管你喜欢也好，不喜欢也好，声音无时无刻不进入到你的耳朵里。研究表明，当人们处在愉悦的声音环境中时，身心会得到放松，人们在悠扬悦耳的音乐声中，可以调节神经系统、心血管系统等生理方面的机能，使大脑分泌多巴胺、肾上腺素等物质，这些物质能提高大脑皮层的兴奋度，振奋精神，消除心理、社会等因素造成的紧张、焦虑、恐怖等不良心态（姜婷婷，2014）。旅游场中的声音则可看作是一种资源和景观。要善于利用大自然或人工创造的声音，因地制宜、因时制宜地为游客创造声音景象的空间，聆听空间的歌唱，让游客产生身临其境的感觉。"蝉噪林逾静，鸟鸣山更幽"。风吹树叶的沙沙声，雨水击打地表万物的滴答声，溪水流淌、叠瀑垂落发出的哗哗声，以及田间的虫蛙与林间的鸟鸣，则会烘托自然的宁静与安详；方言土语、地方音乐、戏曲歌唱、手艺人的吆喝与叫卖声，则会传递这片大地的文化与市井百态；庙宇的大殿里，送来僧侣们敲击木鱼及低声诵经的声音，让信众的整个心灵都沉浸其中，全神贯注，则又表现了这个场所的特殊、严肃和神圣。北京奥林匹克森林公园里，有一处景观在声觉的设计上非常具有创意：设计师巧妙地在木桥下安装了传声筒，传声筒将水流声、桥面踩踏以及鸟虫鸣叫声传到调音台再经过功放，通过桥侧的音箱播放，这样旅游者坐在靠近音响的长椅上就可以听到这些美妙的声音。

（3）嗅觉感。调查显示，嗅觉带给人的记忆印象的时间最长，气味能把深藏在人们内心深处的情感记忆激发出来，或是欢乐的童年、或是慈爱的祖母、或是对曾经一段温馨甜蜜的爱情的回忆（姜婷婷，2014）。段义孚（1974）在评价嗅觉景观时写道："首先，气味能够唤醒人们对过去场景的一份生动交互式的回忆。其次，作为一个孩童，不仅鼻子更为敏感，而且他与大地、花床、大树以及散发气息的泥土更为接近；作为一个成年人，干草堆的味道常常使我们留恋过去的岁月；并且观看往往是一种有选择的、反思的体验。当我们回到孩提时所待过的地方，这里的景色虽变，但你会感到气息尚存。"不同的气味，带给游客的体验感受是不尽相同的，不仅能愉悦身心，还能让大脑产生画面与声音，让人产生情感上的共鸣。比如，丁香带给人的是浓郁的芳香，百合给人以淡淡的清香，这些植物的芳香可以帮助人消除疲劳，带来心情上的愉悦与感官上的充盈；田间地头的柴草垛，在阳光的照射下，散发着大地的气息、泥土的芬芳和温暖的味道；村落的巷头巷尾，家家户户的烟囱里冒出来的袅袅炊烟，引起客居在大城市的人对家乡和亲人的思念，对过去美好生活的怀念；佛香熏染的宗教场所自然而然地会让人产生一种敬仰、肃静的感情。

（4）味觉感。人类感觉器官中 1% 的信息来自味觉，它包括酸、甜、苦、辣、咸五种基本味觉，它们是食物直接刺激味蕾产生的。如果视觉引发的美感有时需要审美主体进行联想和思考，那么味觉所产生的美好则是直接的。味觉享受带给个体心理的满足已经成为最主要的、经常性的生活激励，使人心神愉悦、安闲知足，内心会有一种亲切感（杨旭，2012）。今天，美食旅游成为驱动很多旅游者出游的重要力量。地方美食在旅游体验的愉悦感生成中发挥了显著的作用。事实上，饮食体验不仅是凭借味觉感官让游客去品味和认知"酸、甜、苦、辣、咸、淡、鲜"等味道和其意义形成的过程，还可能是一种由舌尖触碰到食品的温度和质感将记忆深处的家乡与妈妈的味道唤醒的过程。

（5）触觉感。弗雷德里克·萨克斯（Frederic Sax）在《科学》一书中写道："触摸是第一个点燃，但又是最后一个着火的感觉：眼睛背叛了我们很久之后，在跟人分别的时候，触觉还在忠实地挥动着，这就是我们常说的'失去了跟某人的接触'。"为了让游客更为充分地感知外部世界，通过用手、肌肤等触觉器官对景观物体触摸，感受石头的坚硬与厚重、玻璃的光滑、温泉水的柔和细腻。比如，在美国印第安人国家博物馆中，在讲述安第斯山脉生活着的当地人的好伙伴——羊驼的故事时，由于羊驼有多种类型，不同的羊驼其毛发也不相同。为了更加方便地展现这种差别，展览馆提供了不同种类的羊驼毛供游客触摸。通过直接触摸，游客脑海里形成了不同毛发感知上的差异。因此，在旅游项目的设计中需要充分考虑游客触觉体验的需求。第一，在保证环境友好、尊重自然的前提下，尽可能地让游客感受外部世界，而不是用围栏、栅栏等隔离物，将人与物之间的互动加以分隔。第二，在触摸景观的设计中，最大程度地调动游客的手、足及全身的触觉感官，让人感受冷、热、压力等，并将这些刺激信号传递到大脑，通过联想、记忆引起一连串的心理感觉。第三，要突出展现景观"可供性"的一面，即让景观本身主动地散发出触摸的邀请，设法唤起旅游者的兴趣，去触摸、去感受。在一些城市的休闲广场，喷泉池中静静流溢的水面、低矮的喷泉，以及漫步广场的鸽子，常常能引起游客触摸的欲望。

二、心灵上的"五感"

心灵层面的五感，则是为了强调旅游者通过体验而带来心理上的感受。不同的景区，不一样的旅游场，它们带给游客的体验感受不尽相同。以下涉及心灵维度的五感，笔者认为大多数的旅游企业应加以重视和思考：

（1）新奇感。旅游者的出游是为了寻找一种差异性的体验，借此补偿日常生活世界里的各种匮缺。假如旅游世界和人们日常生活的世界具有趋同性的景观、文化和环境等，或许并没有多少旅游者愿意舍弃一定的精力、时间和金钱而行至远方。对旅游景区而言，它们需要考虑如何为目标市场的游客创造一场具有差异性的体验，以满足游客的新奇感。其中，一种有效的策略是挖掘地方性的元素，添加创意。大尺度旅游空间以地方性元素的运用来形成差异，小尺度旅游空间除了地方性元素，还应强调创意，以此与大区域内的其他旅游竞争者相差别。旅游空间差异感的塑造不太建议强调另类，塑造旅游空间必须是以旅游目的地为依托进行塑造，即某个小的空间与完整的、广阔的旅游目的地不应割裂。也就是说，旅游空间的打造应结合旅游目的地的区域社会文化背景加以考虑。

（2）仪式感。在格雷本看来，旅游可以被看作是一场神圣的旅程。这好比人生的"通过仪式"或"过渡礼仪"，旅游者经过旅行的种种体验，最终带来生命的成长和精神的升华。这种观点是将旅游从整体上看作为一场仪式。但有些形式的旅游，实际上可以在开发的过程中使其自身仪式化，让游客获得一种仪式感。近年来，国人普遍有种感觉，春节的年味变得越来越淡，这种感受跟过年仪式流程的削弱和消减具有很大的关联。大年三十的晚上，饭前燃放鞭炮，爆竹声声辞旧岁，并开启一家人的团圆年夜饭，而初一早上燃放春雷，在一阵阵震耳欲聋的鞭炮声中，寓意新一年的来到以及对美好生活的期盼。日本人泡温泉充满了仪式感，如先淋浴、再面壁、后三浸泡，在浸泡中与神对话、交流，反思自我。反观国内不少的温泉项目，纯粹把泡温泉项目开发成了洗热水澡。仪式感的减弱则让游客少了一份某个时刻与其他时刻不同的感受。但一些寺庙提供的禅修项目，特意设计这种仪式感，让人有了与众不同的感觉：抄经之前需要沐浴、更衣、焚香，然后找一个位置坐下来，才能慢慢地抄经；传灯许愿的过程也充满了仪式感，提前预约，然后换上特别的禅服，手捧心灯，悦行禅步。这些仪式感的强化，让人用心去感受一花一世界、一叶一菩提，抛开世俗的烦恼，找回内心的安宁。

（3）参与感。今天的旅游规划与设计，需要认识新时代发展背景下大众消费者的体验诉求，甚至需要更多地倾听年轻人的声音。他们已经不再满足于景观单向性传递信息的构造手法，而是希望真正地参与并融入旅游场，从场外的"观众"变身为场中的"演员"，为的是"当一天的农民""做一天的工人"。通过角色扮演和游戏的方式，最终获得知识上的增长、身体上的愉悦和心灵上的满足。举个例子，我们在为大连市政府做201电车沿线提升改造旅游专项总体规划时，针对大连广播电视台提出了旅游文化改造的构想：如建议考虑对大连广播电视台大楼进行重新包装，建设大连传媒文化体验场馆，并将其打造成"数字文旅交互区"，发展成为大连旅游新IP，主要融入传媒文化元素，通过与旁边的华宫古玩城和中山公园形成区域效应，吸引研学群体。学生可以在老师的带领下有组织地来到广播电视台博物馆，开展以电视台为平台的实地参观实践活动。通过亲身参与，这些学生可以了解电视台节目、广播节目的制作过程，与电视台的播音员、主持人进行亲密的互动与交流，体验当主持人的乐趣。

（4）沉浸感。沉浸感强调的是身临其境、极具穿越感。处于这种魅力旅游场中的游客，忘记了日常生活世界里的烦恼以及自我的身份，完全达到了一种高峰的体验、忘忧的状态。旅游者沉浸感的塑造可借助于美丽的风景和浪漫的凝视，游客在无打扰的状态下倾听大自然的声音，与自然对话；还可为游客营造一种独特的主题空间，融入引人入胜的故事情节，让人沉醉其中。比如，位于加拿大魁北克城的 Coaticook 峡谷森林公园，艺术家们运用灯光投影技术，融入森林神话传说主题，把它改造成了一个神秘、梦幻的旅游空间，等待游客穿过一扇神秘的大门，沿着森林小路行进，在繁星点点的映照下，迎面遇到许许多多该地区森林传说中的神话人物，充满着奇幻的色彩，犹如置身于魔法童话世界。再如，在西安"长安十二时辰"街区，当游客进入大门的那一刻，仿佛进入唐朝时空，大唐开市的生活场景扑面而来：戏馆、踏歌台、乐游园等唐风建筑，杏仁酪、上元油锤、五香饮等长安饮食，投壶、双陆、傩戏等唐风娱乐活动。在这里，游客可以全方位、全体验、全身心地进行一场酣畅淋漓的唐朝之旅。这种沉浸感体验的营造需要景区围绕某个主题进行全方位、系统化的塑造，即景区内的方方面面都要表现这个主题，而不应有突兀、不符合主题的表征，这将会破坏沉浸与穿越的感受。

（5）共鸣感。从格式塔心理学的角度来说，旅游者与外部世界具有异质同构的关系，外部事物的存在形式、人的视知觉组织活动和人的情感以及视觉艺术形式之间有一种对应关系，一旦这几种不同领域的"力"的作用模式达到结构上的一致时，就有可能激发美好的审美体验。旅游者之所以喜欢和热爱一个旅游目的地，或许是由于旅游者与旅游目的地之间形成了同频共振，达到了更深层次的情感共鸣和情感依赖。旅游目的地需要洞察它的目标市场人群的消费心理和情感动机，设计出能够激起他们共鸣的情感旅游产品。比如，柏林犹太博物馆在展馆建筑设计中大量运用隐喻的手法精心营造了一个充满情感的空间，纪念那些在大屠杀中牺牲的犹太人。推开"大屠杀之塔"沉重的铁门，进入到一个狭小、封闭、幽暗的空间，微弱的光亮从空间顶部的一道缝隙中照射进来，人们囚禁在毒气室中的情景被淋漓尽致地展现出来，参观者静默不语，内心涌动着被激发的情感，感同身受地体会着受难者所遭遇的一切绝望和痛苦，展馆以震撼人心的方式拷问着每一位观众，引发了人们对于历史、现在和未来的无限思考（马寰，2014）。

第六节 新技术与具身体验

科技创新与旅游产业发展同频共振，持续推进旅游产品升级迭代（冯学钢和程馨，2022）。智慧旅游、虚拟旅游、景区元宇宙等旅游产品的出现，为旅游者带来了诸多新鲜的旅游体验。显然，新技术为旅游产业的发展起到增能、赋能的作用。

一、3D打印技术

3D打印技术（又称三维打印技术），是指通过特定连续的物理层叠技术，进行材料叠加，从而生成三维的实体，这是一种新型快速成型制作技术，为人们的生活提供了一种新的设计制作方法与创作手段（李天辰，2016）。这种技术可以为旅游业所利用，如打印博物馆藏品，为旅游者提供互动体验的机会。在前文中，我们提到了传统博物馆在展品表现方式上的不足，即传统博物馆以静态实物展示为主，观众只能透过厚厚的玻璃保护罩来观察这些物品的外观和造型，观众对它们的认知只能借助视觉体验来传递，再加上少量的文字说明和讲解。也就是说，观众对这些藏品只能是"可远观而不可亵玩"。如果借助3D打印技术，博物馆就可以制作出"替代品"，将其放置在原有的真品旁边，对"替代品"实行开放的形式进行展示。除了观察，还可以触摸这些远古时代物品的材质和纹理，充分感受这些物品所带来的年代感。

二、VR技术

VR（Virtual Reality）又称"虚拟现实"技术，虚拟现实技术是一个由图像技术、传感器技术、计算机技术、网络技术以及人机对话技术相组合的产物，它以计算机技术为基础，通过创建一个集视觉、听觉和触觉三维于一体的全方位环境，使用户利用系统提供的人机对话工具，同虚拟环境中的物体对象交互操作，使用户仿佛置身于现实环境之中的一门综合性技术（张秀山，1999）。该技术使观众置身于一个更为真实的虚拟空间中，任意穿梭于现在、过去和将来，给他们带来了新鲜的体验，甚至可以带来大多数人目前难以实现的体验（如太空旅游、地核旅游、深海旅游等）。比如，中国大运河博物馆的"运河上的舟楫"展览，通过复原古代"沙飞船"，生动展现了古代舟楫在运河穿行的历史画卷，再现了历史遗迹原貌，生动地展示了历史和文化。再如，德国隆卡利马戏团利用全息投影为观众提供了360度虚拟体验空间，该虚拟体验既可避免野生动物受到伤害，还可以增进观众对动物的了解，增强保护动物的意识。但需要注意的是，虚拟旅游不能完全替代实地旅游的问题，并认为虚拟现实技术所创造的"真"只是游戏的真，它或许能够做到视觉上足够的真实，但参与者会意识到这并不是实际的"真"，并不能取代客体本身的"真实"。而对有些试图以虚拟旅游形式替代实地旅游的产品而言，真正地在场让旅游者能够获得与日常生活具有差异的体验感，这种感受甚至在决定出游的那一刻就弥漫在旅游者的心里。谢彦君（2005）曾做过敏锐的观察，他指出："当我们开始出游的时候，我们的意念或态度也开始不同寻常地处在某种张力之下，从而变得更加敏感、热情、积极而投入。"

案例：风波庄餐厅的具身体验

风波庄是我国第一家以"武侠文化"为主题的特色连锁餐厅。它以"武侠文化特色餐饮"为立店宗旨，独树一帜地提出"品尝私家菜肴，感受武侠文化""有人就有江湖，有江湖就有风波庄"等主张。在风波庄，从餐厅的装修、桌椅的特点、包间的名称、菜品的菜名到服务员的衣着、所用的词语等均以金庸武侠小说里的人物或情节为基础，充分体现了风波庄的武侠文化特色，给顾客营造了一种古代武侠的氛围，激发了顾客"侠肝义胆"的情怀。

风波庄给顾客创造了视觉、听觉、触觉、味觉和嗅觉五个方面的体验。

（1）视觉体验。风波庄的门脸儿是传统的中式风格，整个饭店用毛竹建造而成，还原武侠剧中的原始环境，门头上赫然书写"风波庄"三个大字，大门右联"人在江湖"、左联"身不由己"，门的一侧摆放弓箭、铁枪，营造一种江湖的味道。风波庄里的装修也是复古的，室内空间古色古香，桌椅也是具有一定粗糙感的木制品，墙上挂着破旧的蓑衣、牌匾、字画、武功秘籍、刀剑等物品，都将刚刚走进风波庄的顾客带入了金庸先生的武侠小说世界，给顾客一种视觉冲击。

（2）听觉体验。风波庄欢迎顾客的用语同样符合武侠文化主题。餐厅内以武林音乐为背景，增添了主题文化的体验性。而店小二特色的喊话也给顾客带来了听觉上的体验。比如，欢迎时喊道"几位英雄（大侠、女侠）里边儿请"，欢送时喊道"青山不改，绿水长流，后会有期，恕不远送"，报菜名时传来一声"少林寺的红烧猪手咯""这道'铁头功'超级辣，得需要很多内功"等。店小二的这些颇具武侠风味的喊话使得就餐的顾客有种身临其境的感觉，以为自己就是在武侠小说所描述的小店里就餐，周围都是各路武林豪杰。

（3）触觉体验。在风波庄，所有能看到的也是能触碰到的。顾客可以拿起墙上悬挂的刀剑摆弄一番；坐在复古的木椅上，摸索着桌椅，感受着木头表面的粗糙和质感。

（4）味觉体验。风波庄为顾客准备了各种美食，如外面裹了糯糯的糯米、中间是瘦肉、里面是蛋黄的"大力丸"，又麻又辣的川香水煮鱼，飘着很浓黄豆味和奶香味的"招牌豆花"等，让人大快朵颐。

（5）嗅觉体验。在风波庄，香气扑鼻的饭菜，让人胃口大开。

第四章　符号感知下的旅游审美体验

　　赵毅衡（2016）在其著作《符号学：原理与推演》的引论中指出："人的精神，人的社会，整个人类世界，浸泡在一种很少有人感觉到其存在却没有一刻能摆脱的东西里，这种东西叫符号。"符号可以说无处不在。恩斯特·卡西尔（2017）更是认为，整个宇宙充斥着符号。在这种思想的启示下，旅游学者将旅游目的地看作是符号的集合体。1976年，麦肯耐尔（2008）率先提出，旅游者的旅行实际上是一个符号收集的过程，其体验源自对旅游吸引物符号的消费。继麦肯耐尔之后，库勒（1981）把旅游者比喻为"符号大军"，他说"旅游者追求的是异地不寻常和本真性，追求的是异国文化的符号"。在很大程度上，对旅游世界中符号的消费依赖于旅游审美的途径。叶朗（1981）曾发出感慨："旅游，从本质上说，就是一种审美活动。离开了审美，还谈什么旅游？旅游涉及审美的一切领域，又涉及审美的一切形态，旅游活动就是审美活动。"本章将从符号学的视角分析旅游审美体验问题，在对符号学基础知识回顾的基础上，主要讨论旅游符号审美的两种形式、旅游空间的符号呈现以及旅游资源开发与规划中的符号表达等问题。

第一节　符号学基础

"符号学"是一门针对各种符号进行分析和讨论的学科。按照赵毅衡（2016）的归纳，符号根据其"物源"分为三种：

第一种是自然事物（如岩石、雷电等），它们原本不是为了携带意义而出现的，但落入人的意识中，被意识符号化，才携带意义。比如，雷电传达了天帝之怒，岩石成了矿脉的标记。第二种是人工制造的器物（如石斧、碗筷、食品等）。它们原本也不是用来携带意义的，而是使用的物品。当它们被认为"携带意义"时，都可能成为符号。比如，石斧在博物馆成为文明的印记，食品在超市橱窗里激发我们的食欲。第三种是人工制造的"纯符号"，完全为了表达意义而制造出来的事物。比如，语言、艺术、表情、姿势、图案、烟火等，它们不需要接收者加以"符号化"，因为它们是作为意义载体被制造出来的。

从以上示例可以看出，符号被认为是携带意义的感知。符号学分析的对象正是符号及其意义。无论是在西方社会，还是在中国，对符号的研究古已有之。早在古希腊、古罗马时期，柏拉图、亚里士多德等哲学家就把符号作为哲学的考察对象（保罗·科布利和莉莎·詹茨，2009）。而中国的符号学研究早在《易经》等先秦哲学著作中就已出现（王铭玉和孟华，2021）。真正意义上的"符号学"研究始于 20 世纪，其奠基人被公认为是索绪尔（Saussure）和皮尔斯（Pierce），但两位学者的理论有所区别。索绪尔研究的是语言符号学，他眼中的语言符号由"能指"和"所指"构成。其中，"能指"指的是语言的声响或文字的外形，而"所指"代表的是相应的概念（保罗·科布利和莉莎·詹茨，2009）。举例子来说，父亲带着自己的孩子在小区遛弯，突然前面跑过来一条狗，父亲想提醒孩子注意它，就说了"狗"这个词。当他说出这个词的时候，狗的这个发音即为"能指"，而孩子听到"狗"的发音其脑海里浮现"狗"这个概念并联想起狗的形象则为"所指"。索绪尔所说的"能指"，就是符号形式，即符号的形体，"所指"即符号内容，也就是符号"能指"所传达的思想感情或"意义"。符号就是"能指"和

"所指"（即形式和内容）所构成的二元关系。与索绪尔的研究不同，令皮尔斯感兴趣的不仅是语言符号，还包含各种非语言符号，如可见的物体、不可见的气味、感觉，甚至思想等。为此，皮尔斯发明了符号三角形理论（如图 4-1 所示）。符号的核心构成要素包括"再现体（representant）"、"对象（object）"和"解释项（interpretant）"。其中，"再现体"指的是符号的可感知部分，如形态、质感、色彩等；"对象"是符号所指涉的人或物；"解释项"指的是对符号的解释，即符号使用者对"再现体"所传达的关于"对象"的讯息，即"意义"。在皮尔斯看来，正是这种三元关系决定了符号过程的本质。由于皮尔斯的符号学理论不限于对语言符号进行研究，世间万物，甚至不可见的思想都属于符号范畴，因此该理论的应用范围更广、应用价值更大，受到各学科领域研究者的青睐。

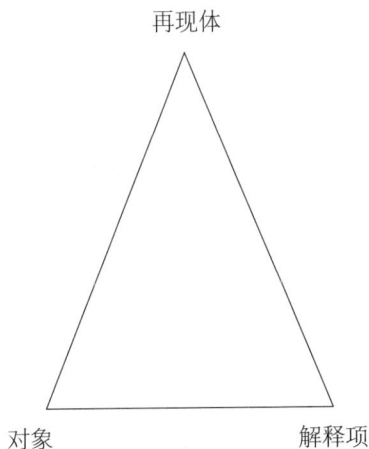

再现体

对象　　　　　　　解释项

图 4-1　符号三角形理论

我们以日常生活中"红灯笼"这个物件为例来解释皮尔斯的符号三角形理论。红灯笼这个物件本身是对象，即这个物件指的是红灯笼；而红灯笼的形态、颜色，包括它的质感等呈现在我们视觉上的感受是再现体；在中国传统文化语境中，人们赋予红灯笼的寓意是"喜庆""兴旺""红红火火""阖家团圆"，这些寓意属于红灯笼的象征意义，即为解释项。

第二节 旅游符号的形式审美与意义审美

何谓审美体验？今道友信对此的解释是："无论谁，都有美感和对于美的思索，我把这种美感和对于美的思索叫作美的体验。"哈里森（Harrison）将旅游者在旅游过程中的审美体验称为"旅游审美"，并指出旅游审美存在于旅游者所感知的美，这种美能给予旅游主体感官和身体上的愉悦，且能引发积极的情感反应。对于美，旅游者或远观，或沉浸其中以近赏；或瞻仰宏大景观，或观赏细微之物；或观看有形体，或品鉴抽象物。基于亚里士多德在其著作《伦理学》中对审美体验特征的概括，谢彦君给审美体验（包括旅游审美体验）所下的定义是："审美体验是一种外向活动与内向活动同时进行的活动，先对事物外部形态和特性予以注意并感知，然后又转回到人类内部心理世界，外部与内部在多次回返中达到同形，最后使内在情感达到调整、梳理、和谐，产生出愉快的情感感受。"

在对符号三角形理论的解释中，我们认识到了再现体是符号可感知的部分，即形的部分，而解释项则是符号意义，它们是符号的两个重要组成部分。从符号学的角度，我们可以把旅游审美体验划分为符号的形式审美和意义审美。前者是对旅游对象物符号可感知部分的感官刺激而引发的直接愉悦感受，而后者则是对解释项（即意义）深层次的感知体验。

一、旅游符号的形式审美

这里提到的符号形式审美，指的是旅游者的感官因受审美对象刺激而直接生成的愉悦感受，这种愉悦感的生成是不假思索的，较少经过联想、想象、理解、回忆、幻觉等复杂的审美心理活动。不过，审美愉悦感的直接生成并非是审美对象的单向的、机械式的刺激而引起的，仍然需要强调旅游者和审美对象之间的互动关系。宋代的范晞文在《对床夜语》中说过，"景中之情，情中之景，情景相融而莫分，固知景无情不发，情无景不生"，说明在审美活动中主观之情和客观之景是相互生发、互为依托的。符号的形式审美在旅游者的审美体验过程中随处可见。例如，"彼岸花"在她的游记中，记录了她徒步"世界第一村"尼汝的经历，多种感官审美带来的愉悦得以全面展现。

我脱掉鞋袜踩在溪流里的光滑石头上，溪水清澈冰凉得彻骨，只一瞬便觉得通身清爽了很多，刚刚坐车的疲劳一下子被消除了……晚饭后和老村长一家坐在火塘边开始闲聊，那是传统的藏族火塘，旁边还热着酥油茶，醇厚浓香。说实话，第一次喝酥油茶我很不习惯，但当你和淳朴的藏族一家一起坐在火塘边，一起聊着，说着，笑着，一口两口之后，你会觉得你喝的是一段岁月，一种历史，一种源远流长的文化，喝着、喝着你会发现你已经爱上了它……乡村的夜晚是很宁静的，偶尔传来一声狗吠，都似如天际传来一般，空灵，清澈……春夏的地吉牧场是杜鹃花的海洋，紫红的高山杜鹃开得肆意，开得妄为，美得不成体统！虽然我们错过了她盛装的表演，但我折服在了她素颜的秀丽里。

在"彼岸花"的审美体验过程中，她的视觉、听觉、味觉、嗅觉、触觉在旅游世界"美"的刺激下得到了尽情的释放和享受。我们也看到，审美体验从根本上来说离不开人的感官。事实上，人对世界的感觉，不仅依靠视听和其他感官，而是整个身体向对象世界的全方位敞开。它涉及人的每一个毛孔、每一根神经。这种审美体验的身体性，就是现代汉语为审美体验规定的"以体去验"的属性。

二、旅游符号的意义审美

旅游是一个收集照片、收集符号的过程，旅游凝视就是对某特定景点意义符号的生产与消费：当看见两个青年男女在巴黎街头接吻时，旅游者凝视的就是"永恒浪漫的巴黎"；当看见英国某一农庄时，旅游者凝视的就是"真正的古老的英格兰"。旅游吸引物就是由一个个符号组成的，即每一个景观或景点都是由一系列的象征性的标识物所标志出来的。在很多情况下，旅游者对一个景观或景物产生浓厚的兴趣，并引起情感的体验，往往不是因为其本身，而是关于这一景观或景物的信息（符号意义）。

举个例子，"元素08"在他的游记中记录了乘火车旅行中发生的故事，让他印象很深刻。

在甘谷时，一位大姐带几个大娘上火车，一到车厢，这位大姐开始为几位大娘找位置、放置行李，手脚麻利，说话铿锵有力。有几个年轻人占了她们的位置，她轻巧地让占位置的人离开，真是一位厉害的角儿，我对面的位置也是她的，占位的是年纪偏大的老人家，大姐过来，对老人一笑，老人正想起身让座，她却按住老人，无比温柔地对老人说："您坐。"大姐的风格在另一位大哥的身上也同样上演着，他不断地起身，让身边的人坐，整车厢不断上演温情的一幕幕，让老婆感慨：这里人的纯朴，心是透明的。我们也被他们感动了！在生活之中，我们天天忙碌着，总是惦记着怎么赚更多的钱，获更多的利，占更多的便宜，升更高的官，但哪个人会感受更多的快乐，因为不满足，我们总是无止境地忙碌。我们忘记了人世间还有美好的东西——温情。

在"元素08"的表述中，"让座"这个行为本身并不能带来感官上的审美。它之所以能够引起旁观者心灵的愉悦及内心的反思，一个重要的原因在于该行为所传递的意义是"温情"。这种审美，就是我们所论及的符号的意义审美，它牵涉到对意义的欣赏，并非因为感官上的刺激而在瞬间生成愉悦，而是通过对审美对象本身所蕴含的意义的解读，通过认识、联想、理解等复杂的心理活动达到情感上的体验，进而产生审美愉悦。

在旅游产品设计中，意义有时是被赋予、被建构的。通过为景观"贴标签"，甚至将它神话化，景观很有可能在游客的眼里会变得不同寻常。为此，麦肯耐尔（2008）以美国历史博物馆展览的一块月球的岩石为例子说明这个问题。这块不到一盎司的月球岩石，引起了参观者的兴趣。一个13岁的小男孩说："看起来就像在中央公园可捡到的石头一样普通，但是太酷了，它居然来自月球。"在这个例子中，博物馆给这块石头贴上了来自月球的标签，就让它显得与众不同。再有一例，作为一种文化类艺术设计产品，旅游明信片形象地展示了旅游城市、旅游景区的整体特色，又暗含浓厚的文化内涵，折射并直接影响人们的价值观、生活态度、生活方式、人生哲学和意识形态。王培时（2014）从产品语义视角讨论旅游明信片的设计，并对若干旅游明信片的设计进行了解读和理解。例如，他在分析杭州旅游门票明信册时指出，明信片采用吉祥、喜庆的红色背景底色，给人强烈的视觉冲击力，并传递出一种"热情的杭州欢迎您"的心理感受；明信片下半部分水墨风格的西湖设计，体现"水墨西湖"朦胧的意境美；明信片左下角和右上角的"祥云"图案相互呼应，寓意美好的杭州将会与世界各民族"和谐共融"，而现代的龙纹则代表了整个中华民族的形象。

第三节　符号化的旅游空间

旅游世界是一个符号组成的旅游空间。不同性质的旅游空间，包含的符号具有内容上的差别。我们以一项针对西江千户苗寨为案例地的研究来说明这个问题，并探索该旅游空间在旅游者的审美体验中呈现出怎样的图景（余志远等，2022）。我们运用隐喻抽取技术识别了西江千户苗寨典型的符号景观，并挖掘到它们所指涉的意义（如图4-2所示）。借一位受访者的一段叙说为例说明该符号系统的逻辑。该受访者谈到："苗寨的观景平台坐落在半山腰，从观景平台可俯视苗寨的全景，吊脚楼随着地形起伏变化，从山脚一层一层向山顶蔓延，很壮观。在早上，苗寨起了一层雾，这时候看那些依山而建的吊脚楼，云雾缭绕的样子，真像是人间仙境！"在这段描述中，符号的"对象"作为初始的概念处于概念关系链的最底层，它们是旅游者通过感官体验所感知到的具体的景观，如"观景台""吊脚楼"。这些符号所指物是通过"再现体"让游客感知，从而获得"壮观""云雾缭绕"等感觉，最终给受访者带来的心理感受，如"人间仙境"，即该符号系统的意义。

需要说明的是，旅游空间中原本很多的景观并不是携带这些意义而出现的，当它们作为旅游景观而进入旅游者的审美意识时，被其审美意识符号化后才具有此意义。在旅游者的审美观照下，西江千户苗寨呈现出以下图景：

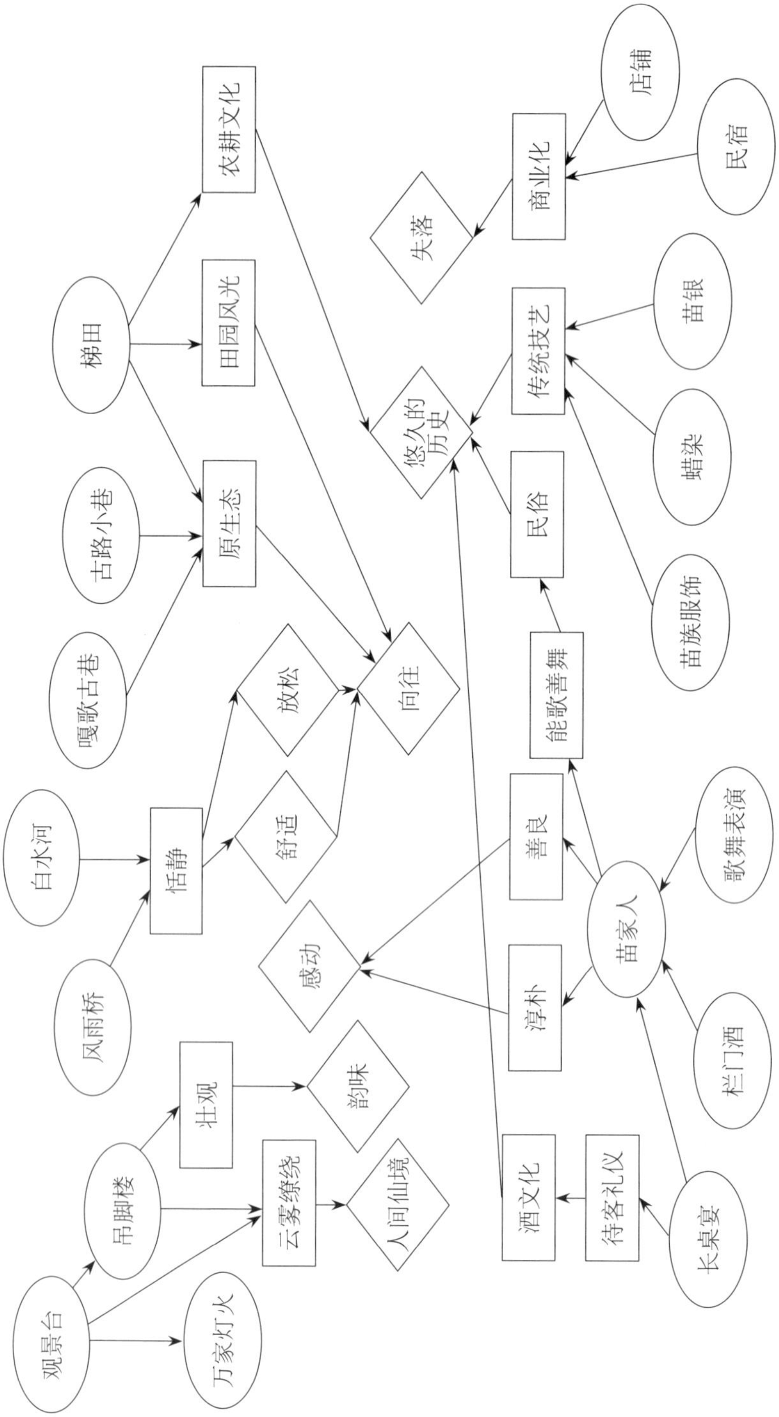

图4-2 基于共识地图法绘制的西江千户苗寨旅游空间符号系统

（1）原生态自然风景：让人心生向往的人间仙境。西江千户苗寨所在地区的森林、江河、动植物、云雾、日出日落、阴晴雨雪等，构成了西江千户苗寨旅游空间典型的自然景观符号。在西江千户苗寨旅游过程中，旅游者被其原生态的自然景观所触动，经历了内心的平静或放松，崇高或灵性，从平凡中升起梦境般的感觉，自由或美丽，感叹这是一个让人心生向往的人间仙境。以艾利亚德的话来说，岩石、植物和水，这些主要的自然的"物"使得地方变得有意义或神圣（诺伯舒兹，2019）。从受访者的表述中可以看出，这种"人间仙境"意义的生成主要是大多数的人感受到她的美丽和恬静，让人感到放松。受访中，绝大多数的受访者都会提到西江千户苗寨的"白水河"。白水河迢递蜿蜒，如绿色的缎带，在阳光下熠熠生辉。这种美丽的自然景观给人以视觉上的享受。有游客是在冬季访问西江千户苗寨的，适逢下雪。正是这种偶遇给她带来了别样的体验和美感。她回忆道："苗寨的灰黑色瓦顶上覆盖了一层白雪，雪并不很厚，但让人很兴奋。雪后的苗寨就像一幅水墨画，漂亮极了！"西江千户苗寨的原生态风景不仅给游客带来美的享受，这些元素在知觉上彼此间的关系形成了一种充满舒缓和宁静的环境意象。林区声称："一个好的环境意象能使它的拥有者在心理上有安全感。"（诺伯舒兹，2019）。而"现代，尤其是最近时代"的一个特征是神经紧张，这个时代"弥漫着一种由紧张、期待和未释放的强烈欲望交织在一起的情绪"（西美尔，2018）。这种紧张感让诸多现代的都市人感到焦虑。对此，有受访者表示："城市里天天待着节奏很快呀，在这里却能慢慢悠悠的。我觉得来这种地方旅游呢，就是让自己的心能够静下来一些，整个人放松下来。"宁静感是在与城市生活的对比中呈现出来的。反观城市人的日常生活，车水马龙的公路上汽车的鸣笛与呼啸，工厂车间里各种机器的轰鸣，歌舞娱乐场所的人声鼎沸……各种噪声，让生活在城市里的人想逃离，渴望真正的宁静。另一方面，现代人的特征是长久以来扮演着高傲的流浪者，他想要无拘无束。经济相对落后的西江千户苗寨拥有与城市不同的景观和生活，它们将旅游者拉入一种恬静的氛围当中，满足了他们内心深处对日常生活逃离的愿望和对无拘无束生活的向往。

（2）古朴的人文景观：一个历史悠久的地方。作为全世界最大的苗寨，西江千户苗寨拥有深厚的苗族文化底蕴，保存着完整的苗族传统文化景观。山坡上的苗家木质吊脚楼，层层叠叠，星星点点；坐落在半山腰的观景台，可俯瞰苗寨的全景；横跨白水河、连通两岸的风雨桥，泛着古朴的质感；大片的梯田，形成了农耕文化与田园风光；嘎歌古巷幽深取静，古色古香；夜晚的万家灯火好似一颗颗星辰被点亮。以上这些人文景观都是访谈文本中被受访者频繁提到的，它们带给受访者不尽相同的感受。大多数的受访者表示，"吊脚楼""梯田""万家灯火"带给他们的是震撼的感觉，而感受到壮美的同时，还感悟到这个地方所拥有的、独特的、悠久的历史和文化；嘎歌古巷的古朴清幽，将苗寨的原生态展现得淋漓尽致；风雨桥端坐在白水河的上方，连接两岸，举目四望之间苗寨风情尽收眼底。此外，苗族博物馆、古藏堂、也东寨等人文景观中藏匿着苗族文化的秘密，让游客产生神秘的感觉。而苗银、苗绣、蜡染、苗族服饰等传统手工艺品，米酒、腊肉、茶叶等特色饮食都让游客感受到西江千户苗寨独有的地方性元素。但需要注意的是，西江千户苗寨涌现了一批现代化的店铺和民宿，夜晚来临的时候，酒吧的灯红酒绿又闯入了人们的视野。对旅游者来说，这些现代元素给苗寨披上了商业化的盔甲，冲击着这个古老寨子的原生态的氛围，这种现代元素代表着商业化过浓，给旅游者带来了失落。

（3）令人感动的苗家人。在旅游者体验的过程中，西江千户苗寨村民与旅游者的互动交往构成体验的重要内容。按照彭丹（2008）的观点，旅游世界中主客互动的本质就是符号的互动，他们在交往过程中编织出一张张充满意义的符号之网的同时，也在具体旅游情境下对该意义做出解释。西江千户苗寨的村民在这个社区繁衍生息，保留了当地的传统生活方式，创造了其独特的民俗文化。在访谈中，大多数的旅游者常常会提到苗家人，包括绣花的老奶奶、挑水的小伙子、晒麦子的大叔、美丽的苗族姑娘等。他们通过各种旅游参与实践来表征其独特的地方文化。每当有远方的客人到来，苗家的男女老少都会穿上精美的苗族服饰，以香甜的米酒和热闹的歌舞表示欢迎，这是苗家迎接宾客的最高礼节——拦门酒；年过半百的老人们吟唱着古老的苗歌；盛装的表演人员为游客献上展现苗族发展历史的精彩歌舞剧。这些符号都拥有各自的象征性意义，如拦门酒代表着苗家人的待客礼仪，承载着浓烈的好客之情；苗家人日出而作、日落而息的劳作场景展示着悠久的农耕文化；歌舞表演展现了苗族人的节日盛况和歌舞助兴的风俗，象征着热情和友好。社会情景是通过卷入社会互动的人，借助符号装备而实现的。这样的符号包括语言符号、非语言的体态符号（如表情、身体姿势）等。大多数的游客在与当地人互动的过程中，强烈地感受到了当地人的言语和体态向其所传递的热情、友好、淳朴和善良。有受访者回忆起她跟表演歌舞的苗族奶奶们合影的经历时，很有感触地说道："看了她们的表演，当时有点激动得想跟她们合影。搭完话后，她们就很热情地说，拍啊拍啊，拍完了还说，给我看看，给我看看。"受访者对这个场景的感觉是，"感觉她们真心地想和游客互动，给我一种被接纳的感觉。"还有受访者对当地人的淳朴印象很深刻，曾明确谈到他很愿意跟这个地方的人聊天，因为他能从他们的语言中体会到真诚和淳朴。对旅游者而言，"苗家人"是"热情"和"淳朴"的象征，是真正欢迎和接纳他们的，这种被接纳感使旅游者感觉自己能够很好地融入这个原本陌生的环境，又让他们获得日常生活世界里常常难以体会到的久违的感动。这些情境下的他者，其身体所承担的角色，已经被符号化，作为符号文化承担一定的表意功能，等待旅游者的认知和解读。

第四节　旅游景观设计中的符号运用与表达

上文从旅游者体验的视角分析了旅游空间中的符号意义感知问题，即这些符号传递给了旅游者何种信息。然而，从旅游景观设计的角度而言，旅游景观设计的重要任务是如何通过符号的"再现体"来表达符号的意义，并以旅游体验的途径将它们成功地传递给旅游者。符号的旅游表达是指在旅游开发与规划的过程中，借助于对地脉与文脉的剖析，对地方的符号元素挖掘、整合和创新，将这些符号充分展示在旅游开发与旅游环境氛围营造之中的一种方式。当这些符号元素通过旅游表达具象化地展现给游客，游客通过视觉、听觉、触觉、味觉、嗅觉与符号进行互动，从而获得对旅游目的地的了解，达到内心的愉悦和知识上的增长。从设计路径上来看，可以采取"提取—整合—重组—创新"的过程。胡珩对这个问题进行了较好的论述，我们可以借助他的思想阐释如下：

首先对地方中的符号进行拆分，将整体拆分成个体，独立出各类符号，如道路、地形、气候、水体、山体、屋顶、门、窗、亭、廊、阁、台等，借此构建区域符号系统，然后对提取后的符号进行分类和描述，研究符号间的关系，以及它们在特定文化情境下的含义。分析的标准可以借助皮尔斯的分类法。皮尔斯从符号的符形与对象之间关系的角度，把符号分为图像符号、指索符号和象征符号三个类别。按照这种分类，旅游世界中的景观在规划设计时就可以从符号学的角度进行思考。

（1）图像符号。图像符号又称相似符号、肖像符号，即这种符号的再现体与其指涉的对象具有相似、类比的关系。在日常生活中，就有很多的图像符号。比如，一张照片、一幅图画就是最明显的相似符号，这些符号载体所拥有的色彩、线条、形状与这些照片或图画所表现的人、物、景观等具有物质特征的相似（胡珩，2008）。在网络中，网友交流时也运用了大量的图像符号。比如，"-D"代表开心，"-（"代表不悦，"-P"代表吐舌头，等等。而在旅游世界中，也充斥着大量的图像符号景观，包括旅游空间、建筑小品（如图4-3所示）等，包罗万象、可大可小，这些图像符号都是设计师从特定的文化中汲取而来的，因此也带有一定的象征性意义。四川犍为县东北部的罗城古镇，坐落于山顶，主街道形如一艘巨型轮船。梭形的街面是船底，两边的凉厅建筑似船舷，东端的灵官庙好似大船的尾蓬，西端的天灯、石柱恰似大船的篙竿，灵官庙右侧长22米的过街楼犹如船舱。中国古典园林中的瓶门是仿古代花瓶的形状做成的，圆形的月门是仿满月做成的，扇形的花窗是根据扇子的形状做成的。四川九寨沟县甲勿海景区大门和广场的设计思想来源于白马藏族的男女帽子。大门的左右两侧是管理房，有实用功能，且外观形似藏族同胞的沙嘎帽。沙嘎帽的形状如带花边的圆盘，帽檐为波折状，帽子的一边插白色的雄鸡翎，极富装饰意味。另外，有很多的建筑小品也属于典型的图像符号。

图4-3　建筑小品

　　（2）指索符号。指索符号又称标志、指征或指示符号，是一种与其对象具有某种直接联系或内在关系的符号，即通过指索符号，人们可以从符形推断出有关对象的一些讯息，如烟与火、脚与脚印等。杭州有家著名饮食店"知味观"，门口写着"闻香下马"，就是启示顾客从嗅觉而来的"香味"中获取有关美味佳肴的信息。在旅游世界中的一些指索符号，如标识牌、导向牌、商标等，它们除了自身自成风景之外，也为游客提供导引和指示功能。比如，当我们看到一个标有"东北虎"的笼子时，游客就会知道里面关的是东北虎，而不是其他动物，也不是其他地区的动物。还有一些指索符号则为游客提供丰富的审美体验。举个例子，三潭印月是西湖十景之一，位于湖中小瀛岛，岛外深处建有三个葫芦形的石塔，塔身凿有圆洞，晚上明烛燃于塔内，烛光投入水中，宛似月亮。其中，有一楹联，便是状写此景："孤屿春回，许与梅花为伍；寒潭秋径，邀来月影成三。"胡珩（2008）分析指出，联语采用蒙太奇手法，分别摄取"春""秋"两个不同季节景象，春回大地，孤岛不孤，因为有梅花相伴；秋日的潭水凄清寒寂，但其不甘落寞，而邀来月影做伴。景观与楹联相和，构成指索符号，激发了人们的想象力，对周围环境产生了美好的联想。

（3）象征符号。象征符号是指形式和内容之间建立起关系，但又不具有形象相似的特点。通过象征符号，人们可以认知有关事物的某些属性。例如，从葱绿的大树认知生命的绿色和环保的重要，从蓝色的大海认知胸怀的宽广。国家游泳馆"水立方"，这个看似简单的"方盒子"其实包含了中国传统文化的隐喻意义。中国人认为，没有规矩不成方圆，按照制定出来的规矩做事，就可以获得整体的和谐统一。"天圆地方"的设计思想催生了"水立方"，它与圆形的"鸟巢"——国家体育场相互呼应，相得益彰。

以上给出了图像符号、指索符号和象征符号的具体解释，但实际上它们之间并非相互排斥的关系。比如，上文所提到的中国古典园林中的"瓶门"和"月门"，从形状上来看，它们是典型的图像符号，但同时，由于"瓶"与"平"同音，因此"瓶门"在建筑含义中有平安的意思，圆形的月门代表着圆满的生活，从这个角度来看，"瓶门"和"月门"又属于象征符号范畴。

对旅游景观的设计，要善于借助不同的符号进行旅游表达，但也要注意避免符号的滥用。为此，杨国良等（2008）提出的以下三个原则或可为我们提供参考：

第一，合理原则。符号是传递意义的。而意义的解释跟解释者有关，解释者受到文化的影响，对符号的解释可能不相同。因此，符号的运用要符合大多数人的审美。设计者要在学习、了解符号文化背景，正确认知它所表达的意义的基础上，对符号进行直接利用或加工重塑。若设计者未正确运用符号，为了表面装饰而将一些符号强加于景观之上，其结果可能使景观显得不伦不类，甚至出现意想不到的负面效果，降低观赏者的情感体验。在前文中，我们曾指出，颜色是具有象征意义的。一般来说，红色被认为是一种强烈的、活泼的颜色，它代表喜庆、激情、张扬，黄色是极暖色调，同样代表着活力和热情。当这些符号元素用于山西旅游巴士（如图4-4所示）时，在笔者看来或许有些欠妥。

山西是中华民族发祥地之一，历史悠久，文化发达，素来就有"地上文物看山西"的美誉。辛志勇等（1994）在分析山西人的性格时指出，山西人的主要性格特质包括朴直厚道、礼让文雅、勤劳节俭、善于经营、粗犷豪放、善良真诚。旅游巴士是一个地方形象传播的重要载体，它的设计，让我感觉与五台山不搭，与平遥古城不搭，与整个山西整体的气质不搭。

图4-4　山西旅游巴士

第二，适度原则。符号的运用要把握好度。若过度地将某些符号用于景观设计中，在某种程度上会适得其反，显得庸俗不堪。图4-5是大梨树景区的干字文化广场。这个广场的围墙由大量的"干"字组成，很明显地能够感受到设计师想要极力歌颂或表达"大干、实干"的精神，但该符号的过度使用或过于直接地表达，除了给游客增添深刻的印象之外，并不能给游客带来舒适的审美体验。

第三，协调原则。在景观设计中借用传统符号时，不能简单搬用，否则会失去设计的灵魂，而应对传统符号进行转化、提炼，以一种新的面貌展现出来，并要处理好传统符号元素与现代符号元素的协调、符号元素与景观的协调、景观与周边环境的协调。

图4-5　大梨树干字文化广场

第五节　旅游景观的神圣化生产

在人与社会日益疏离的今天，旅游在某种程度上表现为人们对日常生活世界的逃逸。而在旅游者的眼里，生活世界之外的远方存在他们所向往和寻求的精神中心。这种反差彰显着日常生活世界与旅游世界所具有的"结构"与"反结构"的不同特性。而从日常生活世界进入旅游世界之后，旅游者好像接受了一场来自精神中心的洗礼，他们的身心状态发生着积极和彻底的转变。从这个意义上来说，旅游具有了某种神圣性。为此，格雷本（1977）将旅游比作一场神圣的游程。这个观点也越来越被学者认同和接受。

就旅游供给的角度而言，为了增强游客体验的神圣性，提升旅游景观的吸引力，麦肯耐尔从符号学的角度提出对景观进行神圣化生产的重要观点，以此强化旅游的神圣性。一方面，他把旅游者的旅行看作是对符号的追求和收集；另一方面，他认为景观的吸引力在于它符号的神圣化。这么看来，旅游者的旅行有时追求的并不是远方的风景，而是在寻找梦中的"橄榄树"。远方真正诱惑你我的，或许不是它的美丽，而是它建构幻化的符号。这种"旅游景观神圣化生产"的观念对旅游景观的吸引力提升具有很好的理论指导作用。借用麦肯耐尔的观点，我们结合旅游中的案例对该理论进行阐释。

（1）神圣化命名。许慎在《说文解字》中写道："名，命也。"他认为名字能决定命运。对个体来说，名字不仅意味着它能参与个体人格的建构，它同样会影响个体之于他人的吸引力（张积家等，2006）。这就可以理解很多的明星在出道的时候为什么都要起一个好艺名。对旅游景观而言，它的命名同样显得很重要。为此，我们列举两个事例来说明。第一个例子是笔者曾经参与过的针对阜新市瑞应寺的调研。瑞应寺全部建筑均为藏式，该寺庙魁伟壮丽，特色鲜明，是国家 4A 级旅游风景区、省级重点文物保护单位。在瑞应寺东山脚下，有一个水库，当地人称其为"佛寺水库"，水库的大坝上也刻有该名称。它是国家级大二型水库，也是阜新市水面最大的水库，目前也用于旅游开发。这个名称或许需要修改，因为"水库"承担的是饮用水和防洪功能。从休闲度假的角度而言，建议将其修改为具有休闲度假功能的"湖"或许更为合适，而"佛寺"二字建议更名为"葛根苏木"。因而，总体上用"葛根苏木湖"替代"佛寺水库"，这样既提升了蒙古族文化的意境，又增加了神秘、神圣的色彩。第二个例子是关于沈阳中街。沈阳中街位于辽宁沈阳盛京皇城文化区，是中国第一条商业步行街，建成于 1625 年，已有近 400 年历史，有"东北第一街"的美誉，是中国十大著名商业街之一，也是商务部确定的十一条全国示范步行街之一，2022 年入选第一批国家级旅游休闲街区。沈阳中街在当年提交国家级旅游休闲街区评审的文本中，采用的就是"沈阳中街"这个名称。但对于该名称，笔者同样觉得它的吸引力不足，神圣化色彩不突出，建议巧用"盛京皇城"这个带有神圣化的概念，并将该街区的名字统一唤作"盛京皇城中街"，以此在名称上为景观赋予神圣化的意义。

（2）神圣化施事。神圣化施事包括"限制"和"赋彩"两种具体的策略。前者代表着约束，后者代表着允许。所谓的"限制"，就是限制旅游者某方面的体验诉求，而故意拉开旅游景观与旅游者的距离。尽管我们提到过现代的旅游者有具身体验和参与性体验等诉求，但并不是所有的旅游产品在设计时都应满足旅游者的这种需要。博物馆中，一些放置在玻璃柜内或玻璃罩下的展品除了响应文物保护的需要，其实还有故意限制旅游者触碰的意图，从而突出景观的神圣性。从这个角度来说，博物馆中藏品的陈列不应随意或随性，由此体现它们的神圣性。北京故宫太和殿里的龙椅代表着封建帝王的专权统治。在对外开放时，以修复后的龙椅为中心的三台阶梯圈着警戒线，游客只能远远地观望。警戒线一方面限制了游客的活动，保护了文物；另一方面是对龙椅的框限，划定龙椅的范围，突出其权威和特殊性，使游客产生崇尚、神秘的心理感受。再如，一些民族村寨的歌舞表演，如侗寨的踩歌堂，它是专业性很强的表演活动，又带有一定神圣感与严肃性色彩，在表演的过程中，游客只能在表演场外围观看。从这个角度来看，舞台边界的设定是为了形成屏障而让游客保持外部观众的身份。而该屏障的设置，本质上是为了保持某些仪式的严肃性和神圣感。彼得·布鲁克在《空的空间》一书中写道："在戏剧里，多少世纪以来的倾向是把演员摆在远远的地方，在搭起的粉饰一新、装潢富丽、有灯光装置的高高的戏台上，为的是有助于使无知的人相信，它是神圣的，它的艺术是不可侵犯的。"所谓的"赋彩"，就是通过某些实践而增强景观的神圣性。例如，运用引经据典、编织神话、举行仪式、权威认证等策略。杨洪飞和李庆雷（2019）在运用景观神圣化理论分析轿子山旅游开发时，概括了轿子山"赋彩"的策略：规划者查阅彝族《指路经》，发现轿子山被称为彝族人的发祥地和灵魂回归地，因此在轿子山景观设计中融入典籍故事，设计毕摩指引彝人灵魂回归的路线展示图，将轿子山中对应的景观进行标注，强化轿子山是"彝人圣山"的定位依据；每年农历六月二十四日是彝族火把节，在这一天组织"登彝族圣山，拜彝族先祖"活动，在彝族文化广场举行祭火、祭祖大典等仪式，使游客产生崇尚、敬畏的心理感受；借助讲故事的方式，把与轿子山有关的神仙联系起来。如果仅从审美的角度来看，有些景观实在不敢恭维，但它们仍然是旅游者向往的胜地。翟艳春（2010）指出，这是因为游客不会从砖瓦木料的角度去看风景区的楼阁，而是看中了它们背后所蕴藏的意义：此亭欧阳修曾经休闲，此台李白曾经登高远眺，此楼范仲淹留有墨宝，此塔藏有佛骨舍利，人们注重于这些景观符号的"所指"而非"能指"。

（3）神话化传播。利用各种媒体，通过文字、图片、视频等途径，使旅游景观得到广泛传播、扩散。在旅游目的地形象传播中，我们常常看到为地方政府、旅游企业建构起的旅游形象，并利用旅游宣传册、视频、旅游指南等充当"销售神话"的媒介，旨在给这个地方建构起一个旅游形象，并为游客所感知。通过类似的手段，旅游景观也因此而家喻户晓，并产生了旅游吸引力。"不到长城非好汉""不到文殊垸，不见黄山面"等营销口号就是典型的神话化传播的做法，显然它们也达到了很好的效果。许多旅游开发商正是利用旅游者的"圣地情结"，通过一系列神圣化的运作手段，将平凡的旅游景观打造成非凡的旅游吸引物，并在现代社会中演绎出一幕幕活生生的"旅游神话"。

第五章 旅游拟剧论：独特的戏剧体验

　　20 世纪 70 年代，麦肯耐尔（1973）将戈夫曼的拟剧理论借鉴到旅游研究领域，引发了更多学者的关注并由此而形成旅游表演理论。对于这股学术热潮，诺伊（2008）曾发出感慨，旅游研究正在经历一场范式的转变，即西方旅游研究中的表演转向。这场变革的发端，不仅是旅游学者兴奋地发现拟剧理论在旅游中可以发挥它极好的隐喻作用——旅游地是一个由景点、机场、酒店大堂、旅游巴士等场景构成的大舞台（Endensor，2001），旅游者、旅游地居民以及旅游服务人员等在剧本的编排下在这个舞台上扮演不同的角色，进行并完成各自的表演；变革的起因还在于学者们发现：在针对尤瑞“旅游凝视”理论的批评中，旅游表演理论可以作为批判它的一把有用的利器（李淼，2017），这是由于“凝视”无法涵盖旅游体验的全部，而游客的旅游表演则可将身体的主动参与，智力的、认知的活动以及凝视都包括在内（Perkins & Thoms，2001）。表演转向是继旅游凝视范式转向之后的又一大旅游研究理论的创新。在这场研究范式转变的背景下，旅游学术界开展了各种细分领域的讨论，包括旅游者表演、东道主表演、旅游捎客表演、舞台真实等。

这种范式传播到中国，同样产生了一批依托于该理论视角开展的研究成果。本章着重讨论旅游表演理论，首先介绍旅游表演理论的起源与内涵，然后着重剖析旅游剧场的构成要素，讨论每个构成要素的注意要点。

第一节　理论渊源

莎士比亚在他创作的《皆大欢喜》中，说："世界是一座舞台，所有的男男女女不过是演员；有上场的时候，也有下场的时候。"原本戏剧中的台词却影响了诸多的社会学家和人类学家。其中，戈夫曼（1959）曾深受该隐喻的启迪，他在其题为《日常生活中的自我呈现》的著作中充分引用了戏剧学术语，借此分析社会中的人际互动并发展出著名的拟剧理论。在这本著作中，戈夫曼将社会比作舞台，每个人都是这个舞台上的演员，人们在日常的生活和工作中扮演各种各样的角色，并在不同的情境场中完成各自的表演。在戈夫曼的眼里，人们在互动过程中总是有意或无意地运用某些技巧（如言辞、表情或动作）来塑造自己在他人心目中的形象，并借此达成某种个人意愿，这种策略被称为"印象管理"或"印象装饰"。戈夫曼还发现，人们的表演在不同的区域具有差异，借此提出"前台"和"后台"等概念。"前台"是一个有观众在场的区域，人们试图在此呈现能被他人和社会所接受的形象。"后台"是与表演区域相隔离、观众不能进入的场所，它是为前台的表演做准备、掩饰前台所不能呈现的某种形象的场合，人们常常会把他人和社会所不能或难以接受的形象隐匿其中，并可在此摘掉"面具"而获得放松和休息的机会。在论述过程中，戈夫曼还将表演的主体从个体扩展到团体，采用戏剧学中的"剧班"范畴，精彩地为我们解析了剧班成员如何共同合作、参与表演。

丹尼逊·纳什（2006）曾说："有闲的旅行者（游客），不管是个人还是群体，都可以看作是在一些旅游戏剧中扮演重要角色的人。戏剧场所中当然还包括各类东道主（如饭店员工、商店营业员和亲戚），交通运输和导游人员（如飞行员、汽车驾驶员和导游）以及那些使他们能得以成行的人（如旅游机构、朋友和亲戚）。"在丹尼逊·纳什的这句表述中，我们可以看出，旅游空间（这个空间可大可小，大到旅游目的地，小到旅游景区（景点），甚至是旅游商店、餐厅等）好比一个剧场，在这个剧场里，东道主、游客以及那些使游客得以成行的人等都可以看作是剧场中的演员，在不同剧本的编排下完成各自的表演。一些旅游企业正在不自觉地运用表演理论进行旅游产品设计和活动项目的编排。迪士尼乐园里有很多的词汇都是与表演有关的比喻词，如将公共区域称为舞台、将限制区称为后台、将雇员称为演职员、将制服称为戏装、将人群称为观众、将招聘称为选角、将事件称为情节等。

第二节　舞台布景

如上所述，我们从表演的角度将旅游空间看作剧场，旅游者在旅游剧场中的体验就好比观赏一台剧情跌宕起伏、情节丰富的戏剧。在整个剧场中，舞台布景、演员和剧本等共同配合，彼此发挥重要的作用，履行各自的使命。著名戏剧家曹禺先生曾说过："没有舞台美术，就没有话剧。"此话中应有之义指涉了舞台布景之于戏剧的意义。我们将旅游空间比作剧场，表明了二者之间具有相似之处，但也需要明确，二者之间也存在一定的差异，毕竟后者一般仅提供一种观赏的体验，但前者对游客的参与，对他们在舞台上的积极互动有着更高的要求。从差异的角度思考旅游舞台布景的作用，大致表现为以下三个方面：第一，旅游舞台布景是东道主表演、游客参与表演并获得体验的一个重要部分，它对推进戏剧故事情节的发展，升华剧中人物内心情感，提升剧本主题思想的表达有着极为重要的作用和意义。比如，旅顺日俄监狱压抑的楼房、阴暗的牢笼、绞刑台、尸骨桶等，让人毛骨悚然，感觉到恐惧、压抑，它们都在无声地向观众诉说着这是一个摧残人的地方。第二，旅游舞台布景的作用还表现为它自身的审美性。也就是说，旅游舞台布景，甚至道具不仅起到渲染舞台气氛的作用，还在于它自身能够自成景观，成为游客重点观赏的对象。第三，部分旅游舞台布景（甚至道具）还担负着与游客互动，满足他们休闲娱乐体验的需要。比如，主题游乐场中的摩天轮既作为一种布景，烘托着游乐场热闹的氛围，也作为游客体验的对象，为游客带来不一样的高空之旅。

从类型上来看，旅游舞台布景包括天然的和人工的。所谓天然的布景，是指旅游空间中自然存在的物，如山脉、森林、大地、岩石、河流、湖泊、海洋、星空、气象、动物等都属于旅游剧场中最具天然的布景。而所谓人工的布景，是指人为创造的物，包括"先赋人工布景"和"后生人工布景"。"先赋人工布景"是先于某地发展旅游而本已存在的人文景观，"后生人工布景"则是为了发展旅游而建设的一批满足旅游功能需要的人文景观。旅游剧场中的舞台布景设计与安排，建议从以下因素加以考虑。

一、主题性

"主题"原指文学、艺术作品中所表现的中心思想，它是作品思想内容的核心（杜海忠，2005）。而将旅游喻为戏剧，好的戏剧则要求应有鲜明的、统一的主题，从而给旅游者献上一场精彩纷呈、动人心魄的旅游大剧，让其获得难忘的体验。本书强调景区这种剧场上演的"戏剧"应被赋予某个鲜明的主题。一场演绎某个主题的戏剧可以分多幕情节故事展开，但最好要求这些故事情节具有同一主题指向。

主题性突出表现在"主题统一"和"贴近主题"两个方面。景区拥有某个鲜明的主题，才会向游客讲述一个有趣的、有别于其他景区的特色化的故事。主题必须以一个统一的故事来推动所有设计元素和体验活动，用这个故事来吸引顾客的关注，故事才是主题的核心，其他要素只发挥辅助作用（约瑟夫·派恩和詹姆斯·吉尔摩，2012）。主题可以多样，但绝不应杂乱，否则不利于游客形成稳固的、统一的形象认知；相反，会使之成为"四不像"。也就是说，旅游景区的开发可在一个总的主题统领下，筛选、开发、打造一个个局部的主题，由一个个局部主题承载不同的旅游功能（杨国良等，2020）。以阳朔十里画廊景区为例，根据阳朔十里画廊景区旅游资源禀赋和区位条件，可以将景区主题文化统一定位为乡村休闲文化，它又由山水文化、田园文化、生态文化、民俗文化、名人文化和神话传说等分主题构成。这其实是剧本应该考虑的一个要点。反映在舞台布景的设计上，同样要求做到主题鲜明、统一，尤其是完全人工创造出来的旅游景区更应强调这一点，毕竟依托自然资源所形成的景区很难人为改变。从这个角度来看，辽宁丹东大梨树景区的舞台布景就没有做到主题统一。大梨树旅游景区位于辽宁省凤城市西南郊区，是全国乡村旅游重点村。该景区依山傍水，梯田景观优美，生态环境优越。但依笔者看来，该旅游剧场中的舞台布景所要烘托的主题过于杂乱。从旅游产品供给的角度来看，该景区拥有乡村旅游体验的瓜果采摘园，红色旅游教育体验的干字文化广场、毛丰美纪念馆，养生文化体验的药王谷，知青文化体验的知青点，以及民国文化体验的影视城等。尽管该剧场提供的故事丰富多彩，但其主题很杂乱，为不同主题故事提供演绎的场所建筑形态迥异，即舞台布景的主题不够统一，不能够让游客获得一个形象上的清晰认知，导致了景区所投射的"中国最美丽的乡村"形象很难得到游客的真正认同。而"贴近主题"则强调的是当景区被赋予了某一主题之后，舞台布景的设计应该契合该主题，具象化地表达这个主题。张婷婷（2015）在论述话剧布景艺术时同样指出，在大大提高布局设计的艺术性内涵与实用性功能的同时，也产生了一系列信息传达不到位、"喧宾夺主"，甚至是布景与剧情不符的问题，因此深刻体悟话剧舞台布景设计与剧情内容的贴近性特征，并掌握相关的设计技巧，成为当前诸多舞美设计师思考的一个重要问题。在这方面，台湾的"飞牛牧场"景区可谓是一个成功的案例，值得我们参考和借鉴。有趣的是，该景区旅游线路从外观上来看恰似牛形，而其舞台布景更是充分利用了奶牛的元素，如奶牛的景观雕塑、卡通标识牌、印有牛头 logo 的乳饮品等，它们共同表现并诠释着牧场主题。

笔者在大梨树景区调研时发现，在民国文化体验的影视城中，该片区的建筑风格与场景设计应符合民国时期的特征，但我们在街区一角，却看到了动漫剧中"熊大""熊二"的身影（如图 5-1 所示）。这样的布景安排打破了民国旅游场的氛围，并让景区原本想要营造出民国风情的努力功亏一篑。从同样的角度来看，大连近郊开发的以牧场文化为主题的"三寰牧场"景区其建设存在类似的问题，即舞台布景与主题不契合。原本想为城市游客提供"遁世体验"的景区，却在舞台布景上，建造了诸多城市公园类的现代化娱乐设施、宽阔的柏油马路，放置了与主题不搭的垃圾桶（如图 5-2 所示）等，这些在一定程度上反映了该景区在开发与设计上的随意性和任意性。

图5-1　与民国风情不搭的"熊大""熊二"　　　图5-2　与景区不搭的垃圾桶

　　罗兰·巴特在其著作《明室》中提出"刺点（punctum）"范畴。罗兰·巴特提出这个概念主要针对的是摄影图片，他指出："有些照片包含的细节用一种神秘的方式捕获了我，令我惊讶和惊醒，这些照片比那些引发一般兴趣的照片更能打动我，我将这些细节因素称为刺激，因为它是一种尖点、刺痛，给我带来了强烈的感动。"（吴天天，2021）"刺点"指的是文本的某些局部或细节能够让解读者得到一种"被刺痛"的感受。"刺点"一词在本文接近的说法是"视觉趣味点"。如果我们想要更直观地看到画面中的"刺点"，可以将一张照片最表象的层面除去，然后找到对你最具吸引力的"点"，也是照片中最吸引人的视觉中心。我们把"刺点"范畴借用过来提出"刺点景观"概念，它指的是游客所凝视的场景中让人眼前一亮或震惊的景观。需要注意的是，"刺点景观"带给游客的震惊应区别看待。如果某个"刺点景观"很闪眼，但它能够与周围环境和谐共存，那么游客将会收获惊喜；相反，如果

"刺点景观"与周围环境格格不入、另类突兀，那么游客的感受可能是惊讶或者负面的。

二、文化性

现代游客追求的体验模式不仅要有身体的感官体验，还要有心灵的精神体验（陶慧和冯小霞，2014）。从这个层面来看，独特的文化内涵是吸引游客的核心因素。2018 年，文化和旅游部成立，表明了旅游产业界更加强调文化和旅游的融合。关于文化和旅游的融合，杨国良等（2020）认为值得从以下因素加以考虑：第一，文化和旅游的属性具有一定的差异，可以起到互补的效果。从属性上来看，文化分为文化事业和文化产业，文化的事业属性更强，文化的产业属性偏弱，而现代的旅游业更多地是发挥其产业属性。因此，文旅融合能够做到二者互补，尤其是增强文化的产业属性，提升它的经济功能。第二，文化是旅游的灵魂，旅游是文化的载体，二者的结合将有益于促进"魂"与"形"、"灵"与"肉"的完美结合。通过文化的融入，将给旅游注入生命的活力和灵气，塑造鲜明和厚重的特质，提升旅游的内涵，这样的旅游才会让旅游者的记忆更加深刻，并能够丰富和发展自我。通过旅游的表达，除了带动文化消费的升级外，重点是以更为轻松、娱乐的方式促进旅游者对文化知识的学习，以新的方式塑造文化的品牌，有助于文化的广泛传播。第三，文化资源作为旅游产品的重要本底，为文旅融合提供了基础条件。从形式上来看，文化资源既包括具有物质属性的历史遗存、特色民居、民族服饰和民间工艺，又包括具有非物质属性的语言、文字、音乐、舞蹈、民俗、节庆等内容。这些文化资源为旅游产品的生产提供了重要的先决条件和基础。第四，从管理的角度来说，文化和旅游的融合，可避免多头管理，加强领导，更好地将文化和旅游结合起来去谋划。在文化和旅游融合发展的过程中，"宜融则融，能融尽融"的总思路对旅游舞台布景设计提出了更高的要求。这个总体思路强调了两个思想：第一，文旅融合具有条件适用性。有些不适宜利用文化为旅游赋能的景区，在舞台布景的设计与安排上则要保留原生态的美，尤其是针对那些自然景观条件好的环境，适宜突出原生之美，不要过于干预，人工的痕迹能少则少。第二，适宜于文旅融合的舞台布景，则要仔细挖掘文化资源，让文化为旅游赋能，产生 1+1>2 的叠加效应。通过文化的注入，尤其是地域文化的倾注，将会赋予旅游景区以新鲜的血液和生命的力量，反映在旅游舞台布景上，则易于独树一帜，形成自己独有的样貌和品格，方能与他者（其他竞争者）相异，并提升审美层级，让游客感受文化的魅力。比如，大梁酒庄以酒文化为核心主题，把酒文化赋予到景观和活动的设计当中，为景区营造鲜明的酒文化主题。

三、真实性

舞台布景应表现出真实的一面，至少做到舞台的真实性，从而满足游客真实性体验的需求。马牧青在他的文章中，为我们描绘了山西平遥古城，一副在外国人的眼中仿佛就是中国过去的模样：古旧的城墙内，青石板铺就的街道上，林立的商贾票号，人们过着自由自在、懒散舒缓、悠然自得的生活；在古朴的客栈里，传统的四合院，高悬的大红灯笼，被腐蚀的门柱，剪纸窗花，八角桌；热炕上的雕花大床，色彩鲜艳的锦缎被面，红木方桌；一日三餐传统的小吃莜面栲栳栳、搓鱼儿、碗秃……这些舞台布景中的原真性元素，表征着平遥过去的生活，赢得了许多外国游客的喜爱。而脱离了原有的真实，从旅游的角度来说容易给人造成一种虚假的感受。旅游舞台的真实性塑造要注意符合场所本来的特性。比如，一些传统的村落由于受到城镇化浪潮的冲击，村落建设出现盲目模仿大中城市的建设式样，打破传统建筑风貌的现象，由此导致地方特色和文化优势逐渐丧失。在新建村落中，行列式的住宅小区布局随处可见，传统住宅区中活泼自然的特色和亲切自然的生活气息被城市型聚落结构破坏，加之血缘和地缘的影响力下降，往日融洽和睦的邻里关系也在生硬的楼房间日趋淡化，使得村庄"似城非城、似村非村"。但对旅游者来说，城市中的人们之所以走向乡村是想寻找被城市淹没的传统的生产方式、生活方式和行为方式，而且随着社会的不断发展，这种传统的吸引力会越来越强，想看和体验的人会越来越多。这就要求以旅游为主要产业的传统村落需要在舞台布景上更多地展示乡村的特性。

丽江古城的原有建筑本以石料为建筑的基座，以土坯为外墙，再用草泥抹灰，石灰粉刷，以木构架为房子的整体骨架，青瓦覆顶，青砖做墙角的装饰，房子局部用木质雕刻进行装饰，整体建筑风格质朴。但随着社会经济的发展，有些建筑使用现代的建筑材料进行建造，与原建筑材料风格相差较大，同时建筑结构也与古城原建筑不符。比如用现代涂料代替青砖，用水泥等材料代替木质雕刻，这些改变使得建筑的真实性被大大削弱，游客的体验也受到了一定程度的影响。

四、互动性

我们在前文指出，旅游舞台布景不仅作为一种背景而存在，其本身也承载着旅游的各种功能。因此，值得注意的是，随着体验经济的到来，旅游景区所提供的产品或活动项目应该满足游客多元化的、多感官的体验需求。这就要求旅游舞台布景要注意游客需求的转变。笔者将旅游产品的迭代升级归结为三个阶段，尤其应该注意第三个阶段的特征。

（1）体验的1.0产品。它指的是旅游产品仅提供观赏性或知识性的一面，这种产品形态是静态的，性质是单向的。游客只是在其中发挥了视觉凝视的作用，游客的体验只是一种参观，充其量是调动自己的思维，获得一些思考。20世纪90年代遍地开花的西游记宫就是这种产品的一个典型。这种产品在中国旅游初生年代还能满足游客的好奇心，在游客的旅游经历和经验还不够丰富的年代具有一定的市场，但放在今天就很不合适了。事实上，西游记宫的存在恰似昙花一现。国内传统的博物馆设计一直以来是以静态实物陈列展示为主，以少量的文字说明、讲解等为辅，而游客在参观时，往往只能通过厚厚的保护罩来观察这些藏品的外观和造型（当然，有些藏品只能以这种形式展示）。

（2）体验的2.0产品。它指的是旅游产品具有双向性的特征，除了单向地发挥它的观赏、愉悦、知识性的功能外，还表现出产品的"可供性"，即产品具有邀请游客参与互动的特性。这种形态的产品，可以让游客与之进行互动，或许还能实现一种角色扮演的欲望。比如，广播电视中心策划出"当一天印刷工""做一次主持人"等旅游产品。这种类型的产品将更大程度地调动旅游者的旅游主动性，让游客融入其中，而非产品本身被动地、单向地进行信息传输，从而加深游客的记忆，获得更好的体验。又如，传统的博物馆更多的是展示它们的藏品，但现代形式的博物馆已经成为一个与广大受众积极沟通的交流媒介，越来越多的互动娱乐、体验形式出现在博物馆中（Dean，2002）。比如，上海科技馆设计了大量的互动体验项目，观众可以在互动体验中，模拟骑自行车，通过多媒体技术，在显示屏上可以显现出不同的路面环境，感受不同环境场中的骑车体验；可以操作实验设备观看内部波产生海啸的原理，亲身领略、感受海啸的效果（如图5-3所示）。

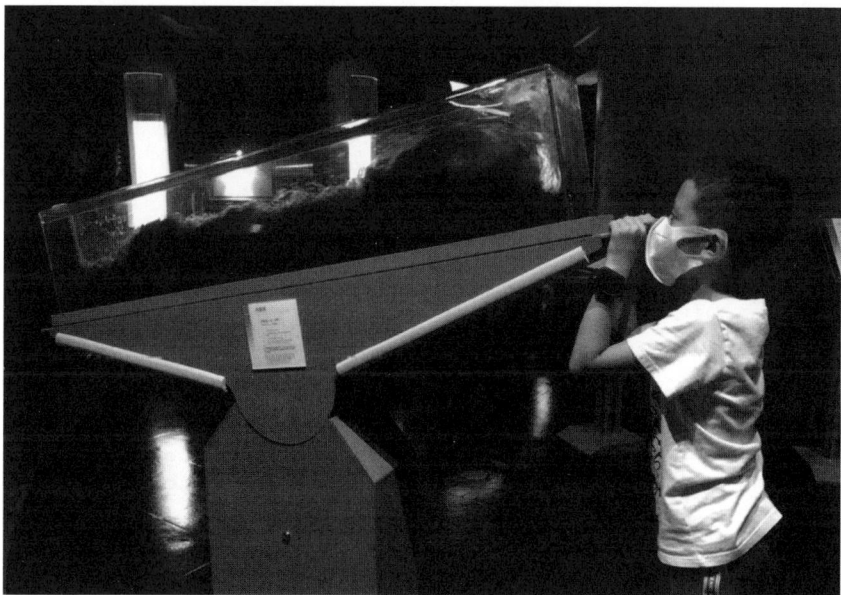

图5-3　小朋友感受海啸

（3）体验的3.0产品。它指的是全方位、立体化的沉浸式旅游产品。在当今科技日益兴盛发达的时代，除了做好旅游舞台上实物的布景和道具安排之外，还可以借助科技为旅游赋能，通过全景式的交互体验，为游客营造一种"身临其境"的感觉。不过，这一代的产品打造还需要时间。目前，很多旅游景区的旅游体验设计仍以视觉设计为主，听觉设计刚刚起步，触觉、嗅觉、味觉设计还停留在元素层面，整个五感的沉浸式设计并未形成完整体系，需要旅游设计从业者付出更大的精力共同探索和研究。

第三节　演员

在旅游剧场中，为游客提供美好体验的还有演员。演员这个词虽然听起来有点像演戏，但我们在前文已作交代，演员的表演其实并不代表不真实。我们其实也可以理解为旅游服务人员按照剧本的样子，把服务演绎出来，各种表演者（如公司总裁、经理和其他员工）都必须用新的角度来审视自己的工作。对戈夫曼来说，所有人类活动都是表演，唯一的区别是有些表演是经过彩排的，有些是纯粹自发的。其实人人都可以称为演员，所以从旅游表演理论的角度，旅游地居民、旅游从业人员，甚至游客都可以视为演员。实际上，在国内有些景区，一些旅游从业者扮演的角色就好比演员。比如，桂林漓江兴坪段，风景非常优美，有岩溶地形，集中了桂林山水的精华，令人有"舟行碧波上，人在画中游"之感。在景区里，有一群职业模特，他们都是当地的渔民，穿着蓑衣泛舟漓江，撒网捕鱼供游客和专业摄影师拍照。又如，云南东川的烟杆老人同样每天嘴里叼着根烟袋，供游客和摄影师拍摄。

作为表演者的东道主或旅游从业人员等，主要强调的是表演的专业和技能，其实也就是服务技能和技巧。笔者觉得应该强调以下四点：

第一，认清自己在旅游剧场中的角色定位，并扮演好相应的角色。一个出色的表演者首先必须有一个清晰的自我概念，在他进行表演的时候，必须清楚地知道自己是谁，要给观众一个什么样的形象，观众对他的表演有什么样的期望，然后才能采取相应的表演技巧（黄建生，2001）。个体在日常生活中，很有可能会扮演不同的角色，这就要求他们在不同情境场中扮演好相应的角色，其态度和行为要符合该角色的特点，还要求其妥善处理好不同角色的关系，防止出现角色冲突或角色失调的现象。戈夫曼在其《日常生活中的自我呈现》一书中列举了一位餐厅总管的例子，对他的描述或可为我们提供很好的启发：

一位餐厅总管，在餐厅门口停下来，训斥一个打破了酒瓶的学徒。他挥着拳头咆哮（幸亏门多少有点隔音）……

……骂够了，他转向餐厅门；而且，就在他打开门的当儿，他还像《汤姆·琼斯》中的斯夸尔·韦斯顿那样，予以最后的侮辱。

然后，他走进餐厅，手托盘子，步履优雅飘然，宛如天鹅。10秒钟之后，他已在向一位顾客毕恭毕敬地鞠躬了。当你看到他鞠躬微笑时，你禁不住会想到，面对训练有素的侍者的笑脸，受到这样贵族派头的待遇，顾客免不了有点自惭形秽。

在这个例子中，餐厅总管在不同的情境场中扮演不同的角色。他在后台与学徒相处时，扮演的是餐厅总管，行使着管理者的职责，而在前台与客人相处时，则扮演了侍者的角色，为顾客提供优质的服务。因此，东道主或旅游从业人员在对客服务时，也应扮演好其作为服务人员的角色，为游客提供令他们满意的服务。尽管有的时候这种服务由于商业化的原因不再被认为是真情的流露，而是看作一种表演、一种职业化和商业化的好客，但这种形式对来自都市社会的游客来说，依然很难得，并被其接受（王宁，2007）。

第二，有的旅游从业者或许需要扮演一系列的角色，但他应在这些角色中扮演好最核心的角色。对此，我们以导游人员的职业为例进行说明。旅游活动复杂多样，涉及吃、住、行、游、娱、购等多种元素，但就旅游体验的本质而言，"游"应该始终摆在首位，且这个次序是不能随意颠倒或调换的。导游人员在为旅游者安排旅游活动时，应考虑到他们的这种想法。也就是说，在导游所扮演的"讲解""领路""陪护""联络""调解""导购"等角色中，"讲解"应处于核心。但是，在现实中，却有一些导游人员漠视游客的主体需求，堂而皇之地将"购"放置于工作的首位，俨然成为"导购者"或"推销员"。有些导游故意缩短景区景点的游览时间，延长购物时间，甚至每日一次、一日数次地进店购物。"推销"的手段也从最初温和式的引领升级到了要挟性质（甚至动用暴力手段）的强迫。有网友在其云南之旅中所遇到的导游阿蔡就曾表演了一场非常生动的"劝购秀",网友在博客文章中回忆道:"到了云南著名的金银制品出售基地'银都',大家基本是空手出来的。他调侃的口气就变成了嘲讽……看到我们没什么反应,他又开始为下一次进云南著名的翡翠城购物做准备……可惜他的如意算盘再一次落空……上了车,蔡导的嘴脸已经从冷嘲热讽转变为赤裸裸的攻击,说福建、广东两省的经济发展已经输给江苏、浙江了,所以根本就买不起金银玉石等这些贵重的东西……导游终于恼羞成怒,扬言不怕我们到旅行社投诉,还声称要把我们丢下车!"对游客而言,这样的经历显然是一种糟糕的体验。

第三,提升表演的技巧和能力。旅游者在餐厅吃饭,一般都会受到服务员彬彬有礼的招待,服务员呈现给顾客的微笑、站立的姿势、讲话的语气都是令顾客愉悦的表演。克朗(1993)对英国剑桥的一个饭店进行追踪研究,指出服务接触如何才具有表演特性,他将饭店想象成一个有情感的舞台,里面混合了脑力、体力和情感工作者,这些员工必须是随和的、年轻的、友好的,能够适应某种类型的体能和技能,进行相应的情感表演,由于表演中自我很关键,员工们只有通过文化阅读来广泛地与外界消费者接触,才能不断改进自己的表演。天才的演员和蹩脚的演员读的是同一个剧本,他们之间有何差别呢?对蹩脚的演员来说,剧本中的事件、场面和人物不会引起他内心的任何反应,二者是貌合神离的,他只是站在一个观察者、一个局外人的角度来理解和表现剧情。天才的演员则不同,他主观地去读剧本,即为了感同身受剧本中的情境去读,这样就不可避免地在阅读过程中加入自己对场面的反应,形成属于他自己独特的渴望、感受和形象。对天才的演员来说,剧本和情节只发挥一个引导的作用,以便他更好地展示与体验属于他自己的天赋和表演欲望。

第四,作为表演者的旅游从业人员,应该身着符合戏剧主题的服饰,携带好道具。比如,德国卡尔斯农场的服务人员,他们的服饰就带有草莓元素;巴厘岛的勒贡舞、中国西安的大唐盛世歌舞、戏剧中的表演者都会穿上与自己扮演的角色相符的演出服装。一个景区要有明确的主题,而主题的营造和表现应该在方方面面体现出来,就演员的服饰来说，道理也是如此。现实中，有很多的景区并没有做到这一点。

第四节　剧本

剧本包括内容和形式两大部分。内容包括主题、故事内容、人物性格等；形式包括场次的情节结构、唱念安排等（胡芝风，2004）。

一、主题：剧本的灵魂

李渔在《闲情偶寄》中说："古人作文一篇，定有一篇之主脑。主脑非他，即作者立言之本意也。""主脑"即我们现在所说的主题，是作者用艺术创作的方式反映社会生活的本质，向人们阐明一种思想和道理。大连旅顺日俄监狱曾经是囚禁和屠杀中国爱国义士和国际反战人士的地方，经过修复后，保留了检身室、牢房、刑讯室、看守台、遗物室、医务室、绞刑场、墓地，并向社会开放，先后被评为"辽宁省国际教育示范基地""国家国防教育示范基地""全国爱国主义教育示范基地"。当这些红色旅游地作为旅游景区开放后，该类场所的主题就变成了"缅怀先烈，教育国人，勿忘国耻"。又如，贵州黔东南西江千户苗寨景区通过自然符号、人文符号和社会符号，在游客心中建构起一个"让人心生向往的人间仙境""历史悠久的地方""令人感动的苗家人"的主题。森林、江河、动植物、云雾、日出日落、阴晴雨雪等，构成西江千户苗寨旅游空间典型的自然景观符号，旅游者在旅游过程中被这些原生态的景观触动，他们经历了内心的平静或放松，从平凡中升起梦境般的感觉，感叹这是一个让人心生向往的人间仙境；苗寨拥有丰富的少数民族文化景观，坐落在半山腰的观景台，横跨白水河，连通两岸的风雨桥，连绵成片的梯田、苗族博物馆、古藏堂、也东寨等景观向我们诉说着这是一个古朴、历史文化浓郁的地方。西江千户苗寨人跳民族舞如图 5-4 所示。

图5-4　西江千户苗寨人跳民族舞

二、结构：剧本的骨架

剧本的结构是指大、小情节的组联方式（胡芝风，2004）。剧本当中的具体体现，便是其叙事结构按照一条由冲突动作所引起的开端、发展、高潮、结局的情节链进行的（刘超，1992）。民族村寨旅游剧本的序章主要是指旅游目的地为了吸引旅游者并展示一部分当地特色文化而举办的一系列活动。在肇兴侗寨，"拦门酒"是贵州村寨的重要习俗，是一种特有的迎宾方式。"拦门酒"作为首先发生的情节，就如同小说的序章，以盛大开放的场面吸引了旅游者的注意，借此表达苗寨人的热情好客。同时，促使旅游者从"旁观者"的身份积极向参与者即合作表演者的身份转变，进而实现了由日常生活世界（结构化的世俗剧场）向旅游世界（反结构的神圣剧场）的转变。旅游者被序章所呈现的情节吸引后，需要由更加精彩的故事情节来丰富他们的体验，并借此体现戏剧引人入胜的效果。在侗寨最大的鼓楼群落间，剧场中上演的"仁团""芦笙节"等传统节庆表演节目，则在剧情的承上启下上发挥作用，向旅游者讲述了村寨的历史故事。通常情况下，高潮部分所设计的旅游活动是该旅游目的地知名度最高、参与人数最多的活动。在肇兴侗寨，参加篝火晚会是整个旅游剧本中的高潮部分。随着活动的推进，旅游者逐渐融入舞台，其身体、心理认知与外在情境相互嵌入，在感受了侗寨人的热情，领略了侗寨文化的波澜壮阔之后，整个互动表演场的气氛达到峰值，旅游者的情绪感受也将走向高潮。在互动表演场的气氛渲染上，剧情的编排和推动还应注意三个要点：首先，从时间规划上来看，具有线性结构的戏剧剧本，在进行情节展示时则是按照时间顺序展开的（刘超，1992）。在进行旅游剧本的编排时也应注意各个情节出现的时间与次序，应以旅游者的感受和空间的使用为线索来组织各个情境，以实现情节与情节之间的衔接和转换。其次，需要结合剧本做好舞台布景与道具安排。将剧本中某一情节开展所需要使用的舞台进行装饰与布置，对其中需要用到的主题道具进行排列组合，从而使表演者呈现出的表演效果达到最佳状态。最后，在旅游剧本情节的设计方面，应注意冲突与悬念的设计。在形成期望的过程中，如果旅游者负面的心理，如不安、畏怯在发挥作用，往往会使其期望值处于较低水平，而在这样的情况下，旅游者反而会有较多获得意外惊喜的机会，从而大大提高旅游者的满意度（谢彦君和吴凯，2000）。

三、情节：剧本的血肉

情节是由一个接一个的事件构成的，事件有大小，小的事件也叫细节。剧本的情节丰富、生动，整场戏剧就变"活"了。如果为曲折而曲折，堆砌旁枝，不是从人物心理出发而随意编造，则会如明代凌濛初所说："今世愈造愈幻，假托寓言，明明看破无伦，即真实一事，翻弄作乌有子虚……演者手忙脚乱，观者眼暗头昏，大可笑也。"要挑选非常有表现力的情节，情节要围绕主题和人物的命运，对重点情节要加以渲染、强调，旁枝的情节是为了陪衬主干，要避免枝蔓太繁，可有可无的多余的情节尽量略掉。戏曲剧本的情节要有头有尾，要求有相对的完整性。观众了解了故事的来龙去脉，就乐于欣赏。一般整本戏和小戏都"有头"，要用唱、念把故事的前因对观众介绍清楚，"有尾"指的是结尾，不仅有结局，还有余韵。如果旅游景区的规划能用一个完整的故事线形式加以表达，那么它所取得的效果或许会更好。以四川省平武县大熊猫国家公园为例，整个园区以"熊猫丹丹欢迎你"为主题，以熊猫返乡探亲为故事主线予以展开，包括熊猫丹丹迎宾记（游客中心片区）、熊猫丹丹探亲记（动物栖息地科普世界片区）、熊猫丹丹返乡记（地质演变史断层峡谷片区）、熊猫丹丹归家记（垂直植被深度体验片区）等故事情节，并将各情节以一条时空隧道串联。若要策划一个以"渔俗文化"为主题的旅游活动，则可以设置以下情节：游客参与古代渔民出海的仪式、捕捞、织渔网、晒渔网、制作水产品、晒盐、拣海螺、品尝海味等（张善峰，2019）。每一个情节都紧扣渔民生活和捕鱼活动，让游客体验渔民的生活。再如，平遥古城协同庆景点就是按照戏剧的方式创作了一场舞台体验。协同庆是中国票号业中一家独具特色的票号。它创办于清咸丰六年（1856年），歇业于民国二年（1913年）。协同庆票号的院子下面有平遥最大的地下金库，当年储存着数量众多的黄金白银，还有平遥的镇城之宝。协同庆被开发作为一个景点，在这个小剧场里，由工作人员扮演的掌柜，站在院落中央，身着清代的服饰，为初来乍到的游客讲述着钱庄的历史和功能。听完掌柜的介绍，在掌柜的带领下，游客来到了柜房，支付一定钱币后，由柜台里的小伙计给游客兑换票号。最后，游客拿着这些票号，去兑换地下金库里的银子。在这场"戏剧"中，游客们不仅可以看到演员的表演，还体验到了剧本的情节，更因为这场戏剧的呈现而深刻地了解到协同庆票号的历史和它日常的经营运作过程。

案例1：以戏剧表演的方式活化历史文化街区

莎士比亚在他的《皆大欢喜》中说："世界是一座舞台，所有的男男女女不过是演员；有上场的时候，也有下场的时候。"这句经典台词为日常生活赋予了戏剧的隐喻，给人的行为增添了一种戏剧学上的解释，却也为旅游的研究与实践提供了很好的启示。从表演的视角来看，旅游空间可以看作是剧场，山脉、森林、大地、岩石、海洋、星空、村落、街区、宅院、一花一草等，都可视为舞台及其中的布景，东道主、旅游从业者就好比演员，在剧本的安排下，旅游者徜徉在旅游线路的每一处，仿佛在观赏一幕幕剧情跌宕起伏、情节丰富的戏剧。海口对南洋潮景区的打造，显然带有这种鲜明的戏剧色彩，它融入了《南洋往事》（前奏版）实景演出的方式，让这个景区在一定程度上得以活化。

南洋潮景区，坐落在300多米长的水岸边，拥有数十幢南洋风情的历史建筑，骑楼、牌坊、商铺、钟楼等极富情趣，这些建筑既构成了这座大剧场中的一个个小舞台，又成为整个剧场中的布景，竭力营造出一个与日常生活场景相异的南洋历史文化街区氛围，诉说这里曾经发生过的故事，试图再现当年的盛况与繁华。显然，这些努力都起到了一定的效果。对旅游者来说，这个街区第一眼看上去是比较震撼的。但如果以更为挑剔的眼光来看，街区过于精致了点，这种过度的精致反而使得整个街区看起来不够大气。另外，尽管它是历史的街区，历史氛围感的营造也算是比较成功的，但这里的一切看上去还都是新鲜的，少了那种岁月的沉淀和历史的沧桑感，客观性真实的建构或许还少了点心思。

南洋文化与民国风情很搭。在这样的舞台上，上演《南洋往事》显得很应景。这场置身于户外的实景演出，利用了街区中不同的场景，设计了"南洋记忆""醒狮少年""舍生取义""武起中华""粤秀四方""茶铺思进""追寻孙先生"等剧目，将游客带入百年前那段波澜壮阔、大师辈出的时代，展开一段百年前"东方睡狮"——中国的觉醒，中华儿女寻求救亡图存之路、热血报国的恢宏画卷。这场演出的叙事结构完整，有开端、发展、高潮、结局。在剧情的推动过程中，注意到了情节与情节之间的衔接和转换。同时，随着剧情的需要，做好了舞台布景与道具安排，将剧本中某一情节开展所需使用的舞台进行装饰与布置，对其中用到的主题道具进行组合，从而使表演者的表演效果达到最佳。在旅游剧本情节的设计方面，还注意到了游客对刺激性体验的需求，将中国传统的文化融入表演，从武术、舞狮、街头杂耍中，让游客收获了更多的意外惊喜。

《南洋往事》上演的故事，扣人心弦，代入感很强，就像移动式地观赏一部电影。更为重要的是，它融入了红色文化，让这个故事拥有了很强的时代精神和重要的教育意义。可以说，该景区目前所取得的成功,重点就是《南洋往事》实景演出为之赋予了主题和灵魂。

但从整个景区开发的现状来看,还存在两个方面的问题:

第一,应赋予街区更为丰富的内容,呈现出一卷卷、一幅幅、整个街区的历史故事。《南洋往事》实景演出(如图 5-5 所示),将整个街区中的不同节点作为故事情节发生地,上演了一幕幕戏剧。但目前的看点,恰恰仅限于《南洋往事》。幕谢人散,曲尽终了。实景演出结束,游客也离开了这个街区。实景演出只是借用了这个街区的壳,将它幻化为戏剧的舞台。而游客也只是把它当作一个观赏的舞台而已,并没有对它产生探索的兴趣。从这点来看,这个街区还没有真正地活化起来、立体起来、丰满起来。这些建筑、房子、宅院应该被赋予一个统一主题下的细分主题,并上演一幕幕的戏剧,让游客从观看演员的身份转变为互动表演者,激起他们探索和发现的欲望,收获知识和愉悦。从这点来看,实景演出应是南洋潮景区旅游产品谱系中的一员。而按照笔者的构想,南洋潮景区应开发得更为理想,白天将景区交给旅游者去探索,真正地唤起他们进入街的角角落落,而实景演出可作为晚间重点开发的节目。这样的旅游产品将更为丰富,可以增加游客的停留时间。夜晚,是一种特殊的时间。在黑暗中,一切都会变得宁静而神秘,为整个街区披上了一层神秘、浪漫的幕纱,可以更好地让旅游者与外部干扰环境相区隔,从而沉浸在专属独有的空间里,更加专注地感受故事的神奇。在声光电的作用下,南洋潮景区甚至可以借助全息投影技术,虚与实的结合,打造一个具有黑夜浪漫气质的沉浸式旅游体验场。

第二,景区具有了主题,但它的主题性还没有表现为方方面面。《南洋往事》的实景演出考虑到了主题的统一与和谐表达,舞台布景本身就表现了民国风情,而演员的着装也符合剧本的需要。但从整个景区的角度来看,检票员、商铺的老板(娘)、伙计、街头卖冰糖葫芦的大姐,实际上都应是这个大剧场中的演员,他们的着装、携带的道具,都应该满足这个剧场主题及其扮演角色的需要。从这样的角度来看,南洋潮景区显然还没有意识到将它本身看作是一个大的旅游剧场去开发。

图5-5 《南洋往事》戏剧场景

案例2：梅河口东北不夜城的爆火逻辑

　　新冠疫情对旅游业的影响非常大，2022年的感受尤为强烈。总体来说，2022年全国旅游业哀鸿一片。从数据上来看，2022年的"五一"假期，国内旅游出游1.6亿人次，同比减少30.2%，恢复至疫情前的66.8%；国内旅游收入646.8亿元，同比减少42.9%，恢复至疫情前的44.0%。但值得关注的是，处于东北梅河口市的东北不夜城，在大的发展环境不向好，全国很多景区都在上演"空城计"的情况下，它反而在"五一"期间接待游客量30万人次，这种逆流而上的现象值得我们深思。

　　东北不夜城为何爆火？这背后蕴藏着怎样的逻辑？笔者认为包含以下四个方面的影响因素：

（1）产品为王：差异、特色与常变常新。东北不夜城项目爆火的首要原因可能是旅游产品的差异化和特色性。这非常符合游客对差异性体验的根本诉求。该差异化和特色性主要是相对于国内其他历史街区而言的。实际上，全国很多的历史街区发展到今天所面临的一个共性的问题是同质化现象严重，它们带给游客的体验几乎是相同的，其基本体验模式是营造出一种原真性的历史氛围并提供多业态的产品，从笔者曾经访问过的平遥古城、乌镇和三坊七巷等都能看到这一点。这些街区提供的旅游产品、售卖的纪念商品等都比较相似，更为重要的是，它们亘古不变，月月如此，年年如是。梅河口东北不夜城提供的产品与传统街区相比，具有明显的差异性。东北不夜城的旅游产品特色表现在：第一，内容的丰富性及与时俱进。这条街区以国潮文化为主线，汇集古风古韵、关东风情、现代文化，并融入元宇宙概念，强调科技赋旅，传统文化与现代文明相互交融，打造了一个极具酷炫感的魅力场。第二，常变常新的特色活动。为了持续保持对游客的吸引力，东北不夜城秉承"常变常新"原则，设施更新率达到60%以上，2023年新增游客就餐休息区14处，行为艺术演艺10处，新增美陈打卡点、网红花灯、机械互动装置30余处。

（2）体验至上：丰富、多样与新奇。东北不夜城并不像传统的历史街区那样拥有大量的建筑作为支撑，甚至没有精品的资源作为依托。实际上，它就像一个场景化的主题乐园。由于缺少大量建筑的支撑，它更多的产品提供以及表演的空间并不发生在室内，而将它们挪至户外，摆到了街道中央，打造了一个个沉浸式的小剧场，一步一场景，一景一故事，吸引着大量的游客围观、参与，而这种将表演场挪至户外的做法在一定程度上聚拢了人气，营造了街区特有的热闹和欢快的氛围，给游客留下了美好的难忘体验。从投资的角度来看，这种新文旅业态打破了传统大兴土木的建设思维，节约了建设成本。这种新文旅业态的好处还在于它的灵活性，可以不用太顾虑拆迁和新建成本，完全可以根据市场需求做到产品的不断更新与迭代升级。从内容上来看，东北不夜城设计了篝火晚会、泼水节、艺术表演、电音派对、东北国潮中秋梦幻节、东北汉服艺术节等内容极为丰富的活动项目，这些活动项目提供给游客的体验极具多元化，有恍如隔世、沉浸于特殊年代、特定情境的遁世体验；行为艺术、网红打卡式的审美体验；传递传统历史文化知识的教育体验；面向未来、科技赋旅的新奇体验；还有参与感强、互动性好的娱乐体验。从形式上来看，网红秋千、声音邮局、光影艺术、动感音乐、特色美食、火把盛装 Hai 啤等活动在一瞬间、密集性地刺激着游客的各种感官，让游客收获了一场融"视、听、嗅、味、触"于一体的通感盛宴。无论是形式还是内容，这些体验对游客来说都是新奇的、独特的、快乐的。

（3）让人尖叫的"刺点"景观。东北不夜城街区的表演场中，常常有浮夸的行为艺术。他们聘请西安"大唐不夜城"设计团队，让整条街绚烂多彩，将娱乐与休闲融于一体。最吸引眼球的当属每个演艺舞台上，穿着汉服的国风美少年，创意无限的行为艺术表演，美得让人目不暇接。按照一些业界人士的说法，要打造"尖叫"景观。这种"尖叫"景观，我们在上文中把它们称为"刺点"景观，但要强调旅游景区应该使用与周围环境和谐的"刺点"景观，而非另类突兀的"刺点"景观。

（4）旅游市场的精准把脉。这个项目之所以成功，还有一个重要因素，即策划团队精准地把握了旅游市场需求。梅河口市属于吉林市的一个县级市，常住人口仅 50 万人左右，并没有一个庞大的人口基数来支撑。但策划团队认识到了疫情常态化所带来的旅游趋势，即周边游成为主流。东北不夜城所在的梅河口位于沈吉、长通两线的交会点，是吉林省东南部交通要冲和东北地区重要的交通枢纽之一，交通便利，公路铁路四通八达，该项目辐射范围是 200 千米至 300 千米内的客流。也就是说，吉林市、长春市、沈阳市的游客抵达梅河口的车程花费时间大约都在 2 个小时，而东北不夜城这个新奇的体验项目更会大大刺激梅河口周边的县城和农村的居民前来消费。事实上，东北的很多城市夜间旅游项目并不发达，甚至人们很少有夜间休闲的习惯，一个很重要的原因可能是缺乏夜间旅游精品，缺少符合时代需求的夜间旅游项目。而东北不夜城项目则填补了东北夜间旅游市场的空白，它的新奇化、年轻化、科技化、娱乐化，满足了新时代年轻人的需求。更为重要的是，它的"简单""粗爆"，以及直抵人心的快乐释放，大大地宣泄了疫情期间大家的焦虑和抑郁情绪，具有治愈人心的作用。

案例3："浪漫之都"主题的具象表达：特质IP引领旅游创意开发

近几年，大连市莲花山、滨海路附近，经常有梅花鹿在林间出没，成为一道亮丽的风景。据不完全统计，这些梅花鹿的数量有200多头。从生态的角度来说，梅花鹿俨然已经成为大连这座海滨城市的"生态名片"；而从旅游的角度来说，这些梅花鹿对大连旅游业而言究竟有何意义？大连又该怎样利用这种特殊的旅游吸引物？

一、野生梅花鹿之于大连旅游业的意义

野生梅花鹿对大连旅游业而言，其意义主要表现为：

第一，属于城市生态环境的符号表征物，是大连生态旅游系统的重要组成部分。大连属于一座休闲城市。休闲城市，不仅意味着休闲设施的丰富和休闲产业的发达，更重要的是它与工业或商业发达城市相比，需要具备优良的生态环境和城市洁净度。梅花鹿是自然生态质量评价的重要指标性物种，梅花鹿的存在本身就标志着大连的自然生态环境相当优越，种群越大越能提升大连自然生态环境的优质指标。因此，野生梅花鹿成为优越生态环境的重要符号表征物。良好的生态环境是吸引人们前往体验的重要因素。而在新冠疫情的影响下，大众对生态旅游产品的偏好则更为强烈。同时，野生梅花鹿本身也成为生态旅游系统的重要组成。在2020年之前，野生动物旅游是一个快速增长的细分市场，在全球范围内越来越受欢迎。据估计，2018年全球野生动物旅游部门为全球经济直接贡献了1 201亿美元。从这些角度来看，野生梅花鹿有力地提升了大连市的美誉度，其本身所带来的附加价值则对城市的旅游经济发展有着不可估量的作用。

第二，浪漫之都的具象化表达。大连作为浪漫之都的旅游形象定位已趋于稳固，并在旅游市场中已基本被肯定和认同。该形象定位实际上也为大连旅游篇章的谋篇布局提供了一个主题和引领的方向。大连旅游

空间氛围的营造，旅游产品体系的构建，旅游功能和基础设施的建设，最好都围绕这个主题展开，即在方方面面凸显大连浪漫的形象。在古代，鹿不仅被视为神物，还是美的象征、浪漫的代表。艺术作品，如壁画、绘画、雕塑中都有千姿百态的鹿。甲骨文中鹿字突出一双鹿角。《说文》中提到："鹿，旅行也。鹿之性见食急，则必旅行。"由公鹿、母鹿成双出游衍生出婚姻含义。而"丽"字本来就是与鹿有关的象形字，像两张鹿皮之形，古人嫁娶男方要送女方两张鹿皮作为聘礼，寓意迎娶美丽的姑娘。"丽"字的美丽之义则是后引申出来的。《通鉴外纪》中记载着："上古男女无别，太昊始设嫁娶，以俪皮为礼。"后人称夫妻为伉俪。而俪皮就是鹿皮。因此，野生梅花鹿可谓是浪漫之都天然的、具象化的符号表达。

第三，构建大连新的旅游IP。旅游IP对旅游业而言是特色的元素符号，是独有的形象故事，是吸引游客的核心元素和品牌形象认知产品。在旅游产业逐渐成为国家优先发展的绿色朝阳产业的新形势下，给旅游注入IP，更好地盘活地区资源、整合地区旅游产业、推动旅游产业资本化运作，是未来旅游发展的方向。根据大连市生态环境局曾经发布的消息，大连是国内唯一城区有野生梅花鹿种群的城市。随着野生梅花鹿数量的不断增加，未来的大连很有可能会像日本的奈良市，在山林间、小路边，甚至街道上，都能看见梅花鹿的身影，凭借梅花鹿旅游IP，吸引全国各地的游客，为了一群鹿，奔赴一城而来。

二、大连旅游利用梅花鹿创建新IP的主要构想

一是跳出观鹿创IP。随着野生梅花鹿数量的增多，大连旅游业完全可以利用它们作为新的旅游吸引物。游客来大连旅游，不仅可以观海、体验城市，还可以体验精品的生态旅游线路。建议将梅花鹿自然资源转化为文化资源，谱写一篇创意突出、文旅融合的大文章。观鹿活动促使人们亲近自然，并且从中实现身心恢复。观鹿活动加强了人们对整体自然环境的感知，帮助人们形成与自然环境的亲近感。自然环境中的山川、草木、生灵等能对人们产生柔和的吸引，促进注意力的恢复与身

心健康。而在户外大自然，人们可以暂时远离日常的繁杂，从而调剂生活、恢复动力。这种旅游可以产生亲环境行为，如日常生活中减少塑料制品的使用等。利用好野生梅花鹿资源，构建大连旅游的新 IP 及新生动力系统。但梅花鹿旅游 IP 的塑造，不应局限于自然资源或生态资源本身，而应向文化资源转化。通过文化的注入和精神内涵的提炼，结合市场需求，将它转化为具有积极价值取向、创新特质突出、形态和内容多样的旅游消费产品。

二是跳出旅游创 IP。以梅花鹿为媒，利用大连创建东亚文化之都的契机，与日本奈良市建立友好城市，向世界传递浪漫之都的文化魅力（当然，该构想还应结合多个方面进行通盘考虑）。日本奈良市位于日本中部，奈良县北部，是一座别具魅力的国际知名观光城市，也是一座积淀了千年历史的文化古都，享有"东方的罗马"之誉。日本人称奈良为"精神故乡"和"丝绸之路的东方终点"，拥有诸多唯独在奈良才能体验到的精彩活动。目前，大连已成为"东亚文化之都"，"东亚文化之都"是中、日、韩三国共同发起的以亚洲第一个国际性文化城市命名的活动，是中、日、韩三国人文领域的以重要成果，也是东亚区域文化合作的品牌，它的宗旨是把东亚人民团结在一起，突出东亚文化的丰富性、多样性和共有性，促进东亚地区"文化交融"和"彼此欣赏"，增进东亚民众相互之间的了解，推动"共同亚洲"的形成。奈良也是"东亚文化之都"，目前与我国的西安市、扬州市缔结友好城市。大连或可以梅花鹿为媒，与该市缔结友好城市，加强友好交往，推动产业互融、创新互动、商贸互惠、文明互鉴。

三、大连开发梅花鹿旅游项目的具体建议

落实到具体实践操作层面，可以注意以下四点建议：

第一，可以选择莲花山景区作为梅花鹿文化的集中展示空间。投入一定的资金，对景区进行重新的规划和建设，赋予该空间新的文化主题。比如，在创意垃圾桶的制作、旅游景点导览和解说系统的设计、山顶电瓶游览车的外观造型、索道观光车的外立面装饰、山顶咖

啡馆或特色纪念品的设计，甚至夜间旅游精品（如讲述有关鹿故事的幻光森林）的打造上，可以梅花鹿为主题做文章，从而让莲花山、白云山景区拥有了文化主题和浪漫表现。但一定要强调，要用工匠精神打造精品，把握好开发的度，适当的文化点缀能与自然环境和风景相融合，大面积的表现并不能引起游客的共鸣，反而会因此呈现庸俗和造作感。目前，还应该有意识地开始培育一些特色活动项目。比如，一些志愿者利用喂养野生梅花鹿的机会，有意识地加入吹号行为，通过日复一日的训练，形成吹号聚集鹿群，为将来特色的"吹号招鹿节庆活动"奠定基础。

第二，打造泛景区概念，深入挖掘鹿文化，将梅花鹿的主题文化概念表现的空间延伸至莲花山脚下的街区，唤起社区参与意识，构建更加健全、庞大的产品体系。生态旅游发展的一个重要理念是强调旅游发展对旅游目的地社区的积极贡献，要让社区居民有获得感。通过宣传教育，发挥特色商铺的示范效应，让街区的商铺自觉地、有意识地利用梅花鹿文化，营造出一个主题鲜明、特质突出、差异明显的特色文化街区和浪漫空间，但这个街区不一定非得强调以旅游业态为主导，可以运用"+旅游"的思维对某些业态进行升级。

第三，做好梅花鹿 IP 形象设计和推广。结合大连浪漫之都的形象定位，考虑重点市场细分人群的审美偏好，设计好梅花鹿的 IP 形象，扩大梅花鹿 IP 的曝光度，让其身影出现在一些大型活动现场，如大连国际马拉松比赛等，在电视、广播等传统媒介上投放系列宣传片和宣传海报，在微博、微信等台平上进行推广，在博物馆、科技馆等文化机构投放广告，在音乐厅、剧院表演梅花鹿主题的音乐剧或话剧等，与博物馆合作开发梅花鹿文创衍生品。

第四，利用旅游收入反哺梅花鹿保护，不仅在保护梅花鹿的同时，还涉及了各种生物物种，加大了对生态系统的保护。除发展旅游增加收入、筹措资金之外，还需要国家专项财政拨款支持，鼓励民间社会资本的投入，如建立梅花鹿保护公益基金、爱鹿组织等，让有能力的爱护、保护环境的组织和个人参与到梅花鹿保护区的建设。

四、观鹿旅游项目创建中的注意事项

在观鹿旅游项目的创建中，建议把握好以下三个坚持：

一是坚持以保护性开发为前提。我们需要认识到，旅游是把双刃剑，它在保护环境的同时，又会因旅游活动本身及其过度开发而对生态环境造成破坏。所以，在开发观鹿旅游项目时，一定要遵从保护性开发的前提；在开发过程中，不建议做大体量的建设，一些必要设施如观鹿屋、解说站、解说导示标牌等应采用生态友好材料，最大程度地避免造成对生态环境的破坏，促进人与自然环境的和谐共生，否则就违背了旅游开发的初衷。

二是坚持重要市场导向原则。笔者建议这个项目将年轻人（尤其是"Z世代"）、研学旅游者、亲子游游者视为重要的目标细分市场，旅游开发中的产品设计最好符合这些群体的审美情趣以及满足他们的旅游消费偏好。

三是坚持环境保护意识培养的宗旨。观鹿旅游属于生态旅游范畴。这种生态旅游项目发展的目的，并不是为了满足游客的好奇心，也不是为了满足投资者、开发商的经济利益，而是体现这种旅游项目的教育意义，旨在提高人们的环境保护意识，爱护动物，热爱大自然，并借此培养人们在日常生活中的亲环境行为。

案例4：辽阳弓长岭区旅游主题定位与发展转向

目前，辽阳弓长岭区已委托北京的一家规划公司编制完成了全域旅游发展规划。这个规划着重提到了几个重点旅游景区该如何发展，但整个规划文本自始至终没有谈到该地区的旅游定位问题。这项规划给笔者最大的感觉是，它少了一个主线，一个能够把弓长岭区主要的旅游资源与产品串珠成链的主线；或者说，它少了一个主题，一个能统领整个弓长岭区旅游，进而创作一篇观点鲜明、前后自洽的文章。在笔者看来，这个主线或这个主题很重要。这就好比大连打造"浪漫之都"，从理论上来说，在这个主题的引导下整个城市都应围绕"浪

漫"主题进行谋篇布局。缺乏统一的主题，就缺少了一个方向上的统领。如果任由各个片区天马行空、信马由缰地去创作，很有可能最终会把自己弄成一个"四不像"，进而无法在游客心中形成一个鲜明、统一的认知形象。

从资料来看，弓长岭区旅游似乎在主打两张牌：一张是冰雪旅游牌，另一张是温泉旅游牌。但在笔者看来，无论是前者还是后者，这两张牌都不能看作是王牌，它们都面临同一个问题，那就是竞争者太多，产品同质化现象严重。

冰雪旅游很难承载起弓长岭区的旅游形象。冰雪旅游这几年的确很火，2015年国家提出要让3亿人上冰雪。根据最新的统计数据，2021—2022年，我国冰雪休闲旅游人数确实达到了3亿人次，带动的旅游收入超过3 000亿元。但真正的问题是，弓长岭区冰雪旅游所要面临的竞争者实在太多了，远的地方，黑龙江、吉林、京津冀、新疆以及南方其他地区都有很多的滑雪场，四川的峨眉山、云南的玉龙雪山等降雪的区域也推出了冰雪旅游产品，甚至在上海、杭州、武汉、重庆、绍兴、洛阳等冬季少雪的地区，甚至不降雪的城市都建有室内滑雪场。近一点的竞争者有沈阳怪坡、棋盘山滑雪场等。幸好弓长岭区冰雪旅游和温泉产品联姻，有了它自身的特色，否则它将很难生存。冰雪旅游不能承载形象定位的另一个原因是，它容易带来形象遮蔽问题。一看到冰雪旅游，人们就联想到冬天，这已经给人造成了刻板印象，哈尔滨旅游现在最头疼的实际上就是它的冰城形象。所以，弓长岭区在旅游宣传上，冰雪旅游品牌可以做，但不能突出地做，否则就会人为性地造成季节性旅游难题。冰雪旅游可以做小的口号，但不能将它放到最高位，而且在宣传的时候，应尽量提升游客的认知，即各个季节都能够滑雪，打破游客的刻板印象。而温泉旅游这张牌，实际上也不太好做。曾经一段时期，辽宁旅游的发展战略是将辽宁建成温泉旅游大省，使得温泉旅游景点在全省各地开花，到处都建设温泉项目。截至2019年，已建成省级温泉度假区3个，建成温泉小镇8个，全省内规划温泉项目100余个。所以，从上面的分析来看，虽然温泉资源、冰雪资源都是弓长岭区的重要旅游资源，但将它们纳入全省范围来审视并不具有排他性或垄断性。

当一个旅游地没有精品级的旅游产品来支撑形象时，或许它的形象承载就需要仰仗或借助旅游产品的组合与叠加，即考虑综合性。对弓长岭区而言，这个具有统领性的主题是康养。目前，在弓长岭区的旅游宣传口号——"福地弓长岭，秀美大汤河"中，它已明确把自身定位为一块福地，但这个口号可能还不够好。一是它的形象刻画不够准确，并没有清晰地向消费者传递这是一个怎样的福地；二是大汤河景区并非极具特色或者其资源级别并不算高，对它的突出很有可能带来对其他旅游产品形象的遮蔽。为此，笔者建议弓长岭区将旅游形象定位为"现代都市人休闲康养、愈心强身的有福之地"，旅游营销口号可以初拟为"休闲康养福地，秀美生态花园"。这个主题具有一定的包容性和统御力。在该主题与定位的统领下，弓长岭区旅游重点谋划休闲康养，建立包括"温泉养生""冰雪健身""森林愈心""乡村慢活""寺庙禅修"等一系列休闲康养精品，利用同主题的康养产品体系构建、稳固、叠加、放大弓长岭区休闲康养福地的旅游形象，形成区域品牌，并在微度假的日趋兴起的态势下，利用弓长岭区一小时经济圈的优势去吸收沈阳及周边其他城市客源市场，将它真正打造成这些城市人可以来此愈心强身、休闲度假的后花园。在这个营销口号中，强调生态性，即从区域差异化的角度考虑。弓长岭区旅游一定要跟辽阳的其他区域形成差异，如白塔区以文化见长，而弓长岭区则可大力依托大汤河风景区、太子河风光带、华表山等资源，突出它秀美的生态特色。

弓长岭区旅游在发展的过程中还存在一些问题，需要不断地调整和解决，建议重点做好以下四个方面的转向。

转向1："旅游+"向"+旅游"战略转向。虽然弓长岭区是国家全域旅游示范区，但是要慎重对待全域旅游这个理念。如果一个大区域的角角落落都想着、争着做旅游，发展旅游，不顾及自身的资源禀赋与竞争环境，那么它可能很难带来收益，甚至会造成资源的浪费。全域旅游所带来的一个思想是，以旅游为主导，然后再融入其他产业。但是，旅游业是一个对外部环境非常敏感的产业，甚至有人认为它是一个脆弱的产业。近几年，我们很清楚地认识到了这一点：一个地方过度依赖旅游业是不好的。所以，笔者更倾向于建议"旅游+"向"+旅游"转变，即根据资源条件等情况进行判断，在做好自身产业的同时，可以延伸旅游功能。但是，如果延伸旅游功能，就一定要做好、做精，否则会失去旅游的吸引力。

转向2：旅游体验的迭代升级转向。雷锋纪念馆、弓矿公司工业博物馆等给游客的体验方式还是单向的、静态的观看，缺少双向的、互动式的参与。这对当代人（尤其是"Z世代"）来说是缺乏足够吸引力的。他们想要的是参与性的体验，做一天活雷锋、当一天矿工，才是他们想要的，而不是邀请他们去观看那些摆放在展柜里的展品。

转向3：旅游的地方文化融合转向。从旅游内驱力的角度来看，旅游者的出游实际上是为了寻找一种差异性的体验。也就是说，旅游者是为了在旅游目的地寻找一种有别于其惯常生活环境的体验。挖掘地方性元素、与地方文化结合的产品有助于形成与其他地方的差异，并真正唤起东道主的地方认同感和自豪感，心甘情愿地支持旅游地的发展。比如，弓长岭区旅游不仅吸引辽阳本地市场的游客，还想重点吸引沈阳市场的游客，而汤河国际温泉旅游度假区这种极具现代感的建筑、景观（在沈阳应该是到处都能见到的）并没有体现出很有地方特色的文化符号。这些温泉都是有故事、有传说的，这些历史故事、传说只有放在带有历史感的环境场里，人们才会相信它是真的。人们的出游是为了寻求一种真实的体验，但目前弓长岭区旅游并没有营造出这种真实的感觉。

转向4：旅游的创意开发转向。弓长岭区有那么多的温泉，如果每一个温泉都无法形成自己的特色，彼此之间不产生差异，那么它们很容易陷入同质化竞争。在同类产品中，知名度高、体验好的产品就会对其他同类产品形成遮蔽效应。不少的温泉旅游项目似乎并没有充分认识这一点，也没有凸显各自的差异与特色，很多的温泉项目更是活生生地把自己打造成仅具泡澡功能的"大澡堂"。从独特性的角度来说，温泉旅游应该做出特色和文化。在一个大的区域环境下，当地方文化都是一样或相似时，就需要创意来形成差异。比如，以弓矿公司工业博物馆为例，传统的规划思维就是利用它的本底，打造符合其资源禀赋的工业旅游产品，但它是可以活化利用的，如南京汤山矿坑公园就拥有温泉体验项目。

第六章　心流体验：旅游中的最优状态

　　很多的旅游者希望通过出游的方式能从日常生活中走出来，通过非凡之旅而收获体验上的高回报。而令旅游企业管理者感兴趣的是，如何为游客创造一场愉悦的、记忆深刻的最佳体验。在这种体验状态下，旅游者的整个身心向世界敞开，心灵完全沉浸于旅游场中，积极地与场中的人、事和物互动，身心得到完全的放松，达到忘我般的存在，感受不到时间的流逝。在马斯洛的理论中，这种体验的最优状态被定义为高峰体验。著名的积极心理学家契克森米哈赖（1975）则将它概括为"心流体验（flow experience）"，并提出"心流理论"，此理论在第一时间就吸引了旅游学者和行业实践管理者的关注，之所以受到二者的青睐，是因为它为游客创造的一场最优体验或是旅游的根本。另外，心流与旅游中的最优体验似乎具有某种天然的联系。国内学者谢彦君（2015）将"flow"这个概念翻译为"畅爽"，并指出游客体验的最佳模式是达到"畅爽"的状态，认为如果个体能够在旅游时完全沉浸其中以至忘记时间的流逝，那么可以说其收获了畅爽。本章重点对该理论进行阐释，并结合案例解释该理论如何指导旅游体验设计。

第一节　心流理论概述

　　"心流理论"的起源，可以追溯到契克森米哈赖开展的一项研究。1975 年，契克森米哈赖采访了某些专业或业余的舞者、国际象棋选手、攀岩者、外科医生以及其他群体，这些受访者都描述了他们在参与各自喜欢的活动时，在执行或完成某项任务期间所产生的一种深深投入的状态和感觉，这种专注的心理状态常常与喜欢、享受、自我意识的丧失联系在一起。在访谈中，有受访者将这种状态称为"一股洪流带领着我""就像流水一样自然、舒心的感觉"，因此契克森米哈赖借用"flow"这个英文单词来表达。"flow"中文译为流动、流通、连续、不断地前进、顺其自然地进行等，将它翻译为"心流"能较好地理解契克森米哈赖的理念。从这个概念的产生来看，心流体验指的是人们在从事具有挑战性或技能和难度相匹配的活动和任务时，由于人们的专注和全身心的投入，使其沉浸其中，自我与世界浑然一体，进入了一种忘我的境界，忘记了时间的流逝，内心获得了非凡的享受。但需要注意的是，这里的活动并不一定专指攀岩、冲浪等休能方面的活动，而像旅游中的审美也是一种活动，它也可以让审美者集中注意力、沉浸其中，调动审美者的理解、想象与反思等思维技能。契克森米哈赖认为，这种最优状态不一定完全在顺境中才会发生，而且这种体验并非指向的就是愉悦，如游泳健将在最刻骨铭心的比赛中，可能会觉得肌肉酸疼，肺腑几乎要迸裂，说不定还疲倦得差点儿晕倒——但这可能是他一生中最美妙的一刻（契克森米哈赖，2016）。马斯洛（1965）也关注到这种奇妙的体验，并将其命名为"高峰体验"，并表示这种体验可能是瞬间产生的、压倒一切的敬畏情绪，也可能是转眼即逝的极度强烈的幸福感，甚至是欣喜若狂、如痴如醉、欢乐至极的感觉（汤丰林，1998）。中国传统哲学也有相似的论述，如老子所说的"天人合一"、庄子所说的"物我两忘"，就是强调审美主体与客体之间的浑然一体、相互统一的特性。

契克森米哈赖系统性地讨论了心流体验，并指出完整的心流体验具有九个要素，分别是：（1）清晰明确的目标。对当前行为的动机具有明确的认识，并且清楚地知道此行为可以达到什么样的目标。（2）及时有效的反馈。参与者能够明确当前行为的正确性与有效性，使其对之后的行为具有强烈的控制感。（3）技能与挑战的匹配。当前行为与参与者自身能力的匹配，并能稳定在一个较高的水平。（4）行为与意识的融合。参与者完全融入当前行为中，并自动忽略其他环境因素。（5）专注。参与者高度专注于当前行为。（6）潜在的控制感。参与者在当前行为发生的过程中能够凭借潜意识反应控制自身行为，从而获得掌控感。（7）丧失自我意识。忽略自身其他不参与当前活动的感官，完全沉浸在当前的活动中。（8）时间感异常。忘记时间的流逝。（9）发自内心的参与感。行为基于参与者的主观内在动机。学者们在分析这些要素的过程中，逐渐得出一个具有共识性的观点，即要素中包括前置因子、体验因子和结果因子。其中，清晰明确的目标、及时有效的反馈、技能与任务挑战的平衡均属于前置因子，即属于心流体验发生的条件；行动与意识的融合、专注和潜在的控制感均属于体验因子；丧失自我意识、时间感异常和发自内心的参与感则均属于结果因子。心流体验过程图如图 6-1 所示。

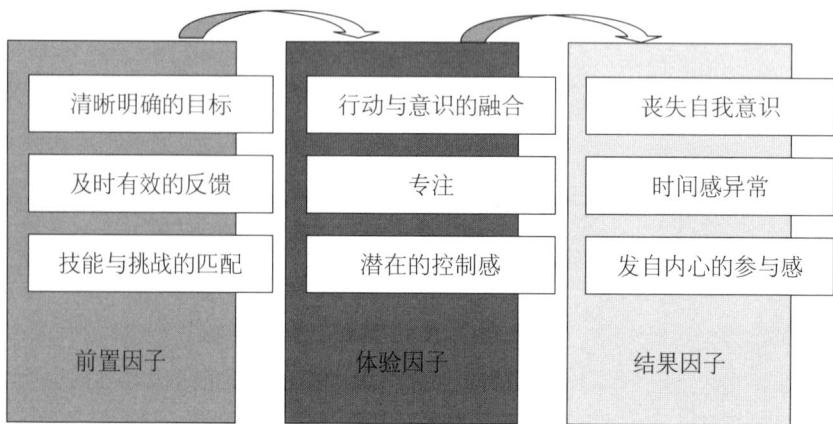

图6-1　心流体验过程图

第二节　清晰明确的目标

心流体验之所以能达到完全的投入，是因为目标明确。动机理论指出，当目标越清楚明确，且目标价值越大时，参与者就会产生参与的兴趣。参观博物馆的旅游者，他们的内心有一个目标：沿着线路走下去，就会收获新奇和知识。游客到访传统古村落，为的是呼吸新鲜的空气，欣赏优美的风景，了解村落的历史和文化。在乡村旅游过程中，参与"做一天农民"的活动，割稻、打谷、吃长桌宴，为的是体验乡村的生活方式。旅游产品的设计，就是需要认识旅游者的体验诉求，设计相应的旅游产品与体验路径，进而达到旅游者的目标。

关于目标问题，需要说明以下两点：

第一，目标除了清晰之外，还应具有一定的高度或挑战性。目标设定理论认为，具有挑战性、合理的目标可以提高个体的自我效能感（杨莹和王延松，2023）。如果目标比较简单，个体往往会失去探索的兴趣。今天的游客或许不再对走马观花、蜻蜓点水式的旅游方式感兴趣，而是强调通过一场深度的旅游体验，在感官、情感、知识等方面有更多的收获。近年来，旅游界兴起一种旅游剧本杀的体验产品，即以游戏、剧本、完成某项任务的方式让游客沉浸旅游场中，这种旅游活动具有一定的挑战性，并能让游客获得对这个地方的深度体验。比如，以莫高窟为背景的剧本杀中，车窗外，孤烟大漠，老树昏鸦，身着古装的游客们以全新身份在月牙泉找线索，以飞天造型在莫高窟搜证据，在现场与真人扮演的服务型角色互动，这让游客在景区内旅游的同时，探索不同的故事，体验"另一个时空"。但是，这个目标需要根据市场细分人群的平均水平来设定。这里强调两点：（1）不同的人群，设定的目标是有不同要求的。一般来说，成年人的技能要高于儿童，因此当市场细分人群是儿童时，应该设定针对儿童群体的目标。（2）应该认识到在儿童群体中也是存在个体差异的。因此，目标不应过高或过低，在满足一般性水平的同时，要考虑一定的挑战性。

第二，设定了清晰明确的目标后，还需要设计一定的支持系统，以帮助个体达成目标。举例说明，游客没有到达旅游目的地之前，可以通过网络上的旅游指南了解旅游目的地的相关信息，掌握可以利用哪些交通工具、通过哪些路线到达旅游目的地；而在旅游目的地，游客利用导向标识、旅游手册、景区地图、智能手机 App 等，自主、快速地发现经典的景点。或许是由于景区缺少健全、完备的导览、导引系统，导致游客就像无头的苍蝇那样乱逛乱转，既无目标，又无法辨认所在的位置以及前往的方向，这必然难以生成心流体验。张琦悦和曹田（2020）在考察莫高窟景区游览线路时有过相似的判断，他们指出，莫高窟除了导向指示牌外，洞窟编号是唯一景区引导性标识，然而莫高窟内的编号交错混杂、不易辨别，导致游客无法系统性地观赏与研究敦煌莫高窟。

第三节　及时有效的反馈

契克森米哈赖（2017）提到了反馈的重要性，他列举了马西密尼教授所开展的一项针对盲人妇女团体的研究来说明该问题。这些妇女很多是先天失明者，她们最常提及的心流体验是盲人点字读书、祷告、编织或装订书籍等，因为她们看不见周边进行的活动，所以比视力健全的人更需要明白，她们所做的事是否已经实现。我们提到过，心流体验的形成需要设置清晰明确的目标。同样，在目标达成的过程中以及结束时，还需要有及时有效的反馈。任务期间的即时反馈可以促进心流。但要注意的是，这种反馈应是积极的、正面的。负面的反馈可能减少心流发生的可能性，因为这种性质的反馈会导致个体对完成任务失去信心（Hohnemann et al.，2022）。反馈既是目标达成的奖励，又是促进目标达成的保障。当反馈充分时，个体能够评估、调整他们对目标要求的方向和水平。对在厦门鼓浪屿岛上体验的青年游客来说，他们除了观赏海礁嶙峋、岸线逶迤、山峦叠翠、峰岩跌宕之外，还热衷于到访岛上的一个个文艺小店，如张三疯奶茶店、潘小莲酸奶、号外等，我们会发现他们的手上会携带一本盖章本，走街串巷一个店挨一个店地寻找这些文艺范的特色小店，并郑重其事地在盖章本上盖上每家店铺的专属章。当他们完成了一项项的任务后，每个人的脸上都会表现出心满意足的神情。这些属于探访鼓浪屿青年游客的目标与反馈。

旅游者体验后的反馈，不同于企业员工的诉求，他们一般不需要物质的奖励，而是满足于一场体验后的收获，表现在身体、心灵等多个维度。不同的人，他们所需要的回馈是不一样的。有些人可能只需要网红打卡，收集"地方"，而有些人则需要深度探索，加深认知。旅游企业可以通过旅游者的姿势、脸部表情、声音等来判断其产品是否给予了旅游者很好的反馈。

第四节　技能与挑战的匹配

契克森米哈赖（2017）在研究中提到了技能与任务挑战问题，并在该理论的最初阶段认为，只要任务挑战和技能保持平衡时就会产生心流体验（如图 6-2 所示）。

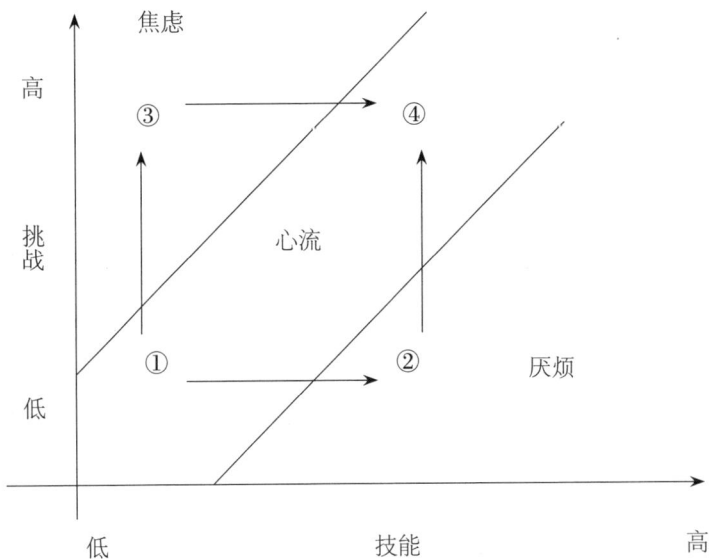

图6-2　心流体验发生的三通道模型

在这个三通道模型中，我们看得出来，如果旅游者的技能低于某项任务或活动所带来的挑战，那么旅游者会产生焦虑、不安，甚至畏惧的心理；反之，如果旅游者的技能高于某项任务或活动所带来的挑战，那么旅游者会产生乏味、厌烦、没有激情的心理。从图6-2中可以看出，如果旅游者在焦虑的位置（③），那么要想达到心流，只有一个选择，即提高自己的技能；如果旅游者在厌烦的位置（②），那么只能通过加强任务或活动的挑战性来达到心流。但这个模型在马西米尼和卡利（1988）的眼里，还有需待完善的地方。比如，当个体挑战的难度与其技能都处于较低水平时，很难产生心流体验，反而会带来一种冷漠的负面情绪；反之，当个体挑战的难度与其技能都处于较高水平，且二者处于平衡状态时，才会产生心流体验。

为此，马西米尼和卡利对契克森米哈赖的三通道模型进行了完善，构建了四象限模型（如图6-3所示）。

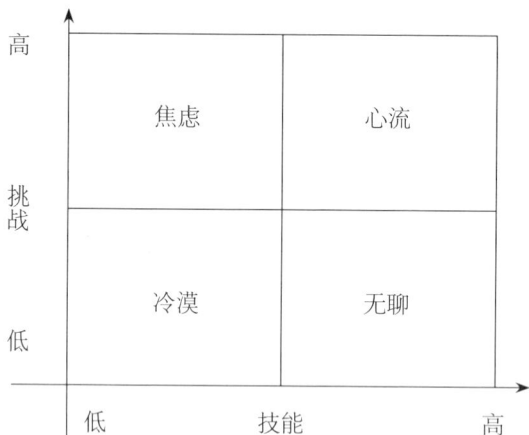

图6-3 心流体验发生的四象限模型

在这个象限图中，我们可以看出马西米尼和卡利主要修正了契克森米哈赖的最初构想：当挑战难度较低，且挑战者的技能也比较低时，个体往往会产生冷漠的情绪，即对这种活动漠不关心；而心流体验则是在技能和任务挑战都处于较高阶段并达到平衡的状态下发生的。

在四象限模型的基础上，马西米尼和卡利又对心流体验进行了更加深入的研究，全面分析了任务挑战与技能的关系，最终得出八种组合关系，称之为八扇区模型（如图6-4所示）。

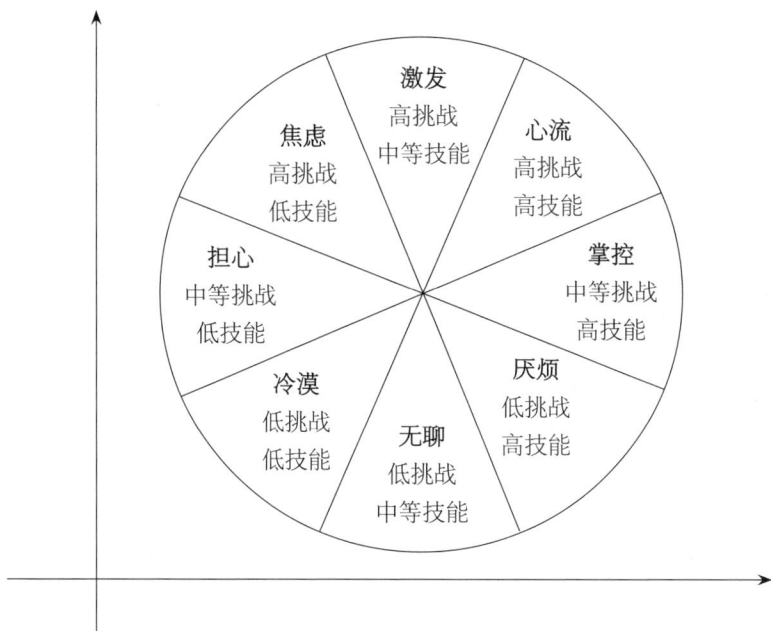

图6-4　心流体验发生的八扇区模型

当个体处于高技能、高挑战时会产生心流体验，此时个体会达到一种享受忘我的状态；当个体拥有高技能却应对中等挑战时会产生一种完全掌控全局的愉悦感；当个体处于中等技能却遇到高挑战时会激发他的挑战心理，通过提升个人技能达到心流体验；当个体处于低挑战、低技能时会失去兴趣而放弃体验。对旅游者来说，要想让他们产生心流体验，可以尝试以下策略：第一，提升技能。除旅游者自身付出努力之外，重要的是旅游企业应该帮助旅游者提高旅游者的技能，如提供更为清晰的指导等。第二，增加挑战性。张琦悦和曹田（2020）在利用心流理论指导莫高窟景区体验式设计时指出，在游览过程中设置关卡，让使用者置于需要做出选择的环境下，从而激发游客继续探索或做出改变的观念，像游戏闯关环节一样，产生心流体验。比如，在选择朝代后，由该朝代典型的人物展示考题，以游客的回答来决定其进入石窟参观的原始积分，了解该朝代的知识越多，所得的积分越多；反之，如果答错问题或出现不文明行为则给予相应扣分，游览完毕后展示所有游客的最终得分进行排名。

关于技能与任务挑战的平衡问题，还需要说明的是，由于契克森米哈赖讨论的是完成某项任务，如绘制一幅图画、下一盘象棋、跳一段舞蹈、做一台手术、攀上某座高峰等，但旅游者的旅行或许不局限于拥有一段参与活动的经历，观赏也是旅游心流体验的一个重要途径。在观赏的过程中，旅游空间的氛围、场景或某个景观，都很有可能让旅游者被当前的美色所陶醉，沉浸其中，忘乎所以。比如，刘佳倩（2020）在分析上海证大丽笙酒店的空间设计带给顾客的心流体验时做出以下这般描述：

顾客到酒店的餐厅用餐之际，明亮的大窗结合开放的空间结构更是相得益彰，落日洒在做工精巧的器皿上，数个艺术彩片从拔高两层的天花板有序悬挂而下，站在不同角度看，都会形成不一样的美妙画面。空间的热情被对比强烈的色彩撩拨到了极点，顾客处于这样的空间设计之中，"心流体验"不唤自来。

从刘佳倩列举的这个例子中可以看出，顾客心流体验的形成未必需要牵涉到技能和任务挑战问题，置身于这个场景下审美者的心流体验是不请自来的。

第七章　旅游体验与仪式感

　　在格雷本看来，旅游是一场神圣的游程。这种神圣的游程好比仪式，旅游者在旅游世界经历了种种体验后，获得了与日常生活不同的体验与自我的改变。格雷本的这种论断似乎为旅游体验增添了严肃的基调，但也揭示了旅游者的体验不局限于带有娱乐性质的游戏，而且这种体验往往让旅游者的记忆更为深刻。本章首先阐释旅游与仪式的关系，由此理解为何将旅游看作是一场仪式。其次，重点解析旅游者仪式感的生成所必须具备的要素，即剖析怎样才能让旅游者获得仪式感。

第一节　精神中心的朝觐

　　人们为了证明自己对信仰的虔诚和对神的崇敬，为了求得心灵的安慰或精神的救赎，往往会朝觐一些圣地，如寺庙、神圣景观或具有神圣文化的地方。朝圣指的是宗教信徒为表达对神的崇敬，满足自己与神契合的强烈愿望或完成内心诺言而对心目中的宗教圣地进行专门拜访。在这个过程中，朝圣者以普遍被认为能与神进行交流的方式履行相应的程式与仪式，并通过自我暗示和自我知觉方式实现心灵的净化与灵魂的升华。朝圣在信徒的生活中具有特殊的意义。对一部分宗教信徒来说，朝圣甚至成为他们毕生的追求，他们愿意倾尽自身的财力和精力，进行艰苦的朝圣活动而无怨无悔，因为在他们看来，这是能够与神相遇和沟通的过程，是表示自己对神的虔诚的最好体现方式。同时，一些宗教为了体现自己的权威和扩大影响，也会暗示或公开鼓励信徒开展朝圣活动，并为他们的朝圣活动提供各种便利，甚至精心策划朝圣的线路。比如，在伊斯兰教中，朝圣被视为"五功"之一，凡有经济能力的自由的成年人，一生中必须去麦加朝觐一次；前往天主教圣地朝拜的信徒在整个中世纪络绎不绝，天主教徒去往耶路撒冷、罗马、科隆、夏尔特、坎特伯雷等宗教圣地进行朝拜的旅行活动，成为欧洲大陆上一道独特的景观（王永忠，2004）。我国西藏地区拥有大量的寺庙，庄严且气势不凡，空气里似乎都弥漫着宗教文化的气息。不仅当地人有磕长头朝圣的习俗，每年来西藏朝拜的游客也络绎不绝。藏族民歌中有描述磕头朝圣的内容，歌词大意为：

> 黑色的大地是我用身体量过来的，
> 白色的云彩是我用手指数过来的，
> 陡峭的山崖我像爬梯子一样攀上，
> 平坦的草原我像读经书一样掀过……

在朝圣者看来，这样的朝圣是在寻找"精神中心"，是一次意蕴隽永的灵魂之旅，从而获得精神上的"超然"与"新生"。瑞士籍德国作家赫尔曼·海赛在他的《东方之行》一书中写道，每次朝圣都属于人类心灵永恒追求东方"光明家园"的一部分。以色列旅游社会学家科恩（2007）使用了"精神中心"这个概念，用来解释旅游者对该中心的向往和追求。而在科恩的眼里，现代人生活的地方往往是"去中心化的"。也就是说，现代人的日常生活世界是不真实的，是一个意义感丧失之域。诸多哲学家对此也有批判，批评原本出现在古希腊神话中"天地人神"和谐共生的美好画面已不复存在。

在古希腊哲学家的眼里，万物皆有灵魂，由于灵魂的存在，被神力赋予的自然因此而注满了充沛的生气。在古希腊神话中，人类与众神相伴，过着田园牧歌式的生活。但进入17世纪以后，形而上学的一再失败和实证科学在理论与实践上不断获得的成功形成了鲜明的对照，使得现代人开始沉迷于科学、科技所造就的"繁荣"。但这种进步和"繁荣"引来一批哲学家的批判与反思。席勒（2005）悲叹于古代魅惑世界的消失，并指出古希腊神话里焕发着爱与美之魅惑的众神逐渐隐退，原本生机勃勃、充满欢乐的世界变得黯然失色、灰暗冷漠，人类在日常生活中已经失去了对现实世界的诗意和审美的感受能力。胡塞尔（2005）也表达了类似的担忧，他批判了伽利略给世界所带来的自然的数学化改造，以及由此而引发的人的生活意义的消失。现代社会是被"祛魅"的，由于现代人依赖"科技方法与计算"来解释世间现象，日常生活中这种对理性的过度关注，导致"神秘的、不可测量的力量"消失，以及幻想、浪漫和魔幻空间的减弱，现代人生活在"一种前所未有的控制"编织起来的"铁笼"中（韦伯，1987）。现代人的这种生活状态，在海德格尔（1996）的眼里，已经不再属于"诗意地栖居"。而现代技术对人类的生存根基"大地"和生存环境"自然"的毁坏，又造成了现代人的"无家可归"，即家园感的丧失。因此，现代人日趋想要逃离自己生活着的、熟悉的地方，并认为远方存在"精神中心"。这个位于日常生活世界之外的中心，拥有与日常生活环境不同的事物和文化，并因此而发出它的召唤力，吸引着旅游者探访。

第二节 仪式与旅游

在远古时代，由于生产力的落后，人类的生存条件极端恶劣，很难与大自然相抗争，因此人类对自然产生极大的敬畏、恐惧，并将自然神话，运用神话观来解释自然界所发生的电闪雷鸣、山崩地裂与洪水泛滥。出于畏惧掌管自然诸神的心理，人类发明了各种祭祀仪式以讨好、取悦诸神，请求得到诸神的帮助。仪式也就从神话、宗教中产生，后来扩大至人类的世俗社会，几无不至，大至国家庆典，如阅兵仪式，小至个人事务，如出生、满月、周岁、成年、及第、毕业、嫁娶、做寿、丧葬等一系列的人生礼仪，甚至言语上的问候。也就是说，人类仪式已包罗万象，它的范围越来越大，而宗教意义的仪式只是仪式谱系的一小部分。

有关"仪式"概念的定义有很多。不同的定义对概念的界定有所不同。比如，《辞海》条目中对"仪式"一词给出的解释是，礼之秩序形式等。《简明文化人类学词典》将"仪式"定义为："按一定的文化传统将一系列具有象征意义的行为集中起来的安排或程序。"还有学者指出，仪式通常被界定为象征性的、表演性的、由文化传统所规定的一整套相对固定的行为方式（田敏和撒露莎，2015）。从这几个定义来看，它们都强调了仪式具有特定的程序或秩序。而有些定义则强调了仪式所具有的功能或影响，如仪式是一套条理清楚的象征行为，它对个人或社会群体具有真实的转变作用。这种对个人或社会群体的转变作用表现在多个方面，如国家的阅兵仪式能够唤起群体的爱国主义情怀和民族自豪感（郭云娇等，2021）；藏民在"玛尼"仪式期间身体力行地转经、唱诵"玛尼"真言，让自己的烦恼得以消除，增强彼此之间的团结和内聚力（杨机卓玛，2021）。

为何仪式具有如此功能？涂尔干（Durkheim）的"神圣世界"和"世俗世界"二元世界观可以对此给予一定的解释。神圣世界中包含神圣事物，世俗世界中含有凡俗事物，神圣世界中的事物在尊严、力量和声誉等方面要高于凡俗事物（涂尔干，2017）。仪式在某种程度上实现、强化了神圣事物和凡俗事物之间的分离（如泡温泉之前要洗净身体，洗掉凡俗的痕迹，没有沐浴干净的身体是被禁止入温泉池的），并使人从世俗生活进入神圣生活。进入神圣世界的人，才能有机会与神建立起亲密的联系。庙堂和圣殿是神圣事物的一种，未经过神圣洗礼的人是不可靠近的，在圣殿里也不可以进行任何凡俗活动。在参加仪式的过程中，与凡俗生活有直接或间接关系的任何事物都不能够进入宗教仪式的场合中。假如他必须打扮自己，那么装饰的物品必须是专为仪式而做的，服装必须是庆典特制的礼服。人们在神圣的活动中会受到感染，而神圣性就会慢慢地传染到自身，当人们在集体活动中近乎沸腾时，由于宗教参与者脱离了凡俗世界，他们在宗教仪典中得以进入另一个神圣的世界，或者感受到自己已经变成了另一个自己。但仪式的过程并非是简单地从世俗到神圣的过渡与回归过程，它需要经过分离、过渡和聚合三个前后相继的阶段以及与各阶段特征相符合的象征性的仪式才能完成，这个过程中暗含着一种生命状态的改变。这个动态仪式称为过渡仪式或通过仪式，其过程分为分隔礼仪、边缘礼仪和聚合礼仪三个前后相继的阶段。过渡仪式表现在地域过渡、时节过渡和个人过渡等多个方面。其中，地域过渡是一个很宽泛的概念。大到从一个国家到另一个国家、从一个省份到另一个省份，小到从一个村庄到另一个村庄，甚至从一个大门外面进入大门里面，都属于地域过渡（罗琳，2019）。在古代，一国向另一国开战前国王都会举行一系列仪式，保证本国军队在异国他乡可以凯旋。那些伴随或带来年、季、月变化的仪式也归于过渡仪式。人们对新年的庆祝最能体现有关时间变化的过渡仪式。在中国，过了农历腊月初八，人们便用整个腊月的时间打扫卫生、整理家务，迎接春节，最终在除夕夜零点，大家纷纷用放鞭炮的形式来迎接新年的到来。每个人都会经历从出生到死亡的过程，一个人从出生前（怀孕）、分娩、诞生、童年、成人礼、订婚与结婚、丧葬都有一系列与自己的成长密切相关的过渡仪式，帮助人们度过成长和生活的不同阶段。在过渡仪式进程中"分隔礼仪"具有重要地位，它是第一个阶段。通过分隔礼仪才能使仪式从正常的、平衡的、稳定的生活世界中分离出来，才能凸显仪式在时空中的特殊性，这也是仪式举行的必要前提。正如一些少数民族的成人礼，首先受礼者离开生活的村庄，住进深山小屋，在时空上实现与日常生活事物的分离，形成成人仪式的分隔礼仪。正是这种时空上的过渡，使仪式变得神秘、好奇而具有"巫术-宗教性"。经历了分隔礼仪之后，受礼者与原来的生活状态分离，转而进入范·热内普认为的第二个阶段，即边缘礼仪或阈限礼仪期，它是第一阶段向第三阶段的"过渡"阶段。范·热内普对此采用"边缘"的概念，恰到好处地体现了仪式中这一阶段与正常、平衡、稳定日常生活状态的相对性。这种相对性主要表现为一种非正常的、不平衡的、动荡的状态，"受礼者进入了一种神圣的仪式时空，它处于一种中间状态或象征性地被置于'社会之外'，不同于过去和未来按照世俗生活准则构造起来的时空"。通过世俗行为规范被悬置或抹去的状态给受礼者的生活一次意外的"震惊"。正是这种震惊打破了个体或群体原有的稳定生活状态，使其处于一种模糊、混乱的状态，然后通过对这种混乱的整理以调适其适应新的生命状态。只有经历这种"破坏性的重塑"调适，才可以获得新的知识和力量。受礼者不可能长期处于游离的"边缘"状态，他们需要通过"聚合礼仪"重新聚合或回归到日常生活。刚果伊肖戈人在生了双胞胎后，孩子和母亲所使用的餐具皆为禁忌，他们居住的茅屋门框上要挂上一块布，门槛边钉一小排涂成白色的木桩，将他们与村落中的其他人隔离开，要经历长达六年的边缘期。当孩子长到六岁时，为他们举行聚合礼仪：脸和腿被涂成白色的女巫和母亲从禁忌的茅屋门口，一个慢节奏击鼓、一个唱歌走向街头，当天晚上，还要邀请全村人聚集到一起唱歌、跳舞、喝酒。只有经历聚合礼仪之后，双胞胎才可以像其他孩子一样到处跑动，与村里人一起生活。通过仪式进程的时空变化，个体或群体原本的社会状态、社会身份及生命任务也会随之发生变化，最终使生命体处于一种新的状态之中。

在西方旅游人类学家的眼里，旅游与人的出生、成年、成婚、晋升、死亡等事件一样，都可以看作是生命历程中的"通过仪式"，是人从一种状态过渡到另一种状态的仪式性事件，具有一个三段式的仪式程序结构：（1）阈限前阶段（分离：离家出行）；（2）阈限期阶段（过渡：旅游现场体验过程）；（3）阈限后阶段（交融：回归生活）。这样看来，旅游不再是单纯意义上的休闲、度假和玩耍，更像一种生命的通过仪式，标志着人生的一次升华，一个新阶段的跨越。格雷本在其提出的"世俗—神圣—世俗"旅游三段论中，实现了仪式和旅游的直接互通与契合。格雷本认为个体在世俗的日常生活中精神已经变得麻木，经过"神圣仪式"之后，个体的精神焕然一新，达到一种"新我"的状态。因此旅游者脱离了日常单一模式，重新进入到一种具有正面的、积极的生活，对旅游者的身心健康大有裨益。格雷本还提出了旅游中的"逆转"现象，"逆转"即在旅游仪式中，某些常见的意义或者规则发生转变甚至消失，并且个体在"逆转"过程中感受到一种愉悦感。游客不仅在仪式中获得了一种愉悦感，还在参与的过程中获得了一种"共睦态"的体验。"共睦态"一词最早见于特纳（1973）所著的《仪式过程：结构与反结构》一书中的拉丁文"communitas"。该概念发端于人类学，

指的是"结构—反结构—结构"仪式过程中间阶段的一种现象，意味着
对现实世界秩序和规则的颠覆与超越，仪式参与者之间由此形成无阶级
和地位的区分并平等相处。谢彦君和徐英（2016）指出，旅游体验共睦
态是旅游者在群体互动的旅游情境中，依循于建构性程式，通过在场的
角色扮演而达到一种共鸣式移情体验状态。由于该词脱胎于人类学的仪
式活动，因此它带有一定的神圣性或宗教色彩。以至于学者指出，不同
背景的人进行宗教朝圣、加入兄弟会或成为反主流文化团体的成员时，
就有可能形成共睦态（Celsi et al.，1994）。但越来越多的研究揭示，该
状态的达成并非限于宗教情境，一些娱乐性、休闲类的活动也能呈现此
种特征，如漂流或跳伞等。具有代表性的成果有：瓦利（2011）发现，
皮划艇运动员经历了一次超越兴奋和挑战的反思之旅，感受到自我与主
流社会的分离，从冒险活动中获得满足感和深刻的精神意义，并成为一
个特别有意义的阈限世界的一部分；庞弗里特（2006）通过对登山旅游
者的分析指出，登山新手在登山时会经历情绪的混乱，在极限状态下可
以体验到正常生活中很少实现的剧烈情感和变化，到达山顶时更会感到
放松和兴奋，所有的恐惧、压抑和虚弱会被抛之脑后；希金斯和哈密尔
顿（2020）对宗教朝圣旅游者的共睦态旅游体验进行了讨论，认为神圣
化的活动体验让人们暂时性地从他们的身份和传统、结构化的规范中解
脱出来，帮助人们与其他参与者建立起特殊的联系，促进其获得更大程
度的信心与信任。

第三节　旅游仪式化与仪式感生成

在最近几年，不少人感觉过年和过节有些无聊或无趣了，"年味
儿"和"节味儿"变得越来越淡。这种情况的发生实际上就是因为这些
仪式带给人的仪式感在逐渐消解，也是由于日常生活变得愈发无趣，才
会有游客将远方视为精神中心，把旅游看作一场仪式。但是，如果不对
旅游产品或活动项目进行精心的设计，旅游者从实地的体验中也未必能
够收获仪式感。这种仪式感来自仪式体验的主观感受，指的是在仪式或
仪式性事件中，人们通过亲自参与或观看并融入特定的仪式情景中，使

其自身的认知情感与行为达到高度一致时所产生的一种蕴含"庄重""肃穆""神圣""神秘""自豪"等复杂成份的心理感受（王晓丹，2015；苗保军，2018）。旅游者所获得的仪式感取决于仪式的性质，可能出现情绪高涨后专注、忘我的状态，也可能出现心如止水、深刻反思的状态。在上文关于旅游仪式的介绍中，已经阐释了两种仪式：一种是将旅游者的整场旅行看作一种仪式，即将旅游本身作为仪式；另一种是旅游者在实地体验过程中经历的某种特定的仪式。无论是前者还是后者，游客要想从中获得仪式感，在一定程度上还得取决于旅游产品或活动项目的设计。本书以旅游中的仪式作为分析对象，尝试探讨游客如何才能获得仪式感，或者仪式感生成的关键要素。

一、仪式空间布景与氛围营造

空间环境暗示着空间的"性格"，当人进入一个新的空间环境时，会感受到空间意境渲染所营造出的特定的空间气氛，从而控制自己的行为方式（苗保军，2018）。因此，最突出的是要让仪式空间表现出与普通空间不一样的具有超常态的特征。换言之，要让游客获得仪式感，最根本的是让他们感觉从世俗空间迈入了神圣空间。比如，游客途经藏民生活的地方，山头上的经幡、路边的玛尼石，以及每家悬挂的经幡，既显现了当地民众虔诚的信仰，又成为仪式空间的重要布景，为这个空间营造了一种神圣、神秘的氛围，令人心生敬畏。再如，肇兴侗寨旅游地的森林、溪河、风雨桥、吊脚楼、鼓楼、梯田，以及穿着民族服饰、跳着传统舞蹈的侗寨人等，为该地共同塑造并表征了一个原生态、真实、神圣、神秘、历史悠久、热情、友好的氛围。所有的这些，都在向旅游者清晰地传递一个有意义的信息：这是一个侗寨人生活的传统村落，而不是车水马龙的都市，让旅游者从原有的家乡惯常环境中解放出来，开始进入特纳（Turner）眼中的"反结构"仪式中。需要注意的是，由于不同的仪式各自承担的功能不尽相同，因此仪式空间也需要营造不同的情境氛围，以此给人带来不一样的心理感受。从性质上来说，仪式包括宗教性仪式、祭祀性仪式、纪念性仪式、政治性仪式和世俗性仪式（如嫁娶）。宗教性仪式给人以神圣感、神秘感和敬畏感，如哥特式教堂建筑，其高耸的内部空间及灰暗的空间意境，为的是与人内心的神圣感和敬畏感等情绪产生共鸣，从而产生仪式感。一些举办祭祀仪式的地方，如寺庙，其建筑通过中轴对称的空间序列，按照山门、天王殿、大雄宝殿、藏经楼等建筑布局，结合渲染意境的植物绿化，使人在前行的过程中，敬畏感、崇敬感等情感不断交替、升华，产生仪式感。纪念性仪式（如国庆节阅兵式）给人以自豪感、崇敬感、缅怀感、同情感和悲痛感。政治性仪式给人以秩序感、威严感。世俗性仪式如嫁娶等给人以满足感、幸福感。从这些仪式中可以看出，空间中的建筑、设施、绿植等成为仪式布景的重要构成要素，它们的原真性、布局方式等都在一定程度上影响仪式感的生成。另外，需要注意的是，仪式活动中参与者及活动表演方式等也都是氛围情境塑造的重要因素。笔者曾经参与过两场阜新蒙古族自治县举办的敖包祭祀仪式，一场是由当地政府举办的所谓官方的祭祀仪式，另一场是由当地村民举办的民间祭祀仪式。比较了这两场仪式的体验感受之后，笔者对民间举办的祭祀仪式印象更为深刻，并认为它带给自己的仪式感更强烈。官方的祭祀仪式设在当地的关山景区，山顶建有一个大广场，广场的上方耸立着一个大敖包。尽管这种空间所营造的氛围能让人产生一种崇高感和敬畏感，但在仪式举办的过程中，一群俊男靓女在广场上跳起现代感的民族歌舞，似乎让这场仪式变成了一场游戏，少了一份庄严感。而村子举办的仪式在离村不远的山坡上，参与者包括穿着蒙古族传统服饰的男女老少，仪式相对更为古老，仿佛在诉说一个久远的故事，神圣感在观者的心中油然而生。氛围的营造不完全依赖于以上有形的物理符号元素，无形的声音同样可以看作氛围营造的重要因素。通过声音体验，让人感知到声音是如何赋予空间与地方以特殊的意义（王义彬和陈毅，2020）。一些自然之声（如风声、雨声、流水声、鸟鸣声、稻蛙声等）以及方言土语、地方戏曲等人为之声，共同建构起了这个地方独有的声音景观，为游客带来一场自然和文化的原真性盛宴。比如，村民们演绎的侗族大歌带给游客排山倒海式的具有崇高感的"壮美"体验，演唱者在表演的过程中，凭借严格的训练和演唱时的默契，一气呵成，这种声音以景观形式强有力地渲染并塑造着仪式氛围，让游客深切地感受到侗族大歌的文化，唤起参与者的认同，尊重乃至敬畏，促使旅游者体验仪式感的形成。

二、神圣化施事

旅游者在仪式体验过程中，使人从世俗生活进入神圣生活，实现从世俗世界向神圣世界的跨越。要让游客具有仪式感，其中一个要素就是要让游客感受到其身份与往常不一样，即为其赋予新的身份。而典型的做法是神圣化施事，即做出让仪式参与主体发生身份改变的行事策略。神圣化施事包括赋予象征物与设置禁忌。从日常生活中的仪式来看，过年的时候换身新的衣裳，过生日的时候戴上寿星帽、吃长寿面，结婚的时候披上婚纱、戴上钻戒……该类做法都是通过物的赋予而让参与者身份发生改变，都具有一定的象征意义。通过象征符号反映出来的是一种与平常完全不同的神圣意义，当参与者的心灵被这些象征意义激活时就会获得一种象征性的身份，这种象征性身份不仅能够为参与者注入新的、超越性的精神能量，而且能够将参与者内心深处的情感全部释放出来（姬茂民，2020）。比如，过年时的新衣象征着辞旧迎新，丢掉过去的不好，迎接新的好运；寿星帽象征着吉祥幸福、健康长寿；婚纱则象征着圣洁、忠贞、喜庆等。而在旅游实践中，游客在狂欢节上涂抹粉彩或戴上面具，穿上盛装，温泉场所悬挂温泉汤种类及疗效的牌子（有功能介绍的需要），这些都是赋予象征物，从而让仪式参与者感受到神圣性。甘肃嘉峪关关城景区内有男子扮演将军开具通关文牒，这位男子身着古代甲胄，在了解游客的家乡和来嘉峪关的目的后，用风趣幽默的语言和游客家乡的地名来给游客书写"通关文书"。在古时候，人们经过嘉峪关时，守关的官员都会核验过关者的身份，并为其颁发相应的通关文书。如今，他扮演"关长"，一方面是传播这段历史文化，另一方面是给游客提供一个具有仪式感的旅游体验。在某种意义上，设置禁忌的目的是增添神圣性、神秘性的色彩，让仪式参与者对仪式产生一种敬畏感。比如，日本人泡温泉前要洗净身体、有文身的人不允许进入公共温泉，以及不能大声喧哗等，为的是表达对温泉神的敬畏和尊重。

三、互动与亲身参与

互动仪式链理论由柯林斯（Collins）提出，他从涂尔干的宗教仪式和戈夫曼的互动仪式等理论中吸取了灵感（李钧鹏和茹文俊，2020）。该理论首先是关于情境的理论，关注于那些具有情感和意识的人类群体的瞬间际遇，其核心思想是：两个或两个以上的人聚集在同一场所，亲身在场，对同一事件产生共同的关注，引发共同的行动，并对局外人设定屏障和界限；通过共同事件的关注或共同的行动，彼此达到并分享共同的情绪或情感体验，个体的情感能得到提升的同时，产生集体兴奋感，并获得群体认同，增进了群体团结（兰德尔·柯林斯，2009）。互动仪式链理论模型，如图 7-1 所示。

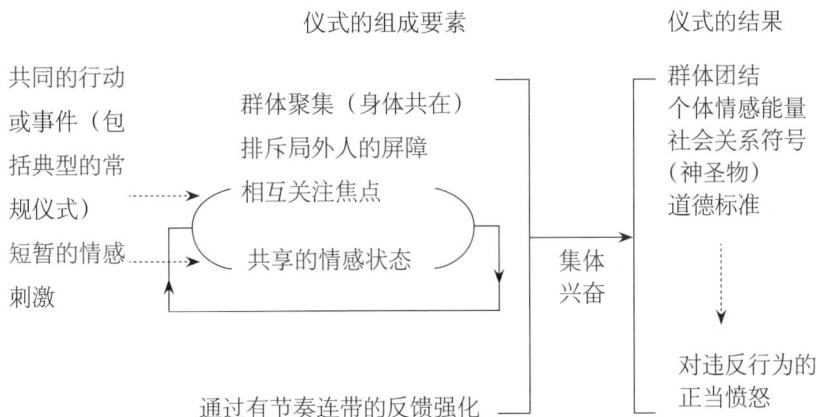

图 7-1　互动仪式链理论模型

资料来源：科林斯. 互动仪式链［M］. 林聚任，等译. 北京：商务印书馆，2009：87.

该理论强调仪式事件的共同参与，尤其强调身体的在场。柯林斯列举了一系列的观察，强调身体在场的重要性。比如，如果葬礼通过电话来举行，由于没有了从其他参与者那里得到直接的视觉暗示——痛苦的身体姿态、流泪的脸庞，所有这些感染性的情感行为都会使人深深地陷入到某种情绪之中，然后开始以泪洗面——葬礼将变得缺少意义。在笔者来看，即使借助更为高级的科学技术让参与者目睹婚礼或葬礼的全过程，但由于缺少了身体的在场及一系列的互动行为，因此我们很难产生强烈的情感体验和仪式感。随着虚拟技术的发展，旅游业已开始设计虚拟旅游产品。尽管这种新业态满足了部分游客不用花费太多的金钱和精力，不用奔赴远方，就能够虚拟性地感受旅游目的地的景观和活动项目，但是游客为赴远方旅游而付出的各种努力其实在某种程度上也是仪式感生成的一项条件。更为重要的是，游客亲身在场的体验，身体的各种感官向旅游世界完全敞开，可以清晰地感受地表的起伏、自然的灵魂以及这个世界的温度。在沙滩狂欢节的庆祝仪式中，游客呼吸着空气中弥漫的大海的味道，踩着柔软温暖的沙子，触碰着凹凸不平的鹅卵石，甚至感受到足部的挤压与疼痛感，在庆祝的高潮时，游客一起携手狂欢、呐喊，甚至相互拥抱。实地旅游中的具身融入及身体参与所带来的仪式感是虚拟旅游不能比拟的。真正的在场让旅游者能够获得与日常生活具有差异的体验感，这种感受甚至在决定出游的那一刻就弥漫在旅游者的心里。

按照柯林斯（2009）的观点，互动仪式是有边界的，边界存在的意义是将异质群体排除在外。在仪式的互动过程中通过设置局外人的屏障，有助于保证互动仪式的稳定性与连续性。但柯林斯分析的情境并非是旅游活动，应该认识到旅游产品的开发在一定程度上要考虑满足旅游者的参与需要。在笔者看来，旅游互动仪式中边界存在的真正目的并不是为了将局外人（仅为外部观众）排除，其目的是：第一，舞台边界的设置是为了让部分游客完成身份的转变和心境的转化。具体来说，为了让适合参与并有意参与互动的游客从身份上由外部观众转变成局内人，并唤起仪式参与者的身份认同感及集体归属感，这样更有益于消除交往双方原有身份和地位上的差异，进而促进仪式感的形成。比如，肇兴侗寨里一些旅游项目的设计为游客提供了诸多让游客成为参与者的机会。首先，村寨门口的"拦门酒"不仅象征着尊重、热情与好客，该符号所传递的意义也意味着这是一种"入伙"仪式。有游客说道："早上9点，仪式正式开始，盛装打扮的侗族姑娘们在寨口摆下拦门酒，每位进寨子的贵宾都要喝过拦门酒才能进寨子。"游客要想成为参与者，他们必须通过这种仪式的参与才能获得身份的承认与认可。其次，旅游者积极与当地居民沟通交流，学习吹奏当地特色乐器，练习扎染，并身着传统服饰与村民一起载歌载舞的行为，都可看作互动仪式中共同活动实践者的身份塑造。第二，舞台边界的设置是为了保持舞台的严肃性和神圣感。也就是说，并非所有的仪式表演都适合游客参与互动，或者是某些仪式表演效果的最佳呈现，不应非得强调游客成为共同的表演者。至少有两类活动不适合：一是专业性强的活动，如侗族大歌；二是神圣色彩浓的活动，如踩歌堂。因此，从这个角度来看，舞台边界的设定是为了形成屏障而让游客保持外部观众的身份。而该屏障的设置，本质上是为了保持某些仪式的严肃性和神圣感。从这个角度来说，这种排他性的仪式让游客在获得敬畏体验的同时，还有助于东道主群体在仪式的互动过程中产生仪式感。

互动仪式理论的核心机制在于高度的相互关注，即高度的主体性与高度的情感性连接在一起，从而形成团体成员的身份感。符号中所蕴含的身份象征成为情感的催化剂，促进了群体之间产生紧密的情感联系。在仪式互动的过程中，人们活动的目的具有一致性、相似性与趋同性，这种因为"共同目的"而彼此互动的仪式过程，使得群体之间在日常生活中原本消失的情感再次被唤醒，在仪式中情感因素被逐渐增强，这些符号化的表征有助于增强群体团结。肇兴侗寨给游客提供了诸多群体互动的机会，包括具有民族传统特色的长桌宴、蜡染制作、包粽子等活动，以及带有乡土气息的、同当地村民一起抢鸭子的游戏等。刘梦颖（2020）在观察侗寨某个村子的上梁仪式时做出了以下记录：掌墨师先握着大公鸡念，每念一句话，众人都要应和"好啊""有啊"，随着仪式推进，应和声也越来越响亮。成功的互动仪式不仅需要身体在场，还需要群体对于共同的事件给予共同的关注，在短暂的情感刺激下带来相互关注的焦点与共享的情感状态。

四、仪式体验中的深度连接

在仪式体验过程中，神圣感、敬畏感等情感的生成，不但取决于仪式空间中场的要素释放，还需要旅游者深度融入，积极地与仪式中的要素进行深度连接（包括与自我、他人、景观和活动等），才更有助于让游客获得仪式感。这将是一种更高境界的达成。因为仪式感的生成，不仅是让游客获得一场与平常体验逆转的体验，而且要有获得精神的安慰和升华，或者自我的转变。这种更高意义上的要求才会让这个日子令人印象深刻，感受到它与其他平常日子的不同。

从仪式感赋予的来源来看，旅游场中"我"与自身、景观、活动及他人的深度连接，有助于促进仪式感的生成。以下将从三个方面分别进行论述：

（1）旅游者与自我的深度连接。旅游者与自我的深度连接，指的是旅游者在参与旅游体验仪式的过程中，对仪式中的文化、传统、生活方式、价值观和信仰的深刻欣赏和深度反思。许多的背包旅游者之所以能够获得更加深刻的体验，觉得自己的旅行是一场神圣的游程，其原因就在于他们在长期的旅行过程中可以与自我建立深度的互动，与自我进行对话与交流，从旅游的镜像中观察到自我发生的改变。而一些微观层面的仪式活动也注重为游客提供与自我进行深度对话的机会，如某些寺庙开设禅修班，许多的城市青年通过劳作、坐禅、行禅等实践，与神对话，与自我进行交流，扫除蒙蔽心灵的尘埃，寻找内心的安宁。冥想、记日记、艺术和文学创作、参加研讨会等都有助于自我深入地洞察内心世界，促进自我的转变，同时这也是仪式感的生成（如图7-2所示）。

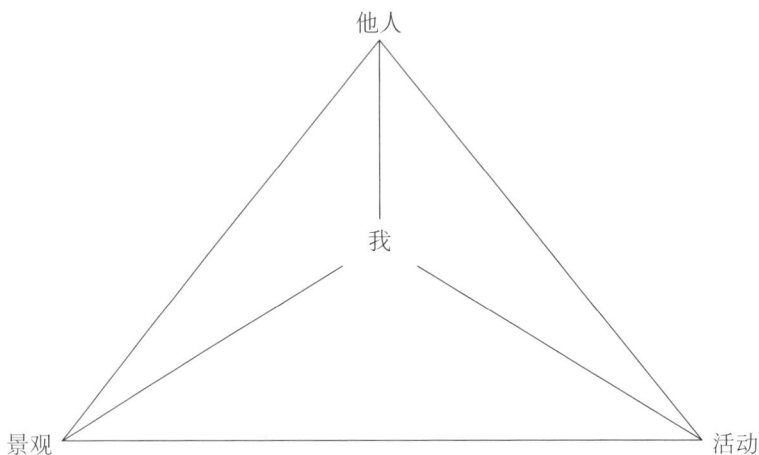

图7-2　自我在仪式体验中的深度连接

（2）旅游者与景观/活动的深度连接。旅游者与景观/活动的深度连接其实强调的是旅游者的积极投入与融入。同样一场仪式活动，如果参与者本身并没有一种卷入感，参与过程中心不在焉、走马观花，仪式感的生成可能也就无从谈起。这种积极的融入，并不一定非得强调要与景观/活动项目形成互动，或非得要求参与。这里需要分情况而定，有些仪式突出强调它的神圣性和敬畏感，它们更适合成为游客凝视的对象，而有些仪式可以设计成互动参与的项目。旅游者与景观/活动的深度连接，有的是与仪式的背景构成深度连接，有的是与活动本身形成深度连接。它们都会让游客产生更为积极的体验，有助于仪式感的生成。比如，大自然具有治愈人心的力量，而自然环境中的岩石、植物和水，这些自然之物还会让地方变得有意义或神圣（张英斌，2009）。笔者曾经开展过一项关于女性骑游川藏线的研究，可以解释旅游者与自然、活动的深度连接如何有助于仪式感的生成（余志远和谷平平，2022）。在研究中，一些受访者都明确表示她们的骑游是为了接触大自然。在受访者看来，骑自行车旅游与大自然有着很好的接触："我个人是感觉骑车最能接触到大自然、最能感受旅程快乐的一种方式。因为开车虽快了，但坐在车里根本就感受不到大自然的风啊、雨啊、雪啊，这些快乐啊，也说不上是快乐吧，就是说这种体验是感受不到的……所以我觉得骑车是刚刚好的。"从某种意义上来说，川藏线好比一个"隔离带"，可以将现实世界的纷纷扰扰隔绝在外，女性用身体去抗争，用意志去控制自我，这种对身心的掌控突破了传统社会对女性角色的刻板印象；骑游在川藏线的路上，女性可以暂时性地挣脱父权意识加诸在身体上的锁链，重返自然状态的身心获得放松和自由，可以观察自己的内心，成为心灵的主人，进而重新认识自我，重塑自我。

（3）旅游者与他人的深度连接。在都市社会，由于人际关系的特征主要是肤浅、漠然、过渡和匿名的，获取纯真的人际情感显得尤其困难。"社会本真性"在现代社会大部分人际关系中已经消失（Tonnies，1995）。现代社会中，人与人之间的交往只剩下抽象的金钱交往、物质交往或片面的两性间的本能交往（周芳琳，2009）。人们常常感叹在日常生活的世界里再也体验不到本真的交往，公益旅游为旅游者与他人的深度交往提供了机会。在东道主社区，海外志愿者常常被安排的住处是当地的人家、旅馆、公寓和学校宿舍。不少的公益旅游者表示，他们更加偏爱选择入住当地人家。大众旅游者很难进入真实的后台，他们所经历的其实是被旅游产业设计好的、失真的旅游体验。相对于大众旅游者而言，海外志愿者确实享有更多探索地方的机会。从交往的角度来说，海外志愿者也应寄宿当地人家，与当地人一起共同生活，而彼此共同生活的经历让主客之间的关系变得更加亲密，海外志愿者获得了爱和归属感的体验。将海外志愿者与主人的交往实践置于互动仪式链的框架中，发现寄宿于当地人家无疑给主客双方提供了一个互动仪式发生的场域（那梦帆等，2018）。同处一个屋檐下，主人通过精心布置房间、提供便利的设施，努力让公益旅游者感受到家的氛围，而共同进餐与日常交往让双方获得情感的沟通，分享共同的情绪，甚至在没有共通语言的情况下也能做到交流，主客间的互动让公益旅游者收获了温暖，生成了积极的情感能量，获得了家庭式的团结及家一般的归属感，感受着日子的不寻常。另外，在旅游体验的过程中，一些参与性活动的设计可以为游客与他者之间提供更多互动的机会，如肇兴侗寨的抢鸭子游戏等。在"抢鸭子"活动期间，人们为了争夺胜利的果实（鸭子）推搡着彼此，互相泼水扰乱对方的视线，大声呼喊。身体上的互动更激发了人们想要赢的情绪，即使在早已没过膝盖的水中也努力地使自己健步如飞，追随着鸭子逃跑的方向前进。参与"抢鸭子"活动的旅游者的心情是兴奋的、惊喜的，甚至产生了对活动身份的一种认同，即对"抢鸭子"活动中盟友的团结感。

案例：禅修旅游体验中的仪式感生成

现代人承受着各种压力，这些压力的释放或可借助于旅游这种休闲方式。其中，"禅修旅游"这种为心灵找个假期的旅游方式悄然升温。相关资料显示，仅台湾就有 1 200 余万的"禅修客"，每年要到妈祖庙进行为期两三天，甚至一周或半月的禅修。全国各地兴起了各种以禅修为主题的禅修班和禅修场。例如，在无锡的太湖之滨，就建有以"禅文化"为核心，集休闲度假、娱乐购物、康体养生、禅修祈福于一体的综合旅居度假胜地，名唤"灵山小镇·拈花湾"。这是国内首个以禅文化为主导，倡导心灵度假的小镇，每年吸引游客 300 万人。不仅是到寺庙做深度的禅修，即使去寺庙做普通的观光也成为年轻人的时尚。最近的新闻报道：北京雍和宫限流了，杭州灵隐寺的十八籽手串限购了，西安广仁寺门口排出了一公里长队……

寺庙游逐渐成为年轻人的心头好。这种旅游方式之所以受到年轻人的青睐，或可归因于寺庙所提供的反结构化的空间体验以及该体验中所收获的仪式感。以禅修为例，游客在禅修的过程中，仪式感的生成可由以下因素促成。

一、"世俗""神圣"帷幕切换与亲身体验

唐朝龙牙禅师诗云："朝看花开满树红，暮看花落树还空。若将花比人间事，人间事与花一同。"花的朝开暮谢是无常，人的生老病死亦无常。这种"无常观"传入日本，衍生出了"物哀"的思想，甚至引发"物哀美"的审美热潮。日本的园林设计中以枯山水为典型，这种园林景观所透露出的"物哀美"的禅意，具有一种静止、清冷、精巧、抽象的美感。相对于日本"物哀"的民族文化而言，中国的民族性更倾向于"物喜"。中国园林的禅意是生动鲜活的，是浪漫而富有情趣的，存乎自然，随机生巧。但无论是前者还是后者，二者在禅意空间的设计上都强调给人静谧和空灵的心理感受。"静谧"并不是指没有一点声音，而是要达成一种"蝉噪林逾静，鸟鸣山更幽"的意境。晨钟暮鼓，梵音缭绕，大自然的蝉鸣鸟叫，风吹过树林的婆娑，这些既是大自然生机勃发的涌动之声，也是远离城市的喧嚣的"静"。在这种环境氛围中，禅修者打坐、诵经、听法、观景，与天地对话，聆听自我内心的声音，让人感悟禅理，达到物我相融之境。对旅游者来说，寺庙就是一个神圣化的空间。坐落在山上的庙宇清幽宁静、坐落在繁华地段的庙宇有着大隐隐于市的意味。这种神圣化的空间与旅游者的日常生活空间相异，其生活方式更有所不同，从而满足了旅游者对反结构体验的诉求。迈入寺庙大门，仿佛是闯入了一道结界。结界外是每天朝九晚五的上班与零零碎碎的日常，结界内则是内心平和与众生平等。

二、身份的转变与神圣施事

参加禅修旅游，旅游者的身份会暂时发生改变。在寺庙里，旅游者可以暂时卸下日常生活中所扮演的角色，换上禅修专用的素衣素裤，就是以准"出家人"的身份生活，这种身份的转变寓意着与"旧我"的再见以及"新我"的生成。

禅修中的神圣施事主要表现为诸多的礼仪和禁忌。在禅修生活中，禅修者要远离手机、电脑、网络等现代通信设备，回归原始，进入遁世的空间。每天早上四五点钟，听到外面"梆""梆""梆"的打板声，就要赶紧起床，来到指定的集合地点，参加晨课，听着师父一边诵唱，一边撞钟，跟着师父们围绕着佛像诵经礼佛。用斋之前要诵读经文感恩，用饭过程不能说话、不能交头接耳，背部挺直，要坐得端正。抄写经书前，要沐手燃香，伴随着佛乐，先诵读一遍抄经仪轨；抄写的过程中，保持敬畏，排除杂念，下笔慎重，一笔一画，字体工整。所有这些规矩，无不反映了禅修者对佛的敬重和虔诚，也正是由于这些规矩的存在，才让禅修者在禅修中的生活拥有了与平凡的日子不一样的感觉。

三、禅修，与自己的深度交流

禅修，给自己提供了一个与内心深度交流的机会。离开喧嚣的闹市，卸下日常生活的负担，在静谧空灵的禅意空间中，禅修者可以放下一切杂念，静心地专注眼前事。每日的诵经是一种禅修的方式，在寺庙中扫落叶、擦地、切菜，专注地做事，即使最平庸的事，也都可以成为深度的禅修。禅修者跟着老师，一起讨论，认识自己。听晨钟暮鼓而行，感受出家僧众生活的清净，聆听悠远梵音，通达自在，明心见性。

第八章　旅游体验中的地方感

随着全球化、现代化浪潮的来袭，"地方"日益成为人文地理学、旅游学等领域关注的重要话题，是当下"乡村振兴""社区营造""留住乡愁"等行动和议题的焦点（刘梦颖，2020）。实际上，国内不少的乡村在旅游开发和建设的过程中已出现"无地方性"现象，导致了乡村失去特色，乡愁无处可寻。朱军（2020）指出，"地方"看起来越发呈现出雷同的面貌，社区、购物中心、商店、旅馆差不多同一个模样，地方感变得非常淡漠。今天的旅游目的地在许多方面已经很相似，不再有更多的差别。如果仅存的差别都消失了，那么一个人还有什么理由愿意花钱去旅游呢？从以上评述中可以看出，地方性的意义在旅游目的地规划与建设的过程中引起了重视。另外，地方性的丧失也将带来地方感的减弱。无论是对旅游目的地居民还是对旅游者来说，地方感都显得非常重要。对旅游目的地居民来说，他们与地方的情感连接越紧密，他们就会越热爱这个地方，就会愿意为之牺牲更多，或者更加支持旅游发展过程中好的决策，且不能容忍因旅游的破坏性建设而给地方的生态环境带来改变。对旅游者而言，地方感意味着归属和认同，旅游体验过程中或许能够获得一种"他乡作故乡"的感受，这将会提升他们的满意度水平，并有助于建立游客忠诚。现有研究已指出地方依恋是产生重游意愿的主要动机，它是旅游者重游行为发生的强大的心理驱动力（George，2004）。威廉姆斯（1998）则指出，意义、价值、象征性的景观和地方感中的体验被看作是健康和幸福的源泉。本章将对旅游体验中的地方感问题表达关切，侧重于分析游客地方感主题。在这个问题的讨论过程中，首先要从地方概念的诞生谈起，并解释旅游者为何能够产生地方感，再论述旅游者地方感的深度内涵，最后提出提升旅游者地方感的若干建议。

第一节　"空间"与"地方"

对于人文主义地理学家提出的"地方"这个概念，我们首先要排除一种误解，即不要误认为"地方"指的就是宏大事物。按照段义孚的解释，它所指涉的事物其尺度可大可小，室内的壁炉、房舍、四邻、社区、街道、城市乃至地球、太阳系、宇宙等都可看作是地方。人文地理学家提出"地方"概念，主要用来区别于受实证主义哲学范式影响下的地理学中的"空间（space）"概念。值得玩味的是，这两个概念从中文词汇上来看似乎具有情感上的差异。"空间"这个词带有物理学的痕迹，词语中性，甚至带有点冷冰冰之感，无情感或无生命可言；而"地方"似乎给人以温暖的感觉，具有主观性，是与人的经验和感受紧密相连，是有意义的。以段义孚、雷尔夫（Relph）为代表的人文主义地理学家将社会学理论、文化研究理论和心理学理论引进到空间理论研究中，认为地理学不能将空间仅仅视为纯粹的几何单位，而是要将其看作蕴含人类经验以及情感的场所。这个过程被认为是"空间转向"。按照雷尔夫（2021）的解释，地方就是日常生活环境中被感知的、被经验的、有意义和价值的地理空间单元。当某一对象被人视为一个有意义或感觉价值的中心时，它就进入了地方的范畴。所以，周尚意（2013）在阐释段义孚的思想时，表达了对地方感的理解："一个人在一个地方生活久了，便对自己生活环境中的一山一水、一草一木、一砖一瓦产生了感情。这种感情的依恋就是地方感。"在诺伯舒兹撰写的题为《场所精神：迈向建筑现象学》的著作中，他在开篇引用了特拉克的一首诗。这首诗描绘了日常生活中的一个情境，充满了强烈的地方感。

窗上纷纷落下的雪罗列，

晚祷钟声长长地响起，

房子有完善的设备，

桌子可供许多的摆设。

多次流浪，不止一二回，

走向门口踏上阴郁灰暗的路程，

繁盛的花簇是树的恩惠，

吸吮着大地的凉露。

流浪汉安静的步伐走了进来；

苦痛已将门槛变成碑石，

在晶莹光亮的照射下，摆着，

桌上的面包和酒。

在这首诗中，诗人使用了"流浪人"的比喻，表达了旅人在外的艰辛，并隐喻着地方对他的庇护。在一些学者看来，流动性通常被认为是对地方根深蒂固的、道德的和真实的特征的威胁（Cresswell，2015）。旅人在外的"流浪"、漂浮不定，让他逐渐失去了根深蒂固的地方感，也就少了归属感。而这个时候，房子似乎是"家"的隐喻，房子里所提供的一切可以给他庇护和关照，让他疲惫的身心可以得到很好的照料。雪、苦痛、阴郁灰暗等词汇刻画了外部世界的寒冷，而窗户、房子、桌子、门、面包和酒、光亮等词汇则传递着地方的温暖。二者形成了鲜明的对比，共同构建了一个冬夜的景致与美好的地方。

以上是从情感的角度讨论"空间"和"地方"之间的差别。从人文主义地理学家关于"空间"与"地方"的论述中，我们还可以归纳出它们更多的特性，借此理解二者之间更多的差异。

第一，地方意味着安全，空间意味着自由。关于这个特性，段义孚（2017）在《空间与地方：经验的视角》一书的开篇就曾提到。在西方世界，空间往往是自由的象征。为此，段义孚列举了神学家保罗·蒂利希（Paul Tillich）成长经验的故事予以说明。蒂利希成长于德国的一个小镇，这个小镇的建筑是中世纪风格，四周有围墙，它给人的印象是一个受到保护的、自给自足的小世界。但当蒂利希与家人一起到波罗的海度假或者到大都市柏林去旅行时，他感受到了大海的一望无际和柏林的开放、无限和空间的自由。地方的特点与此不同。封闭的人性化的空间便是地方。在上文提到的那首诗中，房子、桌子、门等词汇显然让人能看出地方给人的安全感。段义孚（2017）为此指出，人类既需要空间，又需要地方；人类的生活是在安稳与冒险之间、依恋与自由之间的辩证运动。因此，旅游场所是要将自身塑造成为一个地方还是空间，完全视其自身特质及所招徕的细分市场人群等情况综合而定[①]。比如，对一些传统村落、民族村寨之类的旅游场所而言，它们适宜于建构成为地方，传统、安全、真实、温暖、热情、亲密等往往是这种地方的特性和气质。而一些类型的酒店，尤其是民宿同样适宜打造成为让人情感得以依附的地方。但一些户外的自然场所，尤其是人迹罕至之地适合给游客提供让其可以自由探索、释放自我的空间。例如，骑游在川藏线上的旅游者认为，川藏线是他们自由灵魂的天然栖息地，充满了创造力，是许多骑游者灵魂的天堂，在路上他们是"渴望的""激情的"，甚至是"疯狂的"。

第二，地方意味着向内、吸引，空间意味着向外、释放。段义孚在演讲中谈到"地方"和"空间"的区别时指出，如果一个场所里的人，其身体的感官与环境联系在一起，感受到束缚感，那么这个场所就是地方；如果他的思想，从这种感官联系中解放出来，这个场所对他而言则是空间。他举例说明了这个问题："现在，你在这间教室里，这是你的地方，你在这里听我讲课。但是诚实一点，真的是这样吗？你的身体的确在这里。然而，你的思想却可能在其他地方。"笔者对

---

① 注释：笔者在此处使用场所这个词，希望在感情和内涵的意义表达上强调它介于空间和地方之间，是一个中性的、中立的词。

段义孚的这个观点的认识则是，地方与空间的一项区别在于，地方能让人沉浸其中，卷入其内，有一种向心的力量，但空间则让人有种"身在曹营心在汉"，身在而心离的感受，具有向外驱使的力量。所以，地方给人的感受会有一种束缚感、根深蒂固感或亲近感、亲密感；相反，空间则会给人以疏离感，如戴维·弗里斯比（2013）在论述大城市的体验时，谈道："大城市为人们完全冷漠地对待邻人提供了可能，这里所说的邻人不仅指那些住处邻近的人，而且指那些在日常社会环境中遇到的人。在面对有潜在互动的人群时，个人寻找某种形式的自我保护，即城市居民以冷漠作为相处之道。"以上论述或可给我们提供的启示在于：一是人的因素在地方形成过程中显得尤为重要。同一个教室，场所相同，里面的设施也一样，但教师是否赋予了这堂课精彩的内容，是否吸引着听众，就决定着这个场所它到底是地方还是空间。所以，从这个角度而言，旅游目的地除了为游客奉上美丽的风景大餐之外，还需要热情的东道主以及真正能吸引游客的文化。夏威夷对游客而言具有很强的吸引力，其中一个很重要的因素是夏威夷人热情待客的"阿罗哈精神"，这是一种敞开胸怀、尊重他人、接纳他人的处世态度和生活方式。二是旅游场所要想成为地方，就要想方设法，让游客卷入其中，与地方的人、事、物进行亲密的互动和接触，唤起他们内心的依附感和认同感。

第二节　地方感的内涵与内容构成

在人地关系的研究中，学者们发现：人与地方之间存在关联，随着人们对地方的认识不断加深，人们会不断将意义和价值赋予地方。研究者也开始创造一些词汇用以表达人地之间的关系。莱特（1947）首先创造出"敬地情结（geopiety）"一词，用以表达人对地方的敬重之情，认为"地方"是承载主观性的区域。随之，段义孚（2018）提出"恋地情结（topophilia）"概念，广泛定义了人类对物质环境的所有情感纽带。在段义孚的论述中，他强调了人的感官知觉和心理状态对环境认知的重要性，并指出人们对环境的感知或许能收获快乐，但这种快乐往往是转瞬即逝的，而一旦形成对地方的情感则是持久的。其后，雷尔夫（1976）又提出"地方感（sense of place）"一词，并将该概念界定为人们对地方的认知，在地方上通过人与土地的长期联系而发展起来的认同感。当然，与这些术语相似的还有其他词汇，包括根深蒂固、归属感、依恋、承诺、依赖和认同等，这些概念描述的是人们在特定的地方所感受到的体验、意义和价值（Tuan，1974），并用以表达人们对地方的依附感以及爱恋之情。从这些定义中可以看出，"地方感"一词真切地反映了人与地方之间的关系，地方不再纯粹地被看作是一个物理空间的范畴，而是一个因为有了生活其中的人，并为之赋予了更为鲜活的意义。

早期国外部分学者认为地方感是一维的概念，仅表示人与地方单一的情感联系。随着研究的不断推进和深化，学者认识到地方感是一个复杂、多维的概念，但对于它的内容如何构成却并没有达成共识。在笔者看来，学者们在这个问题上没有形成统一的认识与他们各自所探讨的地方差异有关系，也跟他们分析的情境具有很大的联系。对此，盛婷婷和杨钊（2015）也有类似的观点，并且他们的表述更为具体，他们指出："在探索地方感内容构成时，涉及地方依恋、地方认同、地方依赖、地方意义、满意度、归属感、安全感、根植性、社区情感、邻里关系、环境与健康、社会联系、对地方的适应性等。当研究城市移民、游客、地产业主、公众对居住城市、旅游地以及某个项目等的地方感时，更多的是划分为地方依恋、地方认同和地方依赖三个维度；当研究社区的地方感时，更多的是划分为社区归属感、社区根植性和邻里关系等维度；当研究人对环境的地方感时，更多的是划分为对环境的满意度、根植性、归属感、安全感和适应性等维度。"

有很多的研究将地方感认为是由地方依赖、地方依恋和地方认同构成的。但目前存在的问题是，现有的研究似乎对为什么由这几个维度构成却难以给出一个让人信服的理由。乔根森和斯特德曼（2001）认为态度理论可以将这几个概念关联起来。他们认为，地方认同属于认知层面，地方依恋属于情感层面，而地方依赖属于行为层面。按照乔根森和斯特德曼的研究，地方认同涉及的是自我的维度，通过有意识和无意识的想法、信念、偏好、感觉、价值观等定义个人与物理环境的认同；地方依恋描述的是个体与地方之间的积极情感联系；地方依赖则指的是与备选方案相比，某个地方能够满足个体特定目标的达成。但笔者认为，这种连接或许具有一定的牵强。按照卡尔·霍夫兰等（2015）的态度理论，其基本思想是：态度是按一种特定方法对某一目标对象做出的预设反应，包括认知、感情和行为。其中，认知是指个人对某种事物的观点、信念、认识、理解与评价，它是态度形成的基础条件；情感是指个体基于认知评价所产生的一种心理体验，是在某种事物激发下的情绪状态；行为是指个人对某种事物的反应倾向，具体可表现为表达态度时所展现的语言与行为（陈佳琦等，2022）。以殷英梅（2018）的一项研究为例对这几个概念之间的关系进行说明。殷英梅从网络上下载了不遵守规则、公共场所道德缺失、不遵守公共秩序、行为低俗、践踏花草、乱扔垃圾、破坏公物、随地大小便和随意攀爬九类不文明的典型图片作为依托材料，选择了当时在社会上引起较大反响的"游客一脚踢断万年钟乳石"为案例。访谈过程中，研究者出示图片和引入案例，引导游客说出旅游途中遇到的他人不文明旅游行为的主观感受与看法，并描述其可能的行为倾向。在这项研究中，受访者对图片和案例中的信息进行认知加工，形成对游客不文明行为的看法，并在此过程中产生了愤怒、烦躁、气愤、鄙视、惊讶、诧异、排斥、厌恶、反感、包容、同情、漠视、妥协、焦虑、忧虑、悲哀、期望、不满意、失望、羞愧等情绪反应，跟随在情绪表达之后的是受访者的行为倾向，如有的受访者讲述："感觉特别愤怒，很想把他拽下来狠狠揍一顿。"从殷英梅的示例中，其实可以明显地看出态度、认知和行为彼此的含义及相互之间的逻辑关系，即它们都是环环相扣，并针对同一个事物或现象的前后相关的反映。但利用态度理论将认知、情感和行为套用在地方认同、地方依恋和地方依赖的身上，具有一定的牵强之处：首先，这几个概念似乎反映的不是同一个事情或现象；其次，这几个概念具有一定的重叠之处。乔根森和斯特德曼（2001）的研究中关于地方依赖的测量，如"我的湖边房子是做我最喜欢事情的最好地方""对于我最想做的事情来说，没有一个地方能跟我湖边房子相比"等测量语句看起来也属于情感层面的表达。

与上述想法不同的是，有不少的研究认为地方依恋与地方感具有相似的表达。也就是说，两个术语不同，但它们表达的含义基本相似。所以，有些研究将测量地方依恋认同为测量地方感，而地方依恋则包含地方依赖和地方认同，一个是功能，属于物理属性层面，另一个是符号，属于精神和意义层面，这种逻辑关系就建立起来了。因此，笔者推荐将地方依赖和地方认同视为地方感的测量，并对它们的内涵阐释如下：

一、地方依赖

地方依赖又称功能性依恋，它反映的是地方提供支持或满足个体特定的目标或期望活动的条件，这种功能性依恋主要体现在地方的物理性特征中，如环境或设施等（Williams & Vaske，2003）。对旅游者而言，他所形成的地方依赖即旅游目的地为他提供了满足审美、娱乐、刺激、放松、消遣等需要的各种功能性的产品和活动项目，如美丽的自然风景、滑雪、露营、打猎等景观或娱乐活动给身体带来的刺激和依赖，这种依恋反映了旅游者对地方物理功能上的依赖。很多旅游者的流动性高，并没有时间在一个地方"扎根"，对地方的体验和欣赏都是肤浅的，但对地方功能满足的短暂体验同样有可能使其爱上这个地方。段义孚（2017）在论述这个问题时指出："通过一个隘口初次瞥见沙漠或者首次看到草木丛生的旷野不仅会令人喜悦，而且会令人难以理解地产生似曾相识之感，就好像他经常看到这些原始古朴的地方一样。"这种性质的依恋往往来得更为直接，花费的时间也更短。但有必要提到的是，这种地方物理层面为个体所赋予的意义跟体验主体的身份具有很大的关联。同样的地方，当体验主体为旅游者时，他们看待地方的眼光或对地方的感受会发生变化。也就是说，随着个体扮演旅游者身份的改变，他们的心境同样会发生变化。从另一个角度来说，地方的意义实质上是由人的主观所赋予的。爱德华·雷尔夫（2021）举了一个非常具有说服力的故事为例："1084 年，圣·布鲁诺（St. Bruno）前往法国阿尔卑斯山过隐修生活。在此之前，阿尔卑斯山的环境对他而言不具有任何意义。但是，随着圣·布鲁诺和他的追随者们在山间某处地方冥想的时候，山间的这些地方就被他们赋予了意义：'危险的''安全的''有用的''冷淡的'。后来，随着他们的目的与意图的变化，如当他们觅得一处适合耕作的地方，并在那里尝试犁田的时候，他们的处境变了，地方的意义又跟着发生了变化。"刘丹萍（2008）研究中的一段访谈材料也能说明这个问题："问：你觉得照片里的梯田好看吗？答：倒是好看！我那女儿在照片上也好看呢。可是，我整天在田里干活，辛苦得很！怎么没发现有什么不一样的？云海天，起大雾的天气里，冷得很！看都看不清，给我们生活造成很大麻烦啊。还不是你们城市人闲得慌！来这里玩耍罢了。呵呵，要不我们换一下，你种种梯田试一试？整天累着，看你还有精神照相？"

二、地方认同

认同意味着社会个体的自我定位和存在意义的确证，是对"我是谁"的诘问和索解。弗洛伊德最早提出认同的概念，他认为，认同是儿童吸收和内化父母和教师的品质而形成自己人格的行为过程，是个人通过接受模仿人物的行为、风格和特征来增强自己在感情上、心理上趋同的过程（车文博，1988）。在这个过程中，个人不断形成自己的特质并有了自我的意识，而与他人相区别。库利在《人类本性与社会秩序》一书中提出"镜中我"的概念，并将他人比喻成一面镜子，而映照着对方。该论述在亚当·斯密（Adam Smith）的表述中同样可见，亚当·斯密说："将一个人带到社会中，他立即便有了一面他所渴望得到的镜子，这面镜子就在与他一起生活的人的表情与行为之中。这是唯一的一面我们可以在某种程度上从别人眼中看到的镜子。通过它可以检查我们的行为举止是否得体。"从理论的本义来说，该理论将他人比作镜子，每个人通过观察及想象他人对我者的行为和外貌的感觉、评价或反馈等来理解自己。其具体内涵包括：（1）个体对"自我"的认识或建构是在社会互动过程中产生的。"自我（self）"在米德（Mead）的眼里分为"主格我（I）"和"宾格我（me）"两个部分。其中，"主格我"代表的是生物学意义上的"我"，而"宾格我"代表社会化过程中形成的社会学的"我"。从准确意义上来说，与人交往互动促进了个体"宾格我"的发展。（2）个体通过与他人的互动，实际上是从他人对我者的语言、表情或动作的反馈中进行符号意义的解读，进而判断、想象他人对自我的评价，以此理解自我。其实，库利的"镜中我"理论非常有助于旅游学者分析旅游体验中的自我认同问题。镜子实为一种隐喻。我们可以把一切能反光的物体当作镜子来看待，通过它们能映照自身的影子。在笔者看来，旅游者行至的远方同样是一个镜像的世界。在这个特殊的时空框架里，拥有无数个不同性质材料打磨而成的小镜子（小镜子主要指的是地方的关键构成要素，即景观、他者、其他的旅游者或活动等）（余志远和沈晓婉，2013）。通过凝视、交往和游戏等途径，旅游者与这些关键构成要素产生互动，并在一系列的互动过程中借助一面面的小镜子观察自我、反思自我、建构自我。在对背包旅游者的研究过程中，笔者发现某些旅游体验经历有助于背包旅游者建构自我认同，而一些地方对旅游者而言也具有特殊的意义。比如，许多的背包旅游者将其到访过的某些地方作为标志其身份的一种象征，到访西藏等地有益于背包旅游者英雄形象的建构（余志远，2016）。在韦弗和劳顿（2014）的著作《旅游管理》中，提到了某些地方对一些旅游者而言所蕴含的有关自我认同的意义——"虽然意大利的政治和经济力量在17世纪的早期处于衰退阶段，但其中心城市依旧受到推崇。由于文艺复兴和罗马景观的吸引力，它们一直在为欧洲树立文化的标杆。对任何想要跻身于精英阶层的人来说，前往这些文化中心旅行显得至关重要"。与之相关的，英国著名作家塞缪尔·约翰逊（Samuel Johnson）笔下的一名男子内心深处就藏匿着他对这种自我认同的寻找。"一个未曾去过意大利的男子，经常怀有一种自卑感，原因是他从来没有看过一个男人应该见识的事物。旅行的一项宏伟目标就是看一看地中海的海岸……所有的宗教、法律、艺术，所有的将我们与野蛮人区分开来的东西纷纷地从地中海向我们款款袭来。"

从上述论述中我们也可看出，地方会对个体的自我认同建构产生影响。也就是说，地方不仅是个体体验的对象，而且是建构自我的一种手段。地方认同是自我与地方的紧密连接，它是自我认同的亚概念，是一种更深层次的情感纽带，当一个地方对一个人具有象征意义，且成为自我认同的一部分时，就会产生这种情感纽带。地方认同是个人生活的物理世界社会化的自我，在自我与空间场景的人地交互中形成地方身份，并且是一种持续演变的动态心理结构，受到个体特征和地方性的双重影响（Proshansky et al.，1983）。在人与地方交互的过程中，地方满足了个体生理、心理和社会文化等方面的需求，而个体也逐渐养成了与地方相关的特定价值观、态度、感受和信念，它们有助于定义和整合个体的地方身份，即个人与物理环境相关的身份，进而会产生一种归属感。实际上，人文地理学家对地方认同的界定，往往将其看作是个体对自己所属地方身份的归属感，表达了一种地方依恋。在这个过程中，地方的价值观、规范和态度对个体产生影响，由此形成了个体的地方认同。也就是说，地方是有特色或精神的（地方精神）。比如，民族村寨拥有特色的饮食习惯、独特的服装服饰、适应自然环境的生产方式以及虔诚的宗教信仰等，它们为生活在这里的居民赋予了共同的文化特征和信仰，因此具有了显著的地方认同（唐玲萍，2012）。需要注意的是，上述示例中提到的是生于斯、长于斯的居民，但对游客来说，他作为某个地方的过客能否建构起地方认同是需要深入思考的一个问题。笔者认为需要考虑以下因素：

第一，像地方依赖这种功能上的满足很容易给游客带来积极的情感体验，产生情感上的依恋，但要达到地方认同则需要重视游客的深度卷入与地方鲜明特质的映射，甚至需要依赖重复访问。这是由于地方认同需要花费一定的时间（Lewicka，2013）。

第二，地方认同具有内容上的差异。不同的地方，其所拥有的特质不一样，人地互动过程中所带给游客的体验感受也不同，因此给游客不尽相同的地方认同。按照笔者的抽象认识，地方认同可包括生态认同、道德认同、民族认同、社区归属认同、地域文化认同等。而不同的研究者在研究不同的情境时，实际上他们应该关注不同的地方。研究生态环境好的山地旅游地时，或可选择生态身份认同进行讨论；研究具有教育意义的红色旅游地时，或可选择道德身份认同展开探索；研究民族村寨旅游地时，建议选择民族身份认同、社区归属认同和地域文化认同加以探讨。举例子来说，对某些博物馆的旅游体验可以帮助旅游者构建地方认同中的民族身份认同。博物馆提供了集体记忆，为体验集体过去提供了机会，从而让游客了解自己以及他在社区、国家或世界中的位置，从各种身份中提取信息，以确定他是谁以及他应该在哪里（Uzzell，1996）。一位台湾游客参观福建泉州闽台缘博物馆时说道："我的祖籍是泉州，我在博物馆里看到很多熟悉的场景，如祭祖仪式，我们小的时候就看到过。"（Zou et al.，2022）参观博物馆让参观者认识了自己的群体身份，恢复被遗忘的归属感和认同感。

在上文中，我们认为地方认同具有内容上的差异，并提到地方认同或可包括生态认同、道德认同、群体认同（我感觉自己是这个群体的一分子，群体身份对我有意义、我经常与别人谈论我的群体，我对自己的群体身份感到自豪）、社区归属认同、地域文化认同等（该观点仅是笔者的构想，并未对此做实证研究）。该讨论实际上牵涉到的是地方认同构念到底由何构成并如何测量的问题。威廉姆斯等在研究地方依恋问题时，认为地方依恋由地方依赖和地方认同构成并发明了量表，而其中的地方认同由"我认为某某属于我的一部分""某某对我而言有特殊意义""我对某某有很强的认同感""我非常依恋某某""访问某某可以定义我是谁""某某对我来说意味着很多"六条测量语句构成（Williams & Vaske，2003）。后续还有不少的研究者对这些测量语句有削减，甚至出现翻译上的改动。比如，将"我认为某某属于我的一部分"改为"某某是我生活的一部分"（程玮彦等，2022）或"我觉得自己就像是某某的一分子"（张磊玲等，2022），这种改动就有点脱离本义了。在笔者看来，这个量表在各种研究中的广泛应用似乎没有太大的意义。理由有两点：一是威廉姆斯等人在进行量表编制时，他们挑选的被试者是大学生，测量的情境则是这些大学生近期访问过的"荒野、偏远的无人地区或自然景区"，因此需要强调的是该量表最初开发的动机是用来测量旅游者的地方感。然而，后续的部分研究或许并没有注意到这一点，而将该量表运用到居民地方感变量的测量，如罗许伍等（2017）将该量表用于测量拉萨古城居民的地方感。这种简单地移植似乎就不合适了，也就提醒研究者不应随意地借用，应从情境的相似性、对象的趋同性和内容的一致性等方面进行考虑。另外，他们选择的是荒野和人迹罕至的户外游憩地，这就决定了该量表并没有探索获得人文场所地方感的内容结构。也就是说，该量表的测量题项更多地适用于荒野类的自然旅游地，并非适用于人文旅游场所。按照上文的解释，不同的地方所包含的地方认同的内容是不一样的。二是按照笔者的理解，地方认同概念并不等同于对地方的认可，这些测量语句看起来更多表达的是对地方的认可，但它并未反映地方认同真正的内容。或者说，由于威廉姆斯等人选择的案例地是荒野旅游地，因此注定了该研究并不能探索得到丰富的地方内容结构。需要注意的是，该量表似乎放到任何一个情境、任何一个地方都能适用，或许也因此而被研究各种旅游情境场的研究者广泛使用，但这种很高的普适性恰恰消弭了必要的特殊性。另外，在笔者看来，威廉姆斯等人开发的这个量表并没有真正反映地方认同的根本内涵。布雷克威尔（1986）开发过一份测量居地地方认同的量表，这或许能给我们带来一定的启发。这个量表中地方认同是由独特性、连续性、自尊和自我效能等维度构成的。其分别代表不同的含义：（1）地方的独特性是指居民居住地其物理环境或社会文化环境有别于其他地方的特色和标识（我者与他者的区别，如我是伦敦人，不是纽约人或我看起来像个城市人）；（2）地方的连续性则强调只有人们能够持久地感受到其地方身份的存在时，他们才会建立起更为强烈的认同感（如我住在城镇，因为它让我想起了童年的环境）；（3）地方自尊是指居民可以因其生活之地所具有的品质而获得他人的积极评价，这种评价能让这些居民获得一种自豪感并以此作为骄傲的资本（如生活在城市，我感觉很好或我为生活在城镇而自豪）；（4）地方自我效能感则指的是如果居民居住环境中的社会和物质资源能够方便地满足其需求和偏好，就会发生积极的地方认同（如我每天生活所需的任何东西都在城镇获得满足）。

第三节　游客地方感培育与提升的几个关键

在段义孚《恋地情结》的论著中，他大致为我们勾勒出了地方感的形成路径。概括而言，地方感的形成是在人与地方的互动过程中，通过多种感官形成对地方的体验、对世界的感知，并赋予其意义和价值，引起心理上的反应，最终建立起人与地方的情感联结。但这种解释只是一个粗略的观念。实际上，个体的秉性、年龄、成长历程、受教育程度、所处阶层，环境的性质、形态和类型，以及宗教和文化等在地方感的形成过程中均发挥着作用。笔者抽取培育和提升游客地方感的几个关键因素进行重点阐释。

一、地方性

人有人格，地有地格（邹统钎等，2022）。不同人格者，他们的气质具有一定的差异。有的人活泼、自信，有的人忧郁、深邃，有的人热情、直率，有的人则安静、沉稳。比较有趣的是，地方与人在这个方面有着相通之处。地方在其形成与发育的过程中，岩石、植物、山体、水域所构成的地景，建筑、生产生活设施所形成的聚落，由于所处地理位置的不同，以及自然环境和人文环境上的差异，因此造就了不一样的地景，以及"十里不同风、百里不同俗"的文化聚落空间，进而呈现出各自鲜明的个性。峨眉山常年云雾缭绕，淫雨霏霏，弥漫山间的云雾把峨眉山装扮得婀娜多姿，尽显秀气；泰山高大雄伟，有拔地通天之势，好像一位英雄的汉子。这种气质，或许就是诺伯舒兹笔下所提到的场所精神。它是一个地方的灵魂，是与其他地方赖以区别的魅力。地方易于让人产生亲近感，不仅在于游客与地方的互动，实际上还需要地方具备一些特质，而这样的特质更易于让人对其产生情感上的连接。我们曾经从符号学视角解读了西江千户苗寨旅游目的地形象，通过对自然符号、人文符号和社会符号的审美，游客在心中构建起了一个"让人心生向往的人间仙境""历史悠久的地方""令人感动的苗家人"，这些具有特质的地方易于让人产生依恋感（余志远等，2022）。西江千户苗寨美丽的自然景观除了给人以视觉上的享受，更重要的是，这些原生态的景观元素共同塑造了一个舒缓、宁静的环境意象。而好的环境意象可以让环境场中的存在者获得安全感（诺伯舒兹，2019）。另外，苗家人的热情和友好，给游客一种被接纳的感觉，这种被接纳感使旅游者感觉自己能够很好地融入这个原本陌生的环境，又让他们获得日常生活中难以体会到的久违的感动。

笔者认为，上述分析对旅游目的地规划与开发或许带来以下启示：

第一，旅游场景的塑造和旅游景观的设计都要注意对地方性元素的挖掘。对此，本书第二章曾对该问题进行过论述，但前文分析主要是从差异性的角度展开，而这里需要强调的是这种操作有助于提升游客地方感。在中国城镇化及旅游业高速发展的过程中，可能由于缺少对一个地方地脉和文脉的深度分析，或者在规划与建设过程中存在一定程度的盲目借鉴，最终造成了一些地区的建筑或景观等存在大同小异与相互雷同的现象。雷尔夫就曾批评过这种现象，更将批判的矛头指向旅游业，认为是旅游业造成了均质化的影响，所到之处都呈现出大同小异的景观，"迪士尼化""博物馆化""未来化"的建设与改造，造成地方性、区域性的景观被解构（爱德华·雷尔夫，2021）。因此，旅游规划中需要注意对地方性元素的提取和应用。杨振之（2002）在做四川省南部县旅游发展总体规划时，发现当地民居很有特色，所有民居都有一个共同形状，即房屋的一个侧面的屋顶坡面从山墙一直向下延伸，这一造型打破了传统的对称结构，当地人称为"大拖铺"，而当地人却视这种传统民居为落后的象征，富裕起来的乡民开始建起砖混结构的瓷砖墙面房。为此，规划团队提出要重视这种地方性元素，而在规划度假山庄和景区大门时，巧妙地提取了"大拖铺"坡屋顶的建筑符号。反过来说，旅游规划中没有考虑这些地方性元素，或者在原本有特色的地方移植其他元素反而会让游客产生距离感，减少了亲近感和依恋感。笔者曾经到访过山西的乔家大院（如图 8-1 所示），乔家大院的特质呈现给我的感觉是恢宏大气、沧桑久远、文化厚重。景区的旅游开发或建设，则是要让景区具象化地表现它的气质。建筑、绿地、水域、景观小品，甚至标识牌、导览图等都是这个场所精神的外显。从这个角度来看，当年我所见到的景区导览图和标识牌并没有帮助乔家大院表现它原有的气质，材料的单薄与现代，并不符合它的文化气质和历史沧桑感。

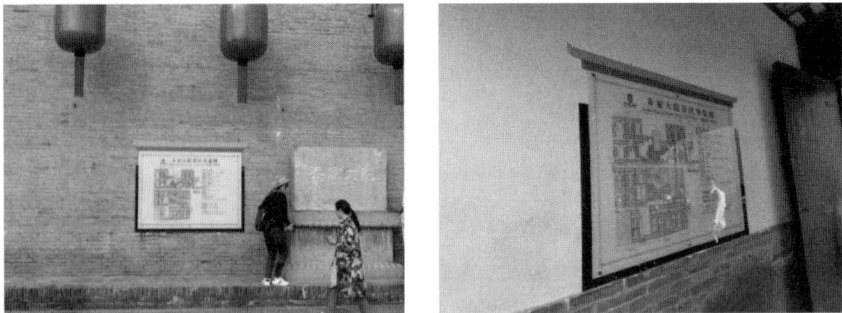

图8-1 乔家大院导览图

但有的时候，为了创新或者为了适应时代的主旋律，迎合目标细分市场的需求，适当调整一个地方的气质很有可能会让它变得更具吸引力。2022年，普利兹克建筑奖得主，一位叫作凯雷的非洲设计师，他设计的作品利用了家乡地下埋藏的黏土和地上生长的树木，搭建起一座座既洋气又接地气的建筑。这样的场所，融入了地方，又凸显了与众不同的气质。故宫为了打破它在游客心中严肃、刻板的印象，在提取皇家文化元素的基础上融入"萌萌哒"风格设计的文创产品，迅速拉近了它与年轻人之间的距离。但这个问题所要强调的是，创新并非意味着另类。准确来说，与地方性相脱嵌的创新，很有可能会让生活在此的居民或游客在这种场所的体验中找不到家园感、归属感和方向感，即让场所失去了精神和灵魂，让在这个场所中生活的人失去了认同感。

第二，正如前文分析地方与空间的差别那样，旅游目的地要创造向心的引力，不仅是旅游目的地的环境、娱目项目和休闲设施让人沉浸其中，而且要营造一种温馨的氛围。斯特德曼（2006）的研究可以为我们带来类似的思考。斯特德曼通过对威斯康星州中北部地区的研究指出，针对不同类型的人，预测他们地方依恋的指标其实是不一样的。斯特德曼测验了全年居于此的居民、季节性/周末第二套住宅者，以及不常来的游客三种类型的参与者，研究发现：对居民而言，最佳预测指标是社区连接和社交网络，而拥有第二套住宅者则更多注重周围的活动及区域的环境质量。同样，游客也看重娱乐活动和环境质量。这实际上也给前文"旅游者更易于产生地方依赖"的结论提供了证据。在这项研究中，它提到了游客产生地方依恋的最佳预测指标是娱乐活动和环境质量，而非社会交往。笔者认为，社会交往不属于最佳预测指标，但不能因此而否定社会交往在地方依恋中所发挥的作用。东北雪乡在当年火爆的时候，游客为之迷恋的是它美丽的雪景和独特的民俗风情。但自雪乡宰客事件发生后，雪乡在很长一段时间变得无人问津。从这个案例中，我们或许可以看到社会交往因素对地方感的培育和提升起到了一定的作用。贝克利（2003）提出的"锚"和"磁铁"理论给我们对这个问题的认识打开了一个新的视角。在贝克利的定义中，他指出"锚"是阻止人员移动的因素，而"磁铁"则是吸引人们到访一个地方的因素。对旅游者来说，社会交往是锚，不是磁铁，而磁铁能给他们带来享乐的环境和娱乐等。某个地方要想做到让人心生向往，甚至产生依恋感，不仅要发挥磁铁的作用，还要收起锚。

二、时间与卷入度

波斯汀（1964）指出，虽然旅游业具有社会功能，可以推动经济发展，但旅游业不能将人与自然联系起来。实际上，这句话表达了走马观花式的旅游所带来的悲哀，即旅行过程中掠过式的游览，只是停留于对地方的收集，仅向别人证明自己到访过某一个地方，却没有发现景观的意义。为此，段义孚（2018）认为，这种审美是肤浅的，似乎连风景地本身都失去了存在的意义。因而，如果一个游客能把人类历史的记忆和他自己对景观的欣赏联系起来，这种审美就会变得更具个体性和持久性；同样，如果将审美的情趣与科学的好奇心结合起来，这种审美就不再是转瞬即逝的。地方感常常与居住时间联系在一起。也就是说，普遍意义上，个体在一个区域生活的时间越久，他们会更依恋于这个地方（Lewicka，2011）。环境的不断变化，也会影响一个人的自我认同。对农民工子女的研究表明，频繁的学校变化和缺乏固定的床位导致一种无根感，这种无根感反映在消极和支离破碎的自我认知中（Coles，1970）。有研究表明，居住时间对永久居住地和游憩地的地方感提升有所帮助（Lewicka，2011）。但某个人住在某个地方超过一定期限后，他就会嵌入这个地方，地方也就成了他身份的一个锚。雷尔夫对此的解释是，居住者不断积累这个地方的地理知识和社会知识，对这个地方愈加了解，他们会投入到该地方更多的事情当中，所以依附感会增强。游客不像居民，甚至不像一些"生于斯、长于斯"的原住民那样生活时间长，因此要让游客有深度的卷入，或是游客凝视着风景，或是游客与居民的互动，或是游客与游客的互动。旅游者到访的某些地方往往被视为"精神上的家园"，虽然这与传统的家庭有着本质上的区别，但也充满着感情和亲密。旅游者可以与旅游地居民结成亲密关系，而旅游地居民通过分享这个地方的历史、文化和家庭记忆，让旅游者与这个地方建立情感上的联系。亲密关系的本质需要超越体现亲近消费的商品，一种潜在的情感，要求是深刻的、真实的，而非肤浅的东西，需要持久参与而非纯粹的情景参与以及想要认同他人的承诺（Trauer & Ryan，2005）。游客不完全都是走马观花的，还有很多的游客通过各种机会与当地居民进行深度互动，如一些背包客就常常穿过"前台"，深入"后台"，与居民一起生活，结成友谊。Liu 和 Li（2019）在分析地方举办的饮食节时指出，餐饮体验可以让游客更加接近地方社区，带来地方感的转变，游客地方感的形成在于他们参与当地的社会活动，这种就餐体验促使他们与社区互动，通过具身体验来内化地感知地方。食物和餐饮实践是身份形成的重要来源（Everett，2012）。在《恋地情结》一书中，段义孚（2018）讨论的是人的感官，包括视觉、听觉、嗅觉和触觉，强调了感官的综合作用对环境的感知，他还说明了身体与环境接触的重要性。比如，人们透过汽车的玻璃窗能看到风景，但玻璃窗实际上是将人与自然分隔开来的；而在滑水与登山的运动中，人与自然界是在冲撞的过程中形成对抗关系的。

三、"圈内人"与集体意识

上文其实提到了社会交往因素。有的地方之所以会受到游客喜欢，是因为游客可以在这里找到志同道合者。这种对"地方"的完整体认，往往被称为"圈内人"意识，即内在于一个地方，意味着归属于认同，你越深入内在，地方认同感就越强烈；相反，"圈外人"意味着与地方的疏离，是一种存在的外部性（朱军，2020）。旅游目的地要想构建自身，成为让游客依恋的地方，产生地方归属感，需要重视为游客创造互动交往的机会。

从互动仪式链的角度来看，互动是有边界的，边界存在的意义是将异质群体排除在外。在互动过程中通过设置局外人的屏障，有助于保证互动仪式的稳定性与连续性。互动仪式中边界存在的真正目的并不是为了将局外人排除，其本质是为了适合参与，并让有意于互动的人成为圈内人，并唤起其身份认同感及集体归属感。比如，肇兴侗寨一些旅游项目的设计提供了诸多让游客成为圈内人的机会。第一，村寨门口的"拦门酒"（如图 8-2 所示）不仅象征着尊重、热情与好客，而且该符号所传递的意义也意味着这是一种"入伙"仪式。仪式正式开始，盛装打扮的苗族姑娘们在寨口摆下拦门酒，每位进寨子的贵宾都要喝过拦门酒才能进寨子。似乎游客要想成为圈内人，他们必须通过这种仪式的参与才能获得身份的承认与认可。第二，旅游者积极与当地居民沟通交流，学习吹奏当地特色乐器，练习扎染，并身着传统服饰与村民一起载歌载舞的行为，都可看作互动仪式中圈内人身份的塑造。

图8-2 "拦门酒"活动

另外，笔者还想提醒的是，要想让游客获得圈内人的身份感，根据景区气质和产品设计的需要，旅游目的地或可强调构建集体欢腾的互动模式。

集体欢腾是涂尔干（Durkheim，1965）通过描述大洋洲原始部落举行的宗教仪式庆典提出的，涂尔干将"集体欢腾"看作"集体意识"和"集体良心"的主要来源（王斌，2015）。特纳所说的"共睦态"实际上如同涂尔干提及的"集体欢腾"概念，当游客聚集在一起所形成的如电般的激流，这种激流会促使人们达到极度亢奋的状态，在这种状态下人的心灵是完全向外敞开的，任何的情感表达都是畅通无阻的。笔者以肇兴侗寨举办的节庆活动为案例阐释这个观点。在肇兴侗寨通过一系列参与性的活动，游客的身体和情感被唤起，实现了和大家一起"嗨"的状态。此时，游客无关身份、区域和文化背景，而是作为旅游者单纯地和大家一起互动，感受这场欢快的节庆活动，放松身心，尽情享受当下的快乐，体现了旅游中的角色颠倒、不受约束的放纵时刻（马凌，2010）。有游客表示："各地的游客前一天都纷纷赶到侗寨参加一年一度的谷雨节。当天晚上，寨子的大街小巷到处是要乌米饭的人，不论认识与否，只要走在河边、街巷，看见人就抹锅烟灰，整个寨子像沸腾般，全寨男女老少、商家、游客都处于极度的狂欢中。"互动性与自由感引发了在场的表演者集体性的关注，彼此的身体使得参与者形成了一种高涨的热情感和集体欢腾或"共睦态"的兴奋感，整个场所变得沸腾起来，大家彼此相互关注、相互分享，并共同建构快乐，在这种超越与颠覆日常规则中回归本真的自我，达到忘却自我融入当地的超凡体验（如图8-3所示）。有些游客认为："当大家还沉醉在歌舞中的时候，表演结束，所有演员走向场地，向大家招手示意，手拉着手围成一圈跳起舞来，大家纷纷加入，释放着奔放的激情，仿佛这一刻成为朋友，十分暖心。"

主体之间具有一种共享反身性的交互意识，表现为互动参与者之间的符号的交互性。对于某一个符号的共同意识或共同聚焦，游客与东道主在互动的过程中形成了新的"仪式景观"，整个表演现场群体狂喜的情感体验和激动的互动行为，产生了一致性的行为符号感知与情绪体

图8-3 游客与村民一起跳团结舞

验，达到了一种集体欢腾的高峰体验。作为节庆活动的核心机制，狂欢是一种符合情感逻辑的非理性的状态，体现在群体性的文化活动中，常常受到自然本性的支配、以一种粗放的行为符号呈现，常常突破了社会规范。在这种烦琐的仪式里，人们的情感得到了表达和宣泄，节日的文化内涵和意义也得到了传承与彰显。因此，在感受集体狂欢的自由与快乐的同时，释放积累的烦恼与压力，颠覆超越日常行为规约的约束，回归最为真实的自我。在杨军林（2016）看来，这种集体欢腾是对先民的共同祭祀与追忆，也是一场集体的认同与符号的狂欢游戏。

四、地方阐释

爱德华·雷尔夫（2021）的书中列举了拉波波特提到的一个例子，这个例子说的是土著居民与欧洲人究竟如何看待澳大利亚的西北景观。

很多欧洲人都说，澳大利亚的景观到处都是大同小异，缺少特色。但是，在土著人眼中，却是以一种完全不同的方式在看待澳大利亚的景观。他们知晓每一处景观中所蕴含的特殊意义与形式。所以，他们能够看见欧洲人看不见的那些细微差异。这些差异要么细小难辨，要么与魔法有关，或者根本就不可见。景观中，象征性的差异比物质上的差异还要大。比如，阿叶尔斯石柱山就同一则神话传说里的创造者有关。每棵树、每个斑点、每处洞穴和每道裂缝都具有特殊的意义。所以，在欧洲人的眼里，这是一片不毛之地，但在土著人的眼里，这里却到处充满了意义，蕴含着丰富的差异性。

从这个例子中，表面上我们看到的是游客与当地居民看待地方具有很大的差异，这种状况的发生从根本上来说是由于二者对地方知晓的程度有所差别。当地居民了解这块土地，每一棵树，每一片叶子，深知这个地方的历史和文化。但对旅游者而言，他只是地方的匆匆过客，他观望着城市与荒野的景色，置身于人来人往的集市与南方的诸海岛，凝望着庞贝古城的残垣断壁与巍峨的安第斯山脉，然而这一切都仿佛是过眼云烟，他望不见这些事物的过去与未来，也体会不到它们的伟大理念（爱德华·雷尔夫，2021）。这也就自然而然地导致了游客对他所访问的地方并没有依恋和认同。为了培育和提升游客的地方感，还需要旅游目的地在产品供给的过程中强调对地方的深度阐释和解说。因此，完善一个地方的解说系统，并非仅从知识增长的角度考虑，它同样是培育和提升游客地方感的一条重要途径。对于这一点，张明珠等（2018）以宏村为例给出了相同的观点。他们研究指出，游客在整个旅游过程中，景区通过各种静态和动态的解说手段、人员和非人员解说、深层次旅游体验的引导等，使游客觉得自然风景美妙绝伦、社会文化耐人寻味、民风民俗朴实亲切，从而对景区产生特殊的情感和心理依赖。

案例：从体验的视角看海口骑楼老街旅游开发

据说海口的骑楼是从东南亚返乡的琼籍商人所建。这种建筑很有特点：它是一种外廊式建筑群，有 2~3 层高，底层是商铺和外部走廊，走廊有顶，可以挡避风雨和炎阳烈日，上层用于居住，该设计非常适合海口这种热带海洋气候。从建筑风格上来看，它既有中国古代传统建筑特色，又有对西方建筑的模仿，还有南洋文化的建筑风格。乳白和粉红的外墙，起伏的轮廓线，精美的浮雕，美轮美奂，活脱脱的一幅风景油画，给人以很强的视觉冲击力。

从体验的角度来看，骑楼老街为游客创造一种美好的体验。这大致可归为以下三个方面：

第一，日常生活场景的逆转。这一排排的建筑连在一起，营造了一个与日常生活景观不一样的空间。该逆转空间的成功营造，至少有两个要素在其中发挥着作用：一是骑楼建筑群完美地构建起了一个小世界。笔者曾经到访过沈阳的老北市。老北市也是传统的历史文化街区，它在竭力为今人展现一个百年前的盛京，但个人的感觉，它带给人的遁世感不强，其中最大的不足就是当人置身于这个氛围场中，稍微抬高点眼帘，就会很容易看到它周围的现代化建筑。这些高耸的现代化建筑成为了这个场域的"刺点"景观，极大地削弱了游客的遁世感，把游人本已生成的、已穿越回民清年代的心境，又时不时地拉回到了现实中。但这里的骑楼有所不同，它们是 2～3 层的建筑，更重要的是它们的外围并没有高耸的现代化建筑，这就让这个场域中的游客沉浸其中。而这种建筑群将游客包围其中，又会呈现给人的一种印象，即这是一个受到保护的、自给自足的地方，让人感受到传统、安全、温暖的特性和气质。二是真实性突出。国内有很多的传统建筑都是今天仿造出来的。比如，福州的三坊七巷当初在做旅游开发的时候，其实已经被拆得差不多了，现在我们看到的那些老建筑都是后来才建的，尽管它们从外表上看起来很传统、很古老，但还是有种新鲜的感觉，它们的原真性已被破坏。然而，海口的骑楼老街，打眼一望，即使不是历史学家或考古工作者，也能感觉出来这就是原初的建筑，它保留得非常好，建筑外墙留有老字号，白墙被水渍浸得有些发灰、发黄，斑驳的痕迹很明显，有些墙缝处还长出杂草，这些都是历史的见证。

第二，主客共享的地方。目前，骑楼老街还处于开发阶段。我大致只转了两条街巷，从现有的功能来看，一条街是旅游街，它所行使的主要是旅游功能，包括民宿、餐厅、酒吧、纪念品店、土特产商铺等业态，这条街是步行街，主要为游客提供服务；另一条街是生活街，车流不息，络绎不绝，所售的商品很杂，如珠宝、五金、窗帘、服装、钟表、水果等，琳琅满目，满足老百姓的各种日常生活需求。这两条街是连通的，游客既可以在旅游街上漫步，也可以随意地在生活街上溜达，居民同样可以穿行其间。这种开发模式既有科学的地方，也有开发上的不足。它们就好比旅游的前台和后台。旅游街是旅游的前台，它应该通过舞台化的设计、戏剧的方式，向游客讲述骑楼老街的过去和历史，给游客提供骑楼老街的文化体验。在提供部分新业态，满足现代青年游客旅游体验需求的同时，应适当恢复一些骑楼老街过去的真实场景。比如，有些楼刻有老字号典当行的，那就可以考虑将它开发成活态化、参与性的"博物馆"，以戏剧的方式设计情节，游客可以参与，重现典当行抵押、赎回等真实情节，以故事的形式展现典当行的功能和它的历史，为游客创造一场独特的体验，寓教于乐，收获知识。这个旅游场就是要竭力营造那个年代的感觉，让人重温那段历史。而生活街就是旅游的"后台"，它真实地展现了这个地方，这个"后台"更多的是游客和居民共享的空间。今天的游客已不再像观光年代那样喜欢游山玩水，而对异地他者的生活发生兴趣。这条不为旅游所"染指"的日常生活空间，将能更大程度地满足游客对多样性和真实性体验的追求。对旅游者来说，它是沉浸于旅游目的地美好生活、感知城市记忆的最佳空间。

第三，浪漫凝视和集体凝视共存的景观。尤瑞提出过旅游凝视的两种类型，即浪漫凝视和集体凝视。浪漫凝视展现的是一种"不受干扰的自然之美"，这种类型的凝视者往往喜欢独处，沉浸于对景观的美学体验。与浪漫凝视不一样，集体凝视则提倡他人的存在，并认为只有在他人的凝视或者集体的注目下，这个场才会呈现热闹和欢快的氛围。骑楼老街，既能满足旅游者浪漫凝视的需要，又能满足旅游者集体凝视的诉求。这些建筑安然矗立，游客在人少的时候，可以放松脚步，自由、安静地欣赏如油画般的建筑，聆听建筑的声音，慢慢地品味这里的一砖一瓦，一花一草。而来自全国各地的男男女女，打卡拍照，喝茶聊天，商贩的叫卖以及在路边的驻唱，又为这个地方创造了一种群体欢腾、集体凝视的景观场。这种集体凝视的景观场所建构起的是让人沉浸其中、卷入其内的力量，带给人以根深蒂固和亲密感。

第九章　旅游体验质量的评价与测量

　　随着世界经济模式从服务经济向体验经济的转变，旅游者的体验越来越受到旅游产业的重视。从本质上来说，旅游者的消费实际上是在寻找一种特殊的体验，而旅游企业要想获得可持续的竞争力则是为游客创造或提供令其难忘的体验（Ritchie & Orouch，2003）。因此，如何科学、有效地评估或测量游客体验，了解游客体验的质量与结果，进而优化旅游产品和服务则构成了学术界及业界共同思考的问题。本章重点讨论旅游体验质量的评价与测量问题：首先，指出了旅游体验质量测量中的困惑，并解析该困惑产生的原因；其次，提出了旅游体验质量测量的几点构想，强调了旅游体验质量的测量需要结合具体的情境展开；最后，以休闲农庄旅游为情境，构建适合于该情境场的旅游体验质量评价指标体系，以为其他旅游情境体验质量测量体系的构建提供参考。

第一节　旅游体验质量测量中的困惑

　　关于旅游体验质量的测量，具有诸多代表性的成果。比如，奥托和里奇（1996）从服务营销的视角来研究旅游体验，开发出测量服务体验的量表，包括享乐、内心的宁静、涉入和承认四个维度在内的 23 个题项。杰克逊和马什（1996）在米哈伊畅爽模型的九个维度（分别是挑战与技能的平衡、知行合一、清晰的目标、明确的反馈、精力集中在手头任务上、控制感、自我意识的丧失、时间的扭曲、有目的的体验）的基础上，开发出测量畅爽体验的量表。马天（2021）在其著作《从满意度到愉悦度：旅游体验评价的一体化转向》中，比较系统地讨论了旅游体验质量的测量问题，表达了对旅游体验质量测量问题的关切。该研究的初衷缘起于他在研究过程中遇到的困惑，他在一项研究中使用已有的旅游满意度评价方法时暴露出测量失效的问题，从而引起对该问题的一系列反思和批判，最终形成对游客体验质量科学评价与测量理论的构建和新知识的探索。马天指出，目前一些实证研究往往使用游客满意度来测量旅游体验质量——让旅游者对旅游产品的物理属性和服务质量进行认知评价，但这种方法并未真正触及旅游体验，因此未能有效地对旅游体验进行评价。因此，马天细致地剖析了满意度与旅游体验质量内涵之间的关系。满意度重在对产品质量和服务质量的具体属性进行认知评价，而旅游体验质量则是旅游者对旅游体验整体的、心理的评价。也就是说，满意度更偏向于对功能属性的评判，而旅游体验质量更倾向于心理上的评价。另外，相对于满意度而言，旅游体验质量的外延更广。笔者认同马天从本质内涵的角度反思这两个概念的差异及其所给出的尝试性界定，因为这显然有助于理解两种测量工具各自的适用性问题。但对于旅游体验质量测量为什么会失效，笔者认为其根源或许来源于部分研究盲目的借鉴或拿来。也就是说，有的旅游学者常常借鉴已有的满意度或体验质量测量工具用于研究中，但已有的测量工具在原来的研究和新开展的研究中可能会存在测量对象、测量情境、测量尺度的差异。具体来说，首先，某些研究中的测量工具本来用于测量工业或其他服务性产业的产品或服务，但有的研究没有特别结合旅游属性加以改良而直接使用，同时旅游企业还存在景区、酒店和旅行社等服务性质上的差别，不同性质的服务其评价元素是具有区别的；其次，旅游场会存在情境上的差别，如民族村寨、博物馆、主题游乐园等彼此具有内容上的差别和情境上的差异，因此测量不同情境场的旅游体验质量时应有针对性，而不能随意地套用；最后，测量对象还有尺度上的差别，旅游目的地和旅游企业的要素构成和包容度都不一样，相应的旅游体验质量测量也应不同。实际上，这种现象并非完全局限于旅游体验质量测量领域。因此，旅游学科在理论的借鉴和移植过程中，应尽量避免理论的简单移植与生吞活剥，借用过程中需要从对象相似性、情境趋同性、内容要素的多寡性等角度进行仔细的研究与推敲，必要时还得做出本土化的改良与探索。

第二节　旅游体验质量测量问题的几点构想

马天在其著作《从满意度到愉悦度：旅游体验评价的一体化转向》中表达了一个核心的观点，旅游体验质量的测量不应只关注产品的功能要素，即传统的满意度测量工具有弊端。这种观点在不少的西方研究中有类似的表述。比如，奥利弗（1989）强调消费者欣喜，认为在现代消费中追求消费者满意是不够的；希尔施曼和霍尔布鲁克（1982）也指出，今天的旅游者想要获得的体验强调的是享乐收益、获得幻想、感觉和情感反应，而不只是功能性收益。因此，马天特别强调旅游体验质量的测量，同时重视体验中的情感反应。基于这种认识，笔者以迪士尼主题公园、尼加拉大瀑布景区和独立宫等作为研究案例地，构建了旅游体验质量和情感反应的测量指标。这种尝试性探索给笔者带来的启发是，旅游体验质量是一个由多要素构成的系统。从现有文献来看，旅游体验往往被认为是一个心理过程，涉及从认知到情感的生成（Tuan & Rithie, 2011；Oh et al., 2016）。而马天在研究中构建的旅游体验作用路径模型则印证了这个观点。基于此，笔者认为旅游体验质量可以视为容纳度较大的评价体系，该体系可由旅游产品功能属性评价（如旅游项目、活动、设施、交通等指标）、旅游服务质量评价（如服务的可靠性、反应性、保证性、移情性等指标）、游客体验感知评价（关注体验本身，如感官体验、认知体验和情感体验等指标）等子系统组成。从这个体系构成来看，满意度及体验的测量都将构成旅游体验质量评价的范畴。这种想法或许与该书中的观点略有不同。笔者不太倾向于将满意度和旅游体验质量视为非此即彼的关系，而认为旅游体验质量包含满意度，满意度实际上也是旅游者体验的一种表现，满意度的存在也非常便利地、直接地让旅游目的地或企业找到自身功能或服务上的不足。在构建旅游体验质量测量体系时，不同的研究者在各自的研究中可以结合其研究的目的与必要性选择旅游体验质量测量系统的全部或局部。本书提出这种构想，实际上是想为原有的满意度测量和最新评价的体验测量找到一个"合法"的位置，即肯定满意度测量的价值，不摒弃这种测量方法。

第三节　旅游体验质量测量指标体系构建
——以休闲农庄为例

农庄旅游起源于欧洲。在 20 世纪 60 年代初，某些西班牙农场主就有意把自家宅院改造成旅馆为城市居民提供住宿服务。农庄的农业景观与农事活动逐渐与旅游相结合，开始形成一个规模化、组织化、多样化的产业。农庄旅游产业的发展不仅与游客旅游需求和兴趣的转变有关，还与乡村经济的变化存在重要的关联。比如，英国的农业在过去的 50 年发生了一些改变，包括劳动力减少、农业结构调整和农业收入降低（Frater，1983）。由于农民不能从传统的农业耕作中获得足够的收益，他们开始尝试在农业的基础上从事旅游经营活动进行创收，这种做法既增加了额外的收入，又给地方经济注入了新的活力（Elson et al.，1995）。因此，休闲农庄在意大利、法国、西班牙、德国、美国、波兰、日本、荷兰、澳大利亚、新加坡等国家得到大力倡导与发展（李凌，2011）。近年来，我国的农庄旅游也日渐兴起，政府部门给休闲农庄的发展提供了政策上的有力支持，《关于落实发展新理念加快农业现代化实现全面小康目标的若干意见》《关于进一步促进休闲农业健康持续发展的通知》等一系列政策纷纷出台。休闲农庄的蓬勃发展也引起了旅游学术界的关注。但无论是西方学者还是国内学者，都是从宏观角度讨论休闲农庄的规划设计与经营发展等问题的，相对缺乏微观角度的探讨，如休闲农庄游客的旅游体验及其质量评价等问题。事实上，游客体验作为旅游的核心，是一个值得讨论的问题。本书通过文献研究发现，既有的关于休闲农庄游客旅游体验质量评价指标体系构建的研究均存在一定的缺陷和不足，因此本书收集并定性分析了浙江省休闲农庄游客旅游体验感知评价的数据，力图解释休闲农庄游客旅游体验质量的影响因素及作用机制，进而构建科学的休闲农庄游客旅游体验质量评价指标体系。本研究将有助于从理论上深化对休闲农庄游客旅游体验质量评价与测量的认识，为休闲农庄游客旅游体验质量评价奠定基础，甚至可为我国休闲农庄科学、合理的规划设计，提高经营管理水平等提供经验借鉴与理论支撑。

在体验经济时代，游客更加关注自己的内心体验。他们愿意花费时间、金钱和精力投入到一段未知的旅程，期盼借此获得日常生活世界里难以体会得到的感受，收获一段愉悦且难忘的记忆。休闲农庄好比一个与日常生活存在差异的空间，在精心设计的舞台上，游客上演着消费戏剧，在农庄享受风味餐、观赏优美的小桥流水庭院景观，体验着农事活动，沉浸其中。值得我们探讨的问题是：游客在休闲农庄能够获得哪些体验？又有哪些因素会影响游客的体验感受？这些体验对游客产生哪些层面的影响？本书将对以上问题进行较为深入的探讨。

一、休闲农庄游客体验的类属分析

首先需要强调一点，旅游者的体验不是单一感官的刺激，而是各种器官多方感受旅游的瞬间。正如段义孚（1998）所指出的，触觉、嗅觉、听觉和味觉，不能单独使人体会到外在空间世界的存在。在休闲农庄体验的过程中，游客所收获的是"整体的身体体验"，即体验绝非停留于感官的刺激阶段，它最终以具有具体内涵的身体感受的方式传达给旅游者（Andrew，2005）。扎根于文本资料的分析，笔者与樊友猛一起提炼出几种休闲农庄游客所获得的身体感受，并论述如下：

1. 舒缓感与宁静感

西方学者朗克曾经说过，这个社会上各行各色、各个阶层的人们都有着一种逃避的冲动，人生来就容易对长期生活的环境产生厌恶，不论是好是坏，都有对区别于自我世界的另一世界的渴求，并且这种心理在人们心中越来越普遍。随着农业社会向工业社会转变，并向信息化与后现代化社会迈进，传统生活正在转换为快节奏的工作社会，快节奏社会进而转向压力社会。在此环境中，理性被高扬，"大脑支配身体"成为人生的常态，身体沦为工具化的存在，长期处于高速运转的状态。"快"不仅是这个时代的表征，更深深地嵌入到人的肉体之中。诸如"紧张的都市生活让人们身心疲惫"的表述被众多休闲农庄游客所提起。紧绷的身体渴望松弛，体验舒适、放松和缓慢显得更加迫切和紧要。而休闲农庄给城市居民提供了一个充满舒缓节奏的感觉场，提供的是一种慢的生活体验。"很美，静逸，适合停下脚步，感受一些大城市没有的慢生活""晒着太阳，发着呆，听着风声，数着星星，看着四季变化，远离城市的喧嚣"成为城市人的一种向往与渴望。

舒缓感是游客体验到的缓慢、舒适和放松的感觉，它不单是游客所追求的某一时段、某一场景下的即时感受，也将弥漫在整个旅游过程之中。肌肉的放松、血压的平缓、神经的松弛等，这种舒缓的本体感受唤醒了游客对自我身体的觉知。继而，这个身体朝向旅游世界全方位开放，视觉、听觉、触觉等各种感官恢复敏锐，听着耳边潺潺的瀑布声，闻着绿野中新茶的香味，感受着内心的松弛、闲适和平静。基于这种身体感受，游客还可能产生"田园牧歌"等的诗意体验，从而使舒缓感不再局限于生理层面，而是上升至精神和心灵层面。放松的身体产生了一种身体主体式的幸福感。

宁静感是在与城市生活的对比中呈现的。道路上汽车的鸣笛与呼啸，工厂中流水线的机械轰鸣，娱乐场所的各种喧闹……城市的喧嚣让人想逃离，渴望真正的宁静。庆幸的是，坐落于乡村的休闲农庄还保留着自然的声场。游客在乡村体验的宁静感受，迥异于城市封闭空间中的那种绝对沉寂。小河弯弯、小桥流水、鸟语花香，没有都市的拥堵及喧嚣，眼前有的是辽阔的田野风光，浓密的树荫，还有温馨舒适的休闲椅，好一个青山绿水的世外桃源。

2.清新感与洁净感

清新感是指游客获得的清爽、新鲜的感受，主要来源于休闲农庄特有的空气资源、自然环境和气候特征等，涉及嗅觉、肤觉、内感觉等。

正如某游客的叙述："那环境、那空气，特别清新，呼吸着田园的清新空气。"在当前城市的媒体和社交生活中，"雾霾""人肉吸霾器"已经成为流行词语，为躲避环境污染而外出旅行、旅居，已经发展为一定规模的社会现象。在休闲农庄的体验过程中，众多游客提及对空气的体验，并做出各种活泼的表达，如"给自己的肺部做一个 SPA""氧气浴""沁人心脾""醉氧"等，从中可以看出游客对于清新感的热情。

游客的洁净感主要发生在对农庄环境和饮食的体验上。需要强调的是，并非所有的休闲农庄都能带给游客洁净的体验感受。事实上，本研究的样本中所反映出来的是不少游客对休闲农庄环境卫生和饮食条件的不满，并成为影响休闲农庄游客体验质量的一个重要的因素。正因如此，对游客而言，干净整洁的物质环境是获得正向体验的基本前提。当洁净感得到满足时，不一定令游客情绪高涨，但当洁净感受到冲击时，必然会破坏整个游程的兴致。游客对体验农庄的农副产品有着特别的偏爱，通常将其与"绿色""无公害""纯天然""健康"等具有清洁、卫生含义的概念联系起来。有的游客曾说过："第一次见到柿子树好激动！老板带我们去田里挖菜，纯天然的！好激动！"洁净感并非个体单纯的生理反应，而是不同的生活背景、成长环境与具体身体的结合，由此不同的游客会对同样的感官信息产生不同的解读与感受。即使对于同一个体，游客对乡村洁净的评判也常摇摆不定。进一步而言，乡村和城市对何谓"干净"有着不同的评价标准，旅游体验中的洁净感实际上与更宏观的社会进程有关。游客离开城市，是为了反抗城市生活加诸其身的种种标准、规范，但又不可能完全抛弃在此环境中形成的习惯，因而乡村旅游表现为人们对城市所代表的现代性的"好恶交织"（王宁，1999）。

3.新奇感与重逢感

休闲农庄的一个重要消费市场是亲子市场，即父母或亲属携带孩子到休闲农庄进行参观游览与休闲度假。家人一起同游能够加深彼此之间的感情，还能让孩子感受城市中不能亲身体验到的新奇事物，丰富孩子的知识，拓宽他们的视野。这种寓教于游的方式深受孩子们的喜欢："导游阿姨让我们摘了许多的青草去喂小动物们，我们看到围栏里的雄孔雀开屏可漂亮了，我可是第一次看见这么漂亮的孔雀。接下来我拿青草去喂山羊，山羊咬到我的小手，吓死我了！"体验新奇感是休闲农庄旅游的一个重要动机，不仅满足了人们对乡村奇特事物的求知欲望，还在具体情境中体会到新鲜奇妙的感受。"绿色的藤架，一大串一大串番茄垂挂下来，红的像玛瑙，青的像翡翠，黄的像水晶，在茂盛的枝叶衬托下，真是美不胜收。我迫不及待地品尝起来，红色的番茄像鸽子蛋那么大，椭圆形，黄色的小一些，也圆一些，但更甜、更嫩，轻轻一碰，就有一条裂纹。"该游客的新奇感在品尝乡村瓜果的过程中被具身化了。因此，新奇的感受首先来自感官的复苏。许多游客有类似的倾向，即在旅游过程中感官体验的灵敏性上升了。这与日常生活中的感官钝化现象形成了鲜明的对照。在现代的城市生活中，"形形色色极不相同的工业产品被聚集在一起，产品像栅栏一样紧挨在一起，让人的感官瘫痪了"（本·海默尔，2008），为体验到兴奋，不得不加大感官刺激，如此循环，逐渐陷入麻木状态，无聊感的蔓延形成了一种日常生活世界的时代症候。相较而言，坐落于城郊或乡村的休闲农庄较少受到现代性的冲击，保留着更具原生性的物质环境和生活状态，是一个生理官能与外界刺激保持原初关联的场域。因此，在休闲农庄中旅游的过程也是官能修复的过程，人的感官信息重新向充满自然、生动的世界开放，新鲜、奇特与兴奋重回身体之中。

与新奇感相对，重逢感是与熟悉的事物再次相遇而引发的意蕴隽永的感受。其实，这种重逢感就是怀旧性的体验。受到一些场景、氛围、物件、事件、音乐，甚至气味的刺激，引起了游客对过去时光的回忆。也就是说，怀旧体验经由各种感官获得。有些游客因农庄提供的美食回想到自己小时候家里饭菜的味道，实现的是与过去的家的空间重逢，它建立在嗅觉、味觉感受之上；游客通过农庄的住宿体验联想到以前的老屋，实现的是与自己曾经的生活经历重逢，它建立在房子的"冬暖夏凉"这种肤觉感受之上；而休闲农庄开展的传统游戏，旨在使游客与自己的童年重逢，它建立在特定的身体运动方式之上。从内容上来看，分为个体怀旧和集体怀旧。个体怀旧主要怀念的是个人过去实实在在经历过的事情，是属于人生的一部分，具备更多个人经历的属性特点，属于对个人记忆的追寻。通过美食体验回忆起小时候家里饭菜的味道以及住宿体验激起对老屋的想念都属于个体怀旧体验。集体怀旧是大众群体在受到拥有相同记忆的事物等符号象征的刺激作用下而引发全民性共同回望过去，更多的可能是对某个年代、某些历史事件、某些共同记忆场景的怀旧，具有高度公众化的特征。比如，秀山美地休闲农庄的餐厅取名为人民公社餐厅，门前张贴着公社时期的电影海报，墙上挂着各式各样的图画，题有毛主席语录，盘子上印的是人民公社大食堂的字样，正是通过知青年代场景的重现引起老一辈知青人的青春回忆与满血激情。

4.自主感与如家感

自主感是指游客在旅游过程中感受到有能力控制自己的身体，自由活动，并实现自我意志的状态。自主感的获得渠道具有多样性的特征：自主感可以在饮食自助体验中获得，它意味着主体不用受限于特定的情境规制，而是拥有更多的自由选择机会，并依此来创造独特的体验情境。游客选择"自助烧烤""自己动手生火做饭"，主动参与体验的生成过程，在这种"身与境遇"的全新可能中感受到独一无二的愉悦。自主感也可以在农活体验中产生。在游客看来，农庄老板娘带领他们一行人上山去挖笋，去自家的田里摘菜，感觉非常棒。对游客而言，"自己劳作"至关重要。首先，它能够激发游客自我的身体潜能，并在劳作的姿势和动作中确证自我的切实存在性；其次，游客对农事过程和技能的掌握，成为对周围世界进行掌握的具身隐喻，人与世界的密切关联被凸显出来。在此，人"在世存在"的欲求通过身体"在世存在"的方式实现了。

游客对自主感的渴望，是在现代社会"身体殖民"的背景下产生的。一方面，在现代社会的全景敞视中，人随时受到权力之眼的监视与规训，身体被剥离出情感和精神要素，沦为对象化的存在；另一方面，物质的丰饶和消费的异化，令人与物之间的关系由"役物"变为"役于物"，人的身体也在物化之中日渐萎靡。旅游世界作为日常生活世界的反结构存在，为消除"身体殖民"、拯救人的主体性提供了可能。尤其在休闲农庄旅游这种与现代城市鲜明对立的形式中，游客通过对自主感的体验，真正使身体成为积极行动的自我的"所在"（吉登斯，1998）。

如家感是指游客在自由、放松状态下体验到像在家里的那种真诚、亲切与温暖的感觉。对来自城市的游客而言，城市和乡村在物理空间上呈现出"家—异乡"关系，但在旅游体验中，游客把他乡作故乡，在感受上出现"异乡—家"这种结构性逆转，其原因就在于这种"如家感"的得失。在日常所居的城市，大家是"熟悉的陌生人"，彼此关系冷漠，缺乏信任，以致有人在城市定居多年仍自命为"游子"，但来到农庄，在农庄老板的热情款待下，一种久违的家的感觉便浮现出来。"突然觉得好像在自己家一样，在这里住了两个晚上最让老公满意的是樱樱爸爸做的美食，每次出门都担心吃不饱的老公这次竟然很满意，红烧豆腐、笋、腊肉、烧茄子、红烧鱼，每餐都不一样的菜品，老公说每次都有期待、有惊喜。"如家感在主人与客人之间本真性的交往中产生。这种交往需要在自然情境下进行，如游客的子女与房东的子女之间的互动，就很自然地参与到对家的氛围的建构之中，使主客交往成为自然而然的日常生活呈现。这种农家特有的亲切感，使得人与人之间的距离在这里拉近了。

二、休闲农庄游客体验的核心影响因素

通过分析，最终提炼出影响休闲农场游客体验的核心要素，包括环境氛围、规划设计、体验活动、旅游从业者的服务和基础设施。

1.环境氛围

体验经济时代下，旅游者对旅游景区的环境氛围有着比较高的要求。环境氛围的好坏直接影响潜在旅游者的最终购买决策，并决定旅游者在体验过程中产生的心理感受。通过对体验环境进行针对性的设计，使游客投入到环境体验中去，与体验环境形成良性互动，以此实现游客的忠诚。从本研究分析的结果来看，休闲农庄的环境氛围对游客旅游体验质量的影响不容忽视，具体表现在以下方面：

（1）田园牧歌式的乡村意境。古今中外人类追寻理想国度的愿望一直存在，这从西方"乌托邦"以及东方"桃花源"称谓的出现就可窥知一二。许多游客表示，城市的灯红酒绿吸引不了他们的目光，他们开始厌倦城市的喧嚣，更喜欢盛世田园的生活与乡村的宁静与简洁，并把乡

村看作是他们所要寻找的理想国度。乡村是一个被安静祥和事物所围绕的环境，能够正面地连接人与人，促使彼此之间产生照应、扶持、关注的互动关系，逐渐给予人们归属感和安全感（Rye, 2006）。由于休闲农庄一般处于乡村、风景区或城郊，其拥有的自然资源的禀赋给那些怀有田园生活憧憬的人提供了相继到访的理由。"车子爬坡而上，道路两边翠竹依依，完全是我喜欢的田园牧歌式的农村，到了一处平坦地面，看到布局井然有序的几处茅屋草舍，这想必就是我们要造访的农庄了。农人在田间犁地，天高云淡，鸡鸭闲散步行，这不就是陶渊明隐居东篱下悠然见南山的所在嘛。"城市居民向往田园牧歌式的生活，苦于在日常生活世界里无法获得满足，幸于在旅游世界中还能暂时性地去体会和感受。驱动游客探访农庄的动力是基于一种浪漫主义式的想象。在某些游客的眼里，休闲农庄代表着"自然""清新""纯净""纯真"，可以为他们提供一个建构田园梦的平台。游客目之所及尽是"诗意的田园风光"，自然感到"说不出的惬意"，情不自禁地沉浸在其中。一位游客回忆道："片片青绿色的草地映入眼帘，远处的牛羊星星点点，眼界的尽头是深绿色的小森林，这诗意的田园风景由整片淡蓝色的天空做衬底，耳边就差牛仔弹吉他的插曲应景奏起了。我们已融入这幅美景中啦。"游客看到的是美丽的田园山林的自然景色；听到的是大自然虫鸣鸟语的天籁之声；闻到的是花果清香和泥土芬芳；尝到的是有机的美食；触及到的是果实或动物的体态。虽然游客是"被安排"到这种环境下，但是众多美好的事物带来的感官体验会让其产生愉悦的体验。

（2）和谐的景观环境。由于选址的原因，休闲农庄所处的环境往往清幽静谧、生态资源比较丰富，连同农田、果园、山川湖泊等元素一起搭建旅游的时空框架。美国著名的风景园林设计大师西蒙兹认为："应把青山、峡谷、阳光、水、植物和空气带进计划领域，细心而有系统地把建筑置于群山之间、河谷之畔，并于风景之中。"从游客体验的角度来说，休闲农庄的景观在设计上以消费者体验大自然为基调，有助于让游客在山水间体验到淳朴、简单的生活节奏和氛围。有游客作了这般描述："农庄的建筑风格从返璞归真、回归自然的角度出发，营造出了比较自然、情趣的特色风格，如鱼池荷塘、竹亭树篱、郁林竹径、栈道廊桥、连理古树、小桥流水，真的使人仿佛进入了陶源明笔下的世外桃源。"休闲农庄的建筑或景观的设计，不仅要与外部环境相协调，同样需要考虑其内部的和谐性。当休闲农庄所营造的氛围与其环境景观相互契合时，会让游客产生美好的体验与正面的评价。如果出现了让人失望的画面、嘈杂的声音或突兀的装饰，游客经常会产生负面情绪，感觉"不能投入"，甚至产生"很想投诉"或"下次不再来"的念头。在我们的调研中，能够观察到不少的休闲农庄在建筑或景观设计上，经常把一些与农村天然风格不协调的元素加入其中。例如，把一座欧式建筑放置于田园山水之间，破坏了整个环境氛围的清淡。同样一些休闲农庄内部的不同功能区的建筑风格并没有照顾到协调性，没有把握好外形变化上的过渡以及材质上的呼应。这种设计造就了景观的"刺点"，带给游客突兀的体验感受。例如，在宁波大桥生态农庄，游客不仅会看到各种新鲜的蔬菜，还会看到蔬菜雕像，如南瓜屋、南瓜篮子等。关于这方面，台湾的头城休闲农庄的景观建设给我们提供了参考。稻田间穿着传统农家服饰的稻草人、路边的稻草水牛，描绘农场自然生态主题的彩绘墙、树枝雕塑、农用车等，这些装饰设施由乡土材料或农用具再创作而成，生态环保形式生动活泼、富有创意，展现了农村特点，烘托了乡村氛围。

（3）诱发多重感官刺激的场所氛围。场所氛围属于非视觉方面，包括音乐、气味、温度等，这些在背景中不易被察觉，但它们所起的作用却不容小觑。以听觉为例，现代城市居民生活在交通运输噪声、工厂噪声、建筑施工噪声和社会噪声四大噪声污染环境之中，除了音乐以外，人们很少接触到自然界的听觉美，往往为了躲避居住地的喧闹声而踏上旅游的行程，聆听大自然的声音。在休闲农庄的体验过程中，游客不仅能从听觉上感受到美好的体验，游客也能从触觉、嗅觉上引发愉悦的感受。在小朋友的游记中描述道："走进农庄，放眼望去，两旁都是树林、竹子、绿油油的一片，清新的空气随风而来，顿时感到神清气爽，忘掉了学习中的不快。""那潺潺的流水声，流进了我们的心田。"从小朋友的表述中可窥见，清新的空气、潺潺的流水让他们感到愉悦。诸如此类的例子很多。游客回忆道："动物的叫唤、昆虫的鸣叫、荷叶的芬芳、炊烟的糊味，甚至马粪的腐味、牛羊的膻味等都能留下难忘的记忆"。因此，场所氛围的营造对游客体验质量的提升显得尤为重要。另外，休闲农庄氛围的设计还应强调多重感官的刺激。如果只有一种格局、一种情趣、一种感受，是无法满足公众的多种取向的。正如余晓宝（2006）所提到的，这就要求听觉、触觉、嗅觉、味觉并用，耳闻目睹，身体触摸，甚至是口能品尝，并借助现代科技的手段来延伸自己的感官，用器械来增加刺激与感受，这样才能满足现代人对氛围的多感官要求。

2. 规划设计

将休闲农庄的"交通区位及可进入性""空间规划""景观设计""活动规划"归类为"规划设计"要素。

（1）交通区位及可进入性。从区位上来说，休闲农庄一般选择建在城市近郊或风景名胜区周边地带。由于城市近郊交通便利、客源稳定、区位优势明显，适宜发展休闲农庄旅游项目；而在风景名胜区周边地带，由于以风景区丰富的旅游资源为依托，以风景区大量客源为基础，因此便于发展休闲农庄旅游项目。一些既无区位优势也无客源基础的地方，若盲目进行农家乐旅游开发，很难达到预期效果。同样，可进入性的好与坏会影响休闲农庄的经营效果。由于交通的进步和发展所反映出来的社会公共硬件的改善和提高，目标市场的结构发生了变化，这就是交通决定旅游（陶卓明和卢亮，2005）。根据黄益通（2016）的抽样调查，发现选择以自驾游的方式抵达休闲农庄的游客占66.7%。便利的交通条件正好符合人们驾车出行的心理，是休闲农庄发展兴旺的基础（王莉，2004）。对于这个论断，以受访者提供的一个案例为证："富阳天地生态休闲农庄最初因为来往于杭州与富阳之间有收费站，而公路又没有通到农庄，交通不便，所以生意清淡。不久，利好消息接踵而至，先是撤走了收费站，后是公路通到了农庄边上。农庄的主人在里面盖起了小木屋，种植了四季不同的果树和蔬菜，这种以生态、绿色为特色的经营，一传十、十传百，光临农庄的客人越来越多，经营规模也日益扩大。如今这个农庄正成为许多城里人青睐的休闲度假场所。"其实，可进入性问题不仅影响休闲农庄的经营状况，还会对游客的旅游体验质量产生直接影响。当交通通达，信息便利时，游客便会欣然前往；当山路十八弯，交通闭塞时，游客即便怀有追梦的心也会渐渐疲惫在舟车劳顿的路上。从调查资料来看，游客在可进入性问题上感到不满的主要原因有：一是农庄地理位置偏僻，不容易找到；二是基础设施不完善，农庄周边交通不便利。当游客提到米亚罗农庄之旅时，抱怨道："米亚罗农庄在临安，藏在一个非常隐蔽的地方，不可能有人路过。要不是老板开着宝马跑车来带路，铁定寻不到。"宋妮（2007）曾给出休闲农庄选址的建议，休闲农庄在选址上最好位于交通主干线旁或附近，有次级道路作辅助，还可以向经过的游客展示标志性景点。

（2）空间规划。对休闲农庄来说，出色的空间规划使其能够获得较为广泛的客源。对游客而言，休闲农庄的规划安排是他们体验的来源之一。空间规划的适当与科学，能够让游客获得积极正面的感受与评价。结合游客的体验来看，空间规划对其体验的影响主要反映在休闲农庄与外部布局的互动性以及内部的功能区划、旅游活动项目的设计与游憩设施的安排等方面。就外部布局而言，游客希望到访的农庄与其他农庄或景点相连，能够"结合周边农庄体验游"附带着去看看其他景点。结束了碧云花园农庄之旅，有游客向其他人做出正面推荐："非常不错的新农庄旅游点，和周边的巧克力乐园、十里水乡等连成一体，值得一去。"从游客体验的角度来说，若休闲农庄能与所在区域发展形成互动，既能增加他们的出游兴趣，吸引到更多的旅游者，又能提升游客的体验质量。关于休闲农庄的内部空间规划的设计，应遵循休闲农庄游客的生理和心理规律，关注游客的旅游需求及活动偏好等。从游客的反馈情况来看，带给他们愉悦体验的内部空间规划大致表现为区域的划分要合理（不应杂乱）、空间尺度要适宜人的活动（不宜造成拥挤感、等待感）、游憩场所服务设施要完善（有一定数量的遮阴亭与休息椅）、提供的休闲活动项目应满足使用者的心理需求和行为习性等。例如，杨墩休闲农庄"真的很大"，整个园区占地1 300余亩，但是有科学的分区，集农业生产、生态旅游、科普教育、人文历史等多功能于一体，游客可以与亲人、朋友一起在水果采摘区采摘水果，可以在有机蔬菜展示区当一把"小菜农"，可以体验垂钓和水上竹筏，还可以玩一场充满刺激的真人 CS 游戏或参与户外拓展训练。

（3）景观设计。由于城市化进程越来越快，许多老房子还没来得及被怀念就已经被推翻新建高楼大厦，因此休闲农庄的农业景观特色就显得格外重要。特别是城市游客在看惯了钢筋水泥筑造的城市高楼之后对乡村风情、原生态的建筑有着特别的情愫。立足于现有特色资源，充分发掘自身优势往往是休闲农场最明智的选择。休闲农庄的视觉景观形象设计要突出乡村景观特色，如在植被铺设规划上，要避免景观城市化，用竹子、柳树、桑树、向日葵、油菜花，或者桃、李、柿子、批把等果树来替代香樟、火棘、玉兰、桂花、八角金盘等城市常规绿化植物；在建筑设计上，要尽量运用当地的木材、石料、竹子、藤类等自然材料，建筑物密集度应降低，避免过高、过大、过于标新立异的建筑设施和西式别墅出现。但需要指出的是，休闲农庄的目标市场是城市居民，他们虽然希望获得农村新奇的体验感受，但习惯于原本城市中清洁的环境和卫生标准。因此，休闲农庄在建筑设施上进行规划设计时，除了色彩、材料要与环境协调，保持乡土气息外，还要重视软环境的治理，提高接待设施的卫生标准，杜绝诸如垃圾成堆、污水横流，厕所卫生差等"视觉污染"。

（4）活动规划。休闲农庄的自然资源固然重要，但是关键还在于体验活动本身以及游客与休闲农庄整体服务系统的接触。尽管一个休闲农庄拥有美丽的风景或者丰富多样的生态环境，但是没有体验活动的牵引，游客就无法真正有效地参与其中，或许只是走马观花、蜻蜓点水，根本无法与景观互动，难以得到快乐的体验。休闲农庄是一个提供给游客若干休闲活动的场所，如果农庄体验活动的规划能够满足游客的期望或需求，则有助于提升游客的体验质量。"活动规划"主要描写了活动的预约、排队、时间、地点、场次等要素。当休闲农庄游客较多而没有合理的分流时，拥挤不堪会让游客"难受"，排队等待时间过久而得不到诉求，游客便会"失去耐心"。一位游客曾表示："当好不容易排到我可以喂羊时，却发现有的羊爱吃不吃，大概都被其他人喂饱了吧。"此时，游客的内心是失望和不满的；相反，当可以提前预约避开人潮时，游客会心情舒畅。活动过程流畅，游客会乐在其中；活动的时间和地点安排得当，游客会觉得"很贴心"；当得知假日还会安排特色活动时，游客会有兴奋、跃跃欲试等正面情绪。由此看来，休闲农庄的活动设计是否合理会影响游客的体验质量。

3.体验活动

休闲农庄要让游客感到有价值，就是要让游客感到满意。游客的满意来自美好的体验设计活动，能够给游客带来愉悦的心理感受，吸引游客参与活动。休闲农庄所设计的活动要能让游客的双眼看到美丽的自然景观；双耳听到悦耳的虫鸣鸟叫、天籁之声；鼻子闻到自然的花香、果香、草香；口舌尝到新鲜的蔬菜、水果和美味的料理；肌肤触摸到果实、动物的体态，感动游客的五种感官。

（1）主题与特色。李凌（2011）在十多年前曾指出，浙江省虽坐拥优势条件，但一直没有找到自己的特色，缺少知名的休闲农庄品牌。今天，浙江省休闲农庄产品同质化的问题依然严重。从调研的情况来看，浙江省休闲农庄数量众多，却大同小异，创意不足。休闲农庄的发展经历了两个时代：一个是最初的以钓鱼、打牌、吃农家菜为主的"老三样"时代；另一个是集垂钓、烧烤、养生、娱乐等一系列业态于一身的"大而全"时代。这两种经营模式成为浙江省休闲农庄的主流。但值得注意的是，它们都已不再受到旅游者的青睐。休闲农庄要想有效避免同质化发展，必须细分市场，给游客提供差异化的体验。体验如同产品和服务一样，需要经过精心的设计，休闲农庄应该思考他们能够提供给游客什么样的特殊体验，进而设计出吸引人的体验活动。我们归纳了五个体验设计的要素，为休闲农庄在进行体验设计时提供参考，分别是确定主题、塑造印象、去除负面线索、加入纪念品和结合五种感官的刺激。其中，通往体验的第一步是精心设计一个主题。选择一个好的、具有差异性的主题能够带动所有的活动与设计，利用这个主题能够整合游客的体验感受，让游客留下深刻的印象。"Monica0325"的游记里提到了小王子主题农庄的体验经历给她留下了深刻的印象。位于瑞安市湖岭镇的小王子主题农庄是一座以农业生产为基础，以田园休闲体验与户外拓展运动为特色，以童年童话为主题，以农业文化创意为核心竞争力的现代化休闲观光农庄。农庄内随处可见的匠心独运的创意设计，如"小王子"主题 logo、创意涂鸦的童话石头、打造成"hello kitty"造型的水池以及路上的樱花、熊掌地标，与"童年童话"这一主题相呼应，而疯狂童话城、收藏屋、动物乐园都与童话主题密切相关。

尽管小王子主题农庄在产品创新方面做出了努力和尝试，但浙江省休闲农庄总体上的创新性还是不够。在这方面，台湾休闲农庄的规划与设计值得借鉴。独特的创意设计，是台湾休闲农庄在竞争中取胜的一大法宝。台湾的休闲农庄普遍不求大求洋，而是求新求异，强调主题设计。比如，关西地区盛产仙草，经营者在规划农庄时围绕仙草主题来打造，让整个农庄充满了有别于其他农庄特殊的风味。进入农庄后，从农庄内弥漫的仙草香到墙壁上大型的仙草解说看板、生态游步道内种植的仙草、展示区内的仙草干、商品区所有贩卖的商品都和仙草脱不了关系，让游客在品尝美食的同时，也能够了解仙草的相关信息。在感官体验方面，农庄规划了一些让游客能够直接了解一般仙草的现品，由于仙草不是一年四季都有的，因此通过制作图片来解说，让游客能够看得到；在嗅觉方面，让游客闻到仙草不同于一般植物的独特气味；在触觉方面，让游客 DIY 仙草饮品；在听觉方面，对仙草的制作过程进行解说，增加游客的认知。值得强调的是，台湾的休闲农庄重视细节设计的创意，重视保护地方特色，力避雷同，其各种设施如路牌、标识、垃圾桶等的设计都十分讲究，成为农庄内独特的标志和景观。这种创意设计不仅体现在主题配合、材质、外观、色彩、形式上，还体现在图文内容配合、设置地点及方式上（周琼，2014），彰显农庄的特殊文化风格，达到使用功能与审美的完美结合。比如，淡水渔人码头的垃圾桶、标识牌，以及酒店的阳台和走道的栏杆等的创意设计，充满了海洋和渔业特色；大湖酒庄各种设施的设计，从大的售货亭、招牌到小的垃圾桶、电灯开关，无不与草莓有关；飞牛牧场的各种饰品都跟奶牛有关。

（2）有趣、刺激、具有挑战性。在资金、规模、地理位置等各种因素的制约下，很多农户在建设休闲农庄的过程中，往往照搬其他农庄的发展模式。还有一些休闲农庄无论是房屋的结构布局、室内的装饰，还是菜肴的品种与饭菜的烹制均与城市餐饮店大致相同，难以体现农家特色。另外，在休闲娱乐服务的设计上也过于单调雷同，主要以观光、垂钓和棋牌活动为主，相关休闲体验项目则较少。久而久之，游客去得多了便会感到一些厌倦，缺乏新鲜感（周熹，2013）。休闲农庄的体验活动应具有一定的特色，游客才会受到它的影响进而前往体验，从中满足游客"有趣""新鲜""好玩"的需求。有受访者明确表示："农庄的活动必须要有趣味性，没有趣味性，如果只是风景，那它就像一个生态公园、一般性的公园，我觉得农庄的体验活动必须要有趣味性才能吸引我们年轻人。"因此，对休闲农庄而言，不应该局限于棋牌、垂钓、喝茶、吃农家菜等简单的"农家乐""渔家乐"模式，而是可以借用乡村这个平台，利用传统节庆，推出一些传统主题活动或者赛事，如划龙舟、斗鸡、斗牛、演社戏、小猪赛跑等趣味活动，供游客以娱乐体验。有的游客回忆起奥多奇农庄的体验经历，仍然记忆犹新："瞧，'运动员们'已经整装待发了。随着'裁判'一声令下，几头粉嫩的小猪冲出了起跑线。泥泞的小道上，肥胖的身躯你追我赶的，好不热闹！'加油！加油！'围观的人们也铆足了劲喊着。钻过设置在跑道中的圆圈，小猪们纷纷停下了奔跑的脚步，开始慢悠悠地踱步，粉色的鼻子在泥地里拱来拱去，嗬，是在找吃的呢！看着小猪扇着大耳朵的可爱样子，大家都被逗笑了。"

心理学家契克森米哈赖（1997）认为，具有适当的挑战性可让一个人深深沉浸其中，以至于忘记了时间的流逝，意识不到自己的存在。活动缺乏挑战性，就无法让游客产生想要体验的情绪，体验活动的挑战性只有在可以克服的范围内，才会让游客产生正面的影响。由此看来，活动的挑战性是吸引游客沉浸其中难以自拔的重要因素，同时要达到快乐体验必须在挑战性和游客的能力之间建立平衡。当活动的挑战性是在游客可以克服的范围内时，游客会觉得"有难度，完成了超有成就感"，且引发如何克服挑战、当初怎么做会更好的反思；当活动挑战性太大，游客无法攻克时，游客会有放弃的行为，无法得到满足感。上文其实已经提到，游客在休闲农庄体验的过程中还会追求自我实现，如实现自己的愿望、挑战自我、独立完成任务或解决问题等。成就感作为一种积极的情绪体验，是人们在心理需求得到认可、自我价值得以实现时的一种心理满足。

（3）活动的亲身参与。大多数生态休闲农庄的产品仅停留在观光的基础层面上，而农事休闲活动很少，也缺乏创意和吸引力（王晶晶和陈宸，2016）。各农庄的休闲活动内容普遍雷同，主要以素质拓展类为主，并未体现生态农庄的特色。为实现生态休闲农庄的休闲体验功能，需以生态休闲农庄自身特色为基础，设计出参与性强的休闲活动，提高农事活动项目的体验性（陈宸和石潇纯，2015）。从休闲农庄游客的体验效果来看，游客的亲身参与和融入感是其获得愉悦感受的不可或缺的要素。体验活动的核心就是需要互动，若不亲身参与其中，就无法获得这份体验。在休闲农庄中，无论是"动物和人零距离"还是"森林和人零距离"，只有参与了、融入了，才能收获"快乐和人零距离"。以杨墩休闲农庄的风筝 DIY 体验活动为例，首先游客得参与其中并且投入时间和心血，在这个过程中会出现有趣、新奇、苦尽甘来、高兴激动、成就感等一系列的心路历程，可以感受到手作的乐趣，家人、朋友关系的拉近，还可以学习到制作风筝的知识。然后，当风筝完成时，游客不仅可以放飞自己的杰作，还可以作为礼物送给亲友，收获了甜蜜的回忆。对休闲农庄而言，可以将农业丰富的资源开发为多样化的旅游产品，提供丰富的项目类型，包括体验农作生产、农村趣味运动的生产体验项目，品尝特色料理、旅居民宿农庄、地方民俗文化的生活体验项目，乡村自然景观、生态解说教育的生态体验项目等。生产体验项目主要挖掘和利用了农业生产资源，包括农耕活动、农具、农作物、家禽家畜等资源，规划采摘、DIY 制作、喂养等体验活动；生活体验项目主要挖掘和利用了农村饮食文化、服饰、生活器具、民俗节庆等生活资源，设置制作、品尝、参观表演等体验活动；生态体验项目主要依托于农村的自然景观，包括气象景观、农田景观、原始自然树林景观、野生动植物资源等，规划特色观赏步道、生态导览解说等体验活动。在规划设计体验项目时，应对这三个方面的资源进行深入挖掘，并且重视体验的主题性营造，注重主题体验的深度，重视参与性、寓教于乐的体验。

（4）知识教育。由于文化差异性，农村是一个充满未知的世界，传统的农事活动、建筑风格及空间布局、质朴的人际关系、民风民俗等都使游客充满好奇，因此游客对其有着强烈的认知意愿。教育体验的目标市场多为生活在城市中的青少年。他们对农村、农事了解甚少，尽管学校会安排一些生物、科学等课程，但仍是纸上谈兵，缺乏实践。农村是一本百科全书，是很好的脚本（吴希宝，2009），因此休闲农庄应该把握这类游客的需求，将游憩活动和学校课程相结合，通过体验放羊、养鸡、捉鱼、种菜、摘果、采茶、制陶、砍柴、织布、酿酒等各项农事活动，让其了解农耕文化、农村风俗，体会劳作的艰辛和收获的喜悦。当游客通过积极的参与，在休闲农庄轻松淳朴的氛围中实现了求知的欲望之后，就能获得精神上的充实与愉悦，从而萌发重游的意愿。

4.旅游从业者的服务

人际互动是旅游体验的重要途径之一，自然对旅游体验质量具有重要影响。旅游世界中的人际互动可以发生在旅游者与其他旅游者之间、旅游者与服务人员之间。其中，旅游者与服务人员之间的互动，既可以给旅游者带来积极的体验，也可以造成负面的情绪体验。在游客与农庄工作人员互动的过程中，员工的专业性、真实性和服务态度将对游客的旅游体验产生重要的影响。

（1）专业性。专业性主要描述的是休闲农庄服务人员的专业技能，包括餐饮服务、娱乐活动的引导和场面把控以及引人入胜的解说能力等。休闲农庄所提供的丰富多彩的体验活动，基本上都是依靠服务人员来引导和解说的，否则游客就难以享受这个体验。有的游客表示："我很喜欢大自然，可是我对那些东西不是完全熟悉的，我想要听听他们的讲解。"可见，一些介绍牌这种单纯字面上的解释难以说明体验中的一些具体情况和各种危机处理，必须靠服务人员来说明并且时时刻刻把控着活动进度。因此，服务人员的引导和控场能力对游客的深度体验有着很重要的影响。当服务人员能够巧妙地引导并能很好地把控活动的进度和氛围时，游客会"很投入""能够静下心来感受"，配合服务人员工作的同时，也让自己得到了身临其境的体验，更加体会到体验活动的精髓。如果把服务人员的引导和控场能力比喻成体验的骨架，那么解说能力就是体验的灵魂。一般来说，视觉效果最直观，也比较容易达到，而要带给游客美好的听觉效果，想要通过员工的"说"去触动游客的"听"和"想"则相对困难。导览解说主要通过听觉刺激去传达信息，满足游客的求知欲，这也是能让游客感受农庄与众不同的地方。当解说传递的信息很充实且可信时，游客会接收到知识体验，甚至还会引起关联记忆的思考。有游客反映："内容很充实，学习到很多不知道的东西，让我联想到标本制作……好特别。"由此可见，服务人员的解说能力对游客体验有着重要影响。本研究同样发现由于服务人员专业能力不强而导致游客的抱怨。比如，有的游客抱怨就餐时的感受："上菜也没有经过培训，爱摆哪里就摆哪里，重手重脚的，顺序也乱七八糟。"其实，这种状况在休闲农庄比较常见。由于休闲农庄经营的周期性以及家族式经营模式，旅游从业人员大多半路出家，没有经过专业培训，不具备专业的服务水平，这就从根本上决定了休闲农庄从业人员的素质整体水平不高。正因如此，我们更要强调专业性的重要。

（2）真实性。真实性主要描述员工的角色扮演、自身性格和服务态度等方面。在员工与游客的服务接触中，虽然传递的内容很重要，但传递的方式更为重要。不管内容是否充实有趣，传递的方式会直接影响内容的厚度和深度。正如一位妈妈身份的游客说道："我觉得她投入了她的感情来解说牛妈妈生产时痛苦挣扎的过程，所以我们挤牛奶和喂小牛的时候会很呵护。"如果员工想要告诉游客挤牛奶的注意事项，但只是干巴巴地罗列出来，游客可能就不会理解个中道理，只是一概听之，甚至可能转眼即忘，根本没有用心感受，自然也得不到深层体验。如果员工用走心的方式——"角色扮演"去传递信息，可以唤起游客生命中一些重要的记忆，让游客"感同身受"产生共鸣，甚至会反思，从而得到深度的、快乐的体验。

员工本身就具有的平易近人、容易与他人沟通的性格，热情、真诚的服务态度同样会影响信息传递的方式，进而影响游客的互动体验。这些正面的性格和热情真诚的服务态度都会让游客产生舒适愉悦的心情。如果员工有负面的性格、不积极的服务态度，则会让游客产生不满，不能获得快乐体验。不仅如此，员工消极的服务态度可能会让游客对整个农场服务全盘否定，产生所谓的"100-1=0"效应。有的游客反映："晚上房间不能上网，打电话给前台，前台说不知道，请她通知老板过来解决问题，她很经典地回答了一句：'老板也不知道的'。"从这个角度来说，休闲农庄尤其要重视员工正面情绪的引导和服务态度的培训。

（3）关怀贴心。关怀贴心主要描述农庄主人的"贴心服务"和"私人定制"两个方面。在本研究的文本资料中，有相当数量的游客提到了休闲农庄主人的热情好客，给他们带来了家的感觉。有的游客表示："非常具有农家特有的亲切感，人与人之间的距离在这里拉近了！真的很喜欢这类地方，在这里很能使人放松。"在旅游世界里，来自陌生人的关心会让人心头一暖。主人用心周到的服务，哪怕是微小的细节，游客都能感受到。比如，在游客大汗淋漓时递上一包纸巾，或在用餐时为女性游客准备发绳，这些一点一滴的小事，游客都会有亲近的感觉。在都市社会，由于人际关系的特征主要是漠然性、过渡性和匿名性，获取纯真的人际情感显得尤其困难。"社会本真性"在现代社会大部分人际关系中已经消失（Tennies，1955）。当代人与人之间的交往只剩下抽象的金钱交往、物质交往或片面的两性间的本能交往（周芳琳，2009）。正因如此，人们常常感叹日常生活世界里再也体验不到本真的交往。令休闲农庄游客兴奋的是，休闲农庄旅游给他们提供了本真交往的机会，让其体验到了一种有意义的、热情的、温暖的、有人情味的情感交流。

同样，专门为游客打造的私人定制会让人备受感动。这里的私人定制可以是专门为一位游客定制，也可以为一类游客定制。换言之，就是依照游客的偏好、需求、特性专门为其打造适合的、贴心的服务方案。由于这种专门性和特殊性，游客会情不自禁地感到被重视，而这种量身定制必然是主人设身处地、换位思考、融入真心才能做到的，因而会让游客感到被爱、被关心，从而感动。

5. 基础设施

（1）卫生环境。到访休闲农庄的旅游者大都来自城市，他们对住宿、餐饮的卫生要求比较高。当游客发自内心地觉得"园区整洁""厕所干净""卫生到位"时，这种体验会让人感到舒适；相反，当环境肮脏、有异味，甚至"气味难闻"时，游客会产生不愿意靠近的心理，甚至产生抵触的情绪，更别提在农场自由自在地奔跑，拥抱大自然。浙江省有不少数量的农庄属于农民投资，投资能力有限，建设规模不大。一些农家厨房设备简陋，消毒设备缺乏，生活用水随意排放，从业人员也缺乏安全卫生意识，很难达到与城镇餐馆相提并论的消费要求和卫生标准，总体上的卫生状况不容乐观（戴罗莉，2010）。

（2）设施设备。由于大部分的休闲农庄规模小、基础设施落后，许多游客抱怨农庄停车难、停车场缺乏安全保卫人员和安全措施。很多农家乐旅游设施过于简陋，娱乐设施简单，类型单一，缺少可供游人舒适停留的设施，如树荫下的凉亭、座椅、茶室等。对于设施设备，游客的抱怨各种各样："会议室投影仪破得要死""木屋一晚空调开30度不制热，整个冰窖，一晚没睡""里面环境不错，就是累了，没个歇脚的地方，应该增设多点座椅"，等等。在我们考察的秀山美地休闲农庄同样也会发现此类问题。当时八月的杭州骄阳似火，天气热得让人直想躲进空调房。办理好入住登记手续后，前台服务员为我们分配了一个二楼的小木屋。但空调运行了近半个小时，仍然没有一点制冷的效果。

三、休闲农庄旅游体验质量评价指标体系构建

依托游客体验的视角，结合休闲农庄旅游产品的独特性，扎根于我国浙江省休闲农庄本土案例的调研与分析，我们最终构建出休闲农庄旅游体验质量评价指标体系，包括环境氛围、规划设计、体验活动、旅游服务和基础设施五大层面及其对应的16项核心评价指标（见表9-1）。

表9-1　　　　休闲农庄旅游体验质量评价指标体系

核心评价要素	核心评价指标	评价指标进一步细化的建议
环境氛围	田园牧歌式的乡村意境	①秀美的田园风光；②古朴的乡土文化；③浓郁的乡土气息
	和谐的景观环境	①农庄与外部景观的和谐性；②农庄内部景观的统一性与协调性
	令多重感官愉悦的场所氛围	①聆听大自然的声音；②呼吸清新的空气

核心评价要素	核心评价指标	评价指标进一步细化的建议
规划设计	交通区位与可进入性	①地理位置优越性；②交通便捷性
	空间规划的科学性与适当性	①与周边景点的连通互动性；②区域划分的合理性；③游憩空间尺度的适宜性；④游憩服务设施的完善度；⑤休闲活动项目与游客的心理需求与行为习性的匹配性
	景观设计的乡土性	①体现乡村风情；②凸显地方文化特色
	活动规划的科学性	①活动分流的安排；②排队管理措施；③活动策划的合理性
体验活动	主题与特色	①具有差异性的主题；②娱乐活动项目具有特色
	趣味性、刺激性和挑战性	①活动的趣味性；②活动的刺激性；③活动的挑战性
	亲身融入感	①游客与景观的互动；②农庄活动的体验性；③农庄活动的参与性
	知识教育	①探索未知；②拓宽视野、增长见闻
旅游从业者的服务	服务的专业性	①服务技能；②服务效率；③景区解说能力；④娱乐活动引导和场面把控能力
	服务的真实性	①真诚的服务态度；②提供个性化的服务
	关怀贴心	①服务热情友好；②服务用心周到
基础设施	卫生环境	可根据实际情况从住宿、餐饮等方面进行细化
	设施设备	①游憩或基础服务设施的齐全度；②游憩或基础服务设施的舒适度

　　该指标体系的理论贡献不仅在于构建国内休闲农庄旅游体验质量评价指标体系，还在于提醒学者关于休闲农庄旅游体验质量评价指标体系的构建应反思该旅游产品与一般消费品、其他旅游企业的旅游产品具有

差异性的特点，从而考虑既有的评价体系所使用的评价指标的科学性和适用性等问题。本章仅以休闲农庄为例展开对这个问题的分析和思考，严格意义上，国内学者针对不同类型的旅游企业应该构建适合企业自身的并合乎本土特点的旅游体验质量评价指标体系。就本研究的功用角度而言，我们所构建的评价指标体系既可用于休闲农庄旅游体验质量的测量或游客满意度的测量，也可以为休闲农庄星级评定标准的制定提供理论参考。但无论是前者还是后者，其具体的测量指标都应在本研究构建的核心指标基础之上再结合调研地的实际情况做必要的删减、丰富和补充，尤其对后者的实际应用而言，还需要考虑结合层次分析法（AHP）对该评价体系中各指标的权重进行计算与分配。

参考文献

[1]   ADAMS K.Ethnic tourism and the renegotiation of tradition in Tana Toraja
        (Sulawesi, Indonesia) [J]. Ethnology, 1997, 36 (4): 309-320.

[2]   AHARONI C Y. Guiding the 'real' temple: the construction of
        authenticity in heritage sites in a state of absence and distance [J].
        Annals of Tourism Research, 2017, 63 (3): 73-82.

[3]   ANDREWS H. Feeling at home embodying Britishness in a Spanish
        charter tourist resort [J]. Tourist Studies, 2005, 5 (3): 247-266.

[4]   BECKLEY T M.The relative importance of socio-cultural and ecological
        factors in attachment to place [J] . USDA Forest Service-General
        Technical Report PNW, 2003 (566): 105-126.

[5]   BELHASSEN Y, CATON K, STEWART W.The search for authenticity in
        the pilgrim experience [J]. Annals of Tourism Research, 2008, 35
        (3): 668-689.

[6]   BOORSTIN D J.From traveler to tourist, the image [M]. New York:
        Harper Colophon Edition, 1964: 77-117.

[7]   BOORSTIN D J.The image: a guide to pseudo-events in America [M].
        New York: Harper & Row, 1964.

[8]   CELSI R L, ROSE R L, LEIGH T W.An exploration of high-risk leisure
        consumption through skydiving [J]. Journal of Consumer Research,
        1993, 20 (1): 1-23.

[9]   CHEN H B, YEH S S, HUANG T C. Nostagic emotion, experiential value, brand image, and consumption intentions of customers of nostalgic-themed restaurants [J]. Journal of Business Research, 2014, 67 (3): 354-360.

[10]   COHEN E, COHEN S A. Authentication: hot and cool [J]. Annals of Tourism Research, 2012, 39 (3): 1295-1314.

[11]   COHEN E. Authenticity and commercialization in tourism [J]. Annals of Tourism Research, 1998 (15): 371-386.

[12]   COHEN E. The changing faces of contemporary tourism [J]. Society, 2008, 45 (4): 330-333.

[13]   COLE S. Beyond authenticity and commodification [J]. Annals of Tourism Research, 2007 (34): 943-960.

[14]   COLES R. Uprooted children: the early life of migrant farm workers [M]. Pittsburgh: University of Pittsburgh Press, 1970.

[15]   CRANG P. A new service economy: on the geographies of service employment [D]. Cambridge: University of Cambridge, 1993.

[16]   CRESSWELL T. Place: a short introduction [M]. Oxford: Blackwell, 2004: 1.

[17]   CRESSWELL T. Place: an introduction 2E [M]. Chichester: Wiley Blackwell, 2014: 52-57.

[18]   CSIKSZENTMIHALYI M. Finding flow: the psychology of engagement with everyday life [M]. New York: Basic Books, 1997: 22.

[19]   CULLER J. Semiotics of tourism [J]. The American Journal of Semiotics, 1981, 1 (1/2): 127-140.

[20]   DANIEL Y P. Tourism dance performances authenticity and creativity [J]. Annals of Tourism Research, 1996, 23 (4): 780-797.

[21]   DANN G. Tourism: the nostalgia industry of the future [J]. Global Tourism: The Next Decade, 1995 (10): 55-67.

[22]   DAVIS F. Yearning for yesterday: a sociology of nostalgia [M]. New York: Free Press, 1979.

[23]   DEAN D. Museum exhibition: theory and practice [M]. Abingdon: Taylor & Francis, 2002.

[24]   DURKHEIM E. The elementary forms of the religious life [M]. New York: Free Press, 1965: 247.

[25]   EDENSOR T. Performing tourism, staging tourism [J]. Tourist Studies,

2001, 1 (1): 59-81.

[26] ELSON M, STEENBERG C, WILKINSON J. Planning for rural diversification: a good practice guide [M]. London: Oxford Brookes University and Department of the Environment, 1995.

[27] EVERETT S.Production places or consumption spaces? the place-making agency of food tourism in Irelan and Scotlan [J]. Tourism Geographies, 2012 (14): 535-554.

[28] FRATER J. Farm tourism in Engaland: planning, funding, promotion and some lessons from Europe [J]. Tourism Management, 1983, 4 (3): 167-179.

[29] GEORGE B P.Past visits and the intention to revisit a destination: place attachment as the mediator and novelty seeking as the moderator [J]. Journal of Tourism Studies, 2004, 15 (2): 51-66.

[30] GOFFMAN E. The representation of self in everyday life [M]. New York: Doubleday, 1959: 75-162.

[31] GRABURN N.Tourism: the sacred journey [M]. Philadephia: University of Pennsylvania Press, 1977.

[32] GRAY H P. International travel - international trade [M]. Lexington: Health, 1970.

[33] HIGGINS L, HAMILTON K.Pilgrimage, material objects and spontaneous communitas [J]. Annals of Tourism Research, 2020 (3): 102-855.

[34] HIRSCHMAN E C, HOLBROOK M B.Hedonic consumption: emerging concepts, methods and propositions [J]. Journal of Marketing, 1982, 46 (3): 92-101.

[35] HOHNEMANN C, SCHWEIG S, DIESTEL S, et al. How feedback shapes flow experience in cognitive tasks: the role of locus of control and conscientiousness [J]. Personality and Individual Differences, 2022 (184): 111-166.

[36] HOLAK S L, HAVLENA W J.Nostalgia: an exploratory study of themes and emotions in the nostalgic experience [J]. Association for Consumer Research (U.S.), 1992, 19 (1): 380-387.

[37] HOLAKS L, HAVLENA W J, MATVEEV A V. Exploring nostalgia in Russia: testing the index of nostalgia-proneness [J]. ACR European Advances, 2006 (7): 33-40.

[38] HWANG J, HYUN S S.The impact of nostalgia triggers on emotional

response and revisit intentions in luxury restaurants: the moderating role of hiatus [J]. International Journal of Hospitality Management, 2013 (33): 250-262.

[39] JACKSON S A, MARSH H W.Development and validation of a scale to measure optimal experience: the flow state scale [J]. Journal of Sport & Exercise Psychology, 1996 (18): 17-35.

[40] JORGENSEN B, STEDMAN R C. Sense of place as an attitude: lakeshore owners attitudes toward their properities [J]. Journal of Environmental Psychology, 2001 (21): 233-248.

[41] KORSMEYER C.Delightful, delicious, disgusting [J]. The Journal of Aesthetic and Art Criticism, 2002, 60 (3): 217-225.

[42] KRIPPENDORF J.The new tourist: turning point for leisure and travel [J]. Tourism Management, 1986, 7 (2): 131-135.

[43] LAU C, LI Y P.An alyzing the effects of an urban food festival: a place theory approach [J]. Annals of Tourism Research, 2019 (74): 43-55.

[44] LEFEBVRE H.The production of space [M]. Cambridge, MA: Black well, 1991: 83-90.

[45] LEVIN D.Modernity and the hegemony of vision [M]. Berkeley, CA: University of California Press, 1993: 2.

[46] LEWICKA M.Place attachment: how far have we come in the last 40 years? [J]. Journal of Environmental Psychonlogy, 2011, 31 (3): 207-230.

[47] LEWICKA M. Place inherited or place discovered? agency and communion in people-place bonding [J]. Estudios de Psicogía, 2013 (34): 261-274.

[48] MACCANNELL D.Staged authenticity: arrangements of social space in tourist settings [J]. American Journal of Sociology, 1973, 79 (3): 589-603.

[49] MACCANNELL D. The tourist: a new theory of leisure class [M]. Berkeley: University of California Press, 1976: 101.

[50] MAOZ D.The mutual gaze [J]. Annals of Tourism Research, 2006, 33 (1): 221-239.

[51] MASLOW A.Humanistic science and transcendent experience [J]. The Journal of Humanistic Psychology, 1965 (2): 219-227.

[52] MASSIMINI F, CARLI M.The systematic assessment of flow in daily

experience [J]. Optimal Experience, 1988 (13): 266-287.

[53] MKONO M.Hot and cool authentication: a netnographic illustration [J]. Annals of Tourism Research, 2013, 41 (1): 215-218.

[54] NEWMAN G E.The psychology of authenticity [J]. Review of General Psychology, 2019, 23 (1): 8-18.

[55] NOY C.Pages as stages: a performance approach to visitor books [J]. Annals of Tourism Research, 2008, 35 (2): 509-528.

[56] OH H, FLORE A M, JEOUNG M. Mearsuring experience economy concepts: tourism application [J]. Journal of Travel Research, 2016, 46 (2): 119-132.

[57] OLIVER R L.Processing of the satisfaction response in consumption: a suggested framework and research propostions [J]. Journal of Consumer Satisfaction, Dissatisfaction and Complaining Behavior, 1989, 38 (4): 483-491.

[58] OTTO J E, RITCHIE J B. The service experience in tourism [J]. Tourism Management, 1996, 17 (3): 165-174.

[59] PEARCE P L, MOSCARDO G M.The concept of authenticity in tourist experience [J]. The Australian and New Zealand Journal of Sociology, 1986 (22): 121-132.

[60] PERKINS H C, THORNS D C.A decade on : reflectoins on the resource management act 1991 and the practice of urban planning in New Zealand [J]. Environment and Planning B: Planning and Design, 2001, 28 (5): 639-654.

[61] PINE B J, GILMORE J H.Welcome to the experience economy [J]. Harvard Business Review, 1998, 76 (4): 96-105.

[62] POCOCK D. Catherine cookson country: visitor expectation and experience [J]. Journal of Geographical Association, 1992, 77 (3): 236-243.

[63] POMFRET G. Mountaineering adventure tourists: a conceptual framework for research [J] .Tourism Management, 2006, 27 (1): 113-123.

[64] PROSHANSKY H M, FABIAN A K, KAMINOFF R. Place - identity: physical world socialization of the self [J]. Journal of Environmental Psychology, 1983, 3 (1): 57-83.

[65] REISENWITZ T H, IYER R, CUTLER B.Nostalgia advertising and the

influence of nostalgia proneness [J]. Marketing Management Journal, 2004, 14 (2): 55-66.

[66] RELPH E.Place and placelessness [M]. London: Pion, 1976: 3; 121.

[67] RICKLY J M.A review of authenticity research in tourism: launching the annals of tourism research curated collection on authenticity [J]. Annnals of Tourism Research, 2022 (92): 103-349.

[68] RILEY P J.Road culture of international long-term budget travelers [J]. Annals of Tourism Research, 1998, 15 (3): 313-328.

[69] RITCHIE J R B, OROUCHG.The competitive destination: a sustainable tourism perspective [M]. Cambridge: CABI Publishing, 2003: 25.

[70] RYE J F. Rural youths' images of the rural [J]. Journal of Rural Studies, 2006, 22 (4): 409-421.

[71] STEDMAN R C.Understanding place attachment amond second home owners [J]. The American Behavioral Scientist, 2006 (50): 187-205.

[72] TONNIES F.Community and association [M]. London: Routledge and Kegan Paul, 1995: 104.

[73] TRAUER B, RYAN C. Destination image, romance and place experience—an application of intimacy theory in tourism [J]. Tourism Management, 2005 (26): 481-491.

[74] TUAN V W S, RITCHIE J B. Exploring the essence of memorable tourism experience [J]. Annals of Tourism Research, 2011, 38 (4): 1367-1386.

[75] TUAN Y F. Space and place: the perspective of experience [M]. Minneapolis: University of Minnesota Press, 1977: 3.

[76] TUAN Y F.Topophilia: a study of environmental perception, attitude, and values [M]. New Jersey: Prentice-Hall Inc, 1974: 50-67.

[77] TURNER V. The center out there: pilgrim's goal [J]. History of Religions, 1973, 12 (3): 191-230.

[78] URRY J.The tourist gaze: leisure and travel in contemporary societies [J].Collection Theory, Culture & Society, 1990.

[79] UZZELL D. Creating place identity through heritage interpretation [J]. International Journal of Heritage Studies, 1996, 1 (4): 219-228.

[80] VARLEY P J.Sea kayakers at the margins: the liminoid character of contemporary adventures [J]. Leisure Studies, 2011, 30 (1): 85-98.

[81] VOROBJOVAS-PINTA O.Gay neo-tribes: exploration of travel behavior

and space [J]. Annals of Tourism Research, 2018, 72 (9): 1-10.

[82] WANG N.Rethinking authenticity in tourism experience [J]. Annals of Tourism Research, 1999, 26 (2): 349-370.

[83] WANG Y. Customized authenticity begins at home [J]. Annals of Tourism Research, 2007, 34 (3): 789-804.

[84] WILLAMS A. The rapeutic landscape in holistic medicine [J]. Social Science and Medicine, 1998, 46 (9): 1193-1203.

[85] WILLIAMS D R, PATTERSON M E, ROGGENBUCK J W.Beyond the commodity metaphor: examining emotional and symbolic attachment to place [J]. Leisure Science, 1992 (14): 29-46.

[86] WILLIAMS D R, VASKE J J.The measurement of place attachment: validity and generalizability of a psychometric approach [J]. Forest Science, 2003, 49 (6): 830-840.

[87] WRIGHT J K.Terrae incognita: the place of imagination in geography [J]. Annals of the Association of American Geographers, 1947 (37): 1-15.

[88] YANG J, RYAN C, ZHANG L. Impersonation in ethnic tourism—the presentation of culture by other ethnic groups [J]. Annals of Tourism Research, 2016, 56 (1): 16-31.

[89] YE S, XIAO H G, ZHOU L Q. Commodification and perceived authenticity in commercial homes [J]. Annals of Tourism Research, 2018 (71): 39-53.

[90] ZOU Y G, XIAO H G, YANG Y.Constructing identity in space and place: semiotic and discourse analyses of museum tourism [J]. Tourism Management, 2022 (93): 104-608.

[91] 雷尔夫. 地方与无地方 [M]. 刘苏, 相欣奕, 译. 北京: 商务印书馆, 2021: 23; 76; 138; 146.

[92] 安维复, 梁立新. 究竟什么是"社会建构"——伊恩·哈金论社会建构主义 [J]. 吉林大学社会科学学报, 2008, 48 (6): 74-78.

[93] 柏拉图. 柏拉图全集 (第二卷) [M]. 王晓朝, 译. 北京: 人民出版社, 2003: 369.

[94] 柏拉图. 柏拉图全集 (第三卷) [M]. 王晓朝, 译. 北京: 人民出版社, 2003: 296-298.

[95] 科布利, 詹茨. 视读符号学 [M]. 许磊, 译. 合肥: 安徽文艺出版社, 2009: 8-15.

[96] 海默尔. 日常生活与文化理论导论 [M]. 王志宏, 译. 北京: 商务印书馆, 2008.

[97] 毕剑. 美好抑或悲哀: 旅游演艺的文化真实性研究 [J]. 西北民族大学学报 (哲学社会科学版), 2020 (2): 138-146.

[98] 车文博. 弗洛伊德主义原理选辑 [M]. 沈阳: 辽宁人民出版社, 1988: 375.

[99] 陈宸, 石潇纯. 娄底市休闲农庄游客满意度调研分析 [J]. 湖南人文科技学院学报, 2015 (3): 50-53.

[100] 陈桂生. "教育理论与实践关系问题" 的再认识 [J]. 湖南师范大学教育科学学报, 2005, 4 (1): 8-17.

[101] 陈佳琦, 石雨诺, 邱冰. 认知·情感·行为: 城市动物园游客认同的影响机制研究 [J]. 现代城市研究, 2022 (9): 21-26.

[102] 陈静姝, 闵健. 女性主义视角下的身体、权力和体育参与 [J]. 体育科学, 2014, 34 (7): 12-14.

[103] 陈双凤. 现代社会交往异化难题及其破解 [J]. 陇东学院学报, 2009, 20 (3): 97-99.

[104] 陈文玲, 苏勤. 近十五年来真实性在国内外旅游中的研究对比 [J]. 人文地理, 2012 (3): 118-124.

[105] 程绍文, 梁玥琳, 李艳, 等. 国内外旅游凝视研究进展综述 [J]. 旅游论坛, 2017, 10 (3): 24-34.

[106] 程玮彦, 严艳, 张小艺. 民族村寨旅游者地方依恋对社会距离的影响——以西江千户苗寨为例 [J]. 湖北农业科学, 2022, 61 (17): 179; 185; 192.

[107] 戴罗莉. 基于旅游体验的 "农家乐" 游客满意度研究——以湖南常德柳叶湖周边 "农家乐" 为例 [D]. 长沙: 湖南师范大学, 2010.

[108] 纳什. 旅游人类学 [M]. 宗晓莲, 译. 昆明: 云南大学出版社, 2006: 10-11.

[109] 党宁, 代希, 吴必虎. 中国旅游学术领域的网络、学缘与流派: 1979—2021 [J]. 旅游学刊, 2023, 38 (1): 134-151.

[110] 翟艳春. 旅游景观的文本化与神圣化——符号学与社会学的双重视野 [J]. 昆明理工大学学报 (社会科学版), 2010, 2 (1): 102-108.

[111] 杜海忠. 旅游景区主题策划 [J]. 人文地理, 2005 (4): 74-77.

[112] 段义孚. 空间与地方: 经验的视角 [M]. 王志标, 译. 北京: 中国人民大学出版社, 2017: 44; 184.

[113] 段义孚. 恋地情结 [M]. 刘苏, 译. 北京: 商务印书馆, 2018: 136;

140-144.

[114] 卡西尔. 人论：人类文化哲学导引 [M]. 甘阳，译. 上海：上海译文出版社，2017：43.

[115] 樊友猛. 具身范式下的乡村旅游体验研究 [D]. 大连：东北财经大学，2017.

[116] 樊友猛. 旅游具身体验研究进展与展望 [J]. 旅游科学，2020，34（1）：1-19.

[117] 费孝通. 乡土中国：生育制度 [M]. 北京：北京大学出版社，1998：9.

[118] 冯学钢，程馨. 文旅元宇宙：科技赋能文旅融合发展新模式 [J]. 旅游学刊，2022，37（10）：8-10.

[119] 弗里斯比. 现代性的碎片：齐美尔、克拉考尔和本雅明作品中的现代性理论 [M]. 卢晖临，周怡，李林艳，译. 北京：商务印书馆，2013：102-103.

[120] 弗洛姆. 逃避自由 [M]. 陈学明，译. 北京：中国工人出版社，1987.

[121] 弗洛伊德. 自我与本我 [M]. 徐胤，译. 天津：天津人民出版社，2020：153-196.

[122] 福柯. 规训与惩罚 [M]. 刘北成，杨远婴，译. 北京：生活·读书·新知三联书店，2019：215.

[123] 高芳. 民族旅游开发中的文化商品化与文化真实性关系辨析——以《云南映象》为例 [J]. 保山师专学报，2008，27（3）：53-56.

[124] 郭云娇，陈斐，罗秋菊. 网络聚合与集体欢腾云：国庆阅兵仪式如何影响青年群体集体记忆建构 [J]. 旅游学刊，2021，36（8）：127-139.

[125] 海德格尔. 海德格尔选集 [M]. 孙周兴，译. 上海：上海三联书店，1996：1239.

[126] 海德格尔. 林中路 [M]. 孙周兴，译. 上海：上海译文出版社，1997：297-298.

[127] 何瀚林，蔡晓梅. 国外无地方与非地方研究进展与启示 [J]. 人文地理，2014，29（6）：31；47-52.

[128] 何兰兰，方堃，张巨洪. 少数民族村寨旅游文化商品化与真实性问题研究——以广西大新县堪圩乡明仕黑衣壮寨为例 [J]. 桂林航天工业学院学报，2013（1）：33-50.

[129] 何雪松. 社会工作的认识论之争：实证主义对社会建构主义 [J]. 华东理工大学学报（社会科学版），2005（1）：18-22.

[130] 胡珩. 基于符号学的景观传统文化表达设计的研究——以长沙橘子洲公园景观设计为例 [D]. 长沙：中南林业科技大学，2008.

[131] 胡塞尔 E.欧洲科学危机和超验现象学 [M]．张庆熊，译．上海：上海译文出版社，2005：64-70.

[132] 胡芝风．谈戏曲剧本创作技巧要素 [J]．艺术百家，2004（5）：10-13.

[133] 黄建生．戈夫曼的拟剧理论与行为分析 [J]．云南师范大学学报（哲学社会科学版），2001，33（4）：91-93.

[134] 黄益通．基于RMP分析的休闲农场体验产品开发策略研究——以福友休闲农场为例 [D]．福州：福建农林大学，2016.

[135] 姬君．海德格尔视角中的技术统治与现代性危机 [D]．兰州：兰州大学，2011.

[136] 姬茂民．少先队员仪式感的培养研究 [D]．济宁：曲阜师范大学，2020.

[137] 吉登斯．社会的构成——结构化理论大纲 [M]．李康，李猛，译．北京：生活·读书·新知三联书店，1998.

[138] 贾春增．外国社会学史 [M]．北京：中国人民大学出版社，2000：3.

[139] 姜婷婷．基于感官体验的景观设计研究 [D]．南京：南京艺术学院，2014.

[140] 霍夫兰，贾尼斯，凯利，等．传播与劝服：关于态度转变的心理学研究 [M]．张建中，李雪晴，曾苑，等译．北京：中国人民大学出版社，2015.

[141] 科恩．旅游社会学纵论 [M]．巫宁，马聪玲，陈立平，译．天津：南开大学出版社，2007.

[142] 科西克．具体的辩证法——关于人与世界问题的研究 [M]．傅小平，译．北京：社会科学文献出版社，1989.

[143] 格根．社会建构的邀请 [M]．杨莉萍，译．上海：上海教育出版社，2020：13.

[144] 米特尔．心理学导论——思想与行为的认识之路 [M]．郑钢，译．北京：中国轻工业出版社，2008：436.

[145] 勒温．拓扑心理学原理 [M]．高觉敷，译．北京：商务印书馆，2003：178-188.

[146] 柯林斯．互动仪式链 [M]．林聚任，王鹏，宋丽君，译．北京：商务印书馆，2009：86-88.

[147] 黎花．从"梦幻城堡"遭遇"流产"看主题酒店产品的设计 [N]．中国旅游报，2004-03-24（D5）.

[148] 李钧鹏，茹文俊．论虚拟社区中的互动仪式链 [J]．广东社会科学，2020（4）：201-211.

[149] 李拉扬．旅游凝视：反思与重构 [J]．旅游学刊，2015，30（2）：118-126.

[150] 李凌. 休闲农庄游客体验与游后行为意向关系研究 [D]. 杭州：浙江大学，2011.

[151] 李留义. 现代性境域中的生态危机研究 [D]. 上海：上海师范大学，2016.

[152] 李梦雅. 当代怀旧情感之社会学分析 [D]. 南京：南京大学，2012.

[153] 李淼. 旅游体验中的场现象：一个表演的视角 [D]. 大连：东北财经大学，2017.

[154] 李天辰. 博物馆互动体验设计研究 [D]. 哈尔滨：东北林业大学，2016.

[155] 李长成. 现代性的危机与出路——论法兰克福学派对现代性的反思 [M]. 北京：人民出版社，2013.

[156] 李长庚，李泉，周涉露. 心理防御机制研究的现状与展望 [J]. 井冈山学院学报，2009，30（2）：122-125.

[157] 沙普利. 旅游社会学 [M]. 谢彦君，孙佼佼，郭英，译. 北京：商务印书馆，2016：38；191；193.

[158] 梁萌. 安仁古镇旅游发展战略研究 [D]. 成都：西南交通大学，2005.

[159] 林崇德，杨志良，黄希庭. 心理学大辞典 [M]. 上海：上海教育出版社，2004.

[160] 刘保. 作为一种范式的社会建构主义 [J]. 中国青年政治学院学报，2006（4）：49-54.

[161] 刘超. 浅谈当前戏剧剧本结构形式 [J]. 当代戏剧，1992（3）：40-42.

[162] 刘丹萍. 旅游凝视——中国本土研究 [M]. 天津：南开大学出版社，2008：182.

[163] 刘佳倩. "心流理论"与公共空间设计的契合度研究——以城市精品酒店为例 [D]. 南京：东南大学，2020.

[164] 刘梦颖. "地方"的营造：以侗寨鼓楼为中心 [J]. 社会科学家，2020（11）：150-155.

[165] 刘益民，张旭东，程甫. 心理学概论 [M]. 北京：科学出版社，2006：164.

[166] 龙江智. 旅游体验理论：基于中国老年群体的本土化建构 [M]. 北京：中国旅游出版社，2010：2.

[167] 卢梭. 论人类不平等的起源和基础 [M]. 李常山，译. 北京：商务印书馆，1962.

[168] 罗琳. "过渡礼仪"文化现象散论 [J]. 西藏科技，2019（5）：33-35.

[169] 罗许伍，徐秀美，李幼常. 拉萨古城居民地方依恋及其影响因素研究 [J]. 地域研究与开发，2017，36（4）：66-77.

［170］ 吕宁，崔莉. 旅游案例集［M］. 北京：旅游教育出版社，2017：71.

［171］ 马尔库塞. 单向度的人：发达工业社会意识形态研究［M］. 刘继，译. 上海：上海译文出版社，2006.

［172］ 马寰. 博物馆体验性展示设计研究［D］. 西安：西安美术学院，2014.

［173］ 马克思. 1844年经济学哲学手稿［M］. 刘丕坤，译. 北京：人民出版社，2000.

［174］ 马凌，保继刚. 感知价值视角下的传统节庆旅游体验——以西双版纳傣族泼水节为例［J］. 地理研究，2012（2）：269-278.

［175］ 马凌. 本真性理论在旅游研究中的应用［J］. 旅游学刊，2007，22（10）：76-81.

［176］ 马凌. 节庆旅游中的阈限体验：日常世界与旅游世界——以西双版纳傣族泼水节为例［J］. 学术研究，2010（11）：94-99.

［177］ 马天. 从满意度到愉悦度：旅游体验评价的一体化转向［M］. 北京：民族出版社，2021.

［178］ 麦金托什. 旅游学——要素·实践·基本原理［M］. 蒲红，等译. 上海：上海文化出版社，1985：98.

［179］ 麦肯耐尔. 旅游者：休闲阶层新论［M］. 张晓萍，译. 桂林：广西师范大学出版社，2008.

［180］ 苗保军. 仪式感建筑空间设计研究［D］. 北京：北京建筑大学，2018.

［181］ 庞蒂. 知觉现象学［M］. 姜志辉，译. 北京：商务印书馆，2005：235.

［182］ 那梦帆，余志远，王越. 中国海外志愿者公益旅游体验及其影响［J］. 当代青年研究，2018（5）：54-61.

［183］ 诺伯舒兹. 场所精神：迈向建筑现象学［M］. 施植明，译. 武汉：华中科技大学出版社，2019：19；25.

［184］ 戈夫曼. 日常生活与自我呈现［M］. 黄爱华，冯钢，译. 杭州：浙江人民出版社，1989：7.

［185］ 彭丹. "旅游人"的符号学分析［J］. 旅游科学，2008（4）：23-27.

［186］ 彭兆荣. 景观与凝视［J］. 湖北民族学院学报（哲学社会科学版），2018，36（6）：12-20.

［187］ 契克森米哈赖. 心流：最优体验心理学［M］. 张定绮，译. 北京：中信出版集团，2017.

［188］ 钱理群. 大小舞台之间——曹禺戏剧新论［M］. 北京：北京大学出版社，2007：81.

［189］ 萨特. 存在与虚无［M］. 陈宣良，等译. 北京：生活·读书·新知三联书店，2007：323.

[190] 盛婷婷，杨钊. 国外地方感研究进展与启示 [J]. 人文地理，2015 (4)：11-17；115.

[191] 史云云，靳钰炜. 论社会建构主义形成的理论根源 [J]. 科学之友，2008 (4)：102-103.

[192] 舒杨. 自由的困境——解读弗洛姆的自由哲学 [J]. 重庆广播电视大学学报，2009 (3)：37-39.

[193] 宋妮. 长江三角洲地区休闲农庄的发展和规划设计研究 [D]. 南京：南京农业大学，2007.

[194] 汤丰林. 高峰体验及其价值——马斯洛思想研究之三 [J]. 甘肃教育学院学报（社会科学版），1998，26 (14)：62-65.

[195] 唐玲萍. 民族旅游村寨居民的"地方感"培育 [J]. 玉溪师范学院学报，2012，28 (11)：40-42.

[196] 唐文跃，张腾飞，龚晶晶. 国内外旅游体验研究进展与启示 [J]. 资源开发与市场，2018，34 (11)：1571-1576.

[197] 唐文跃. 地方性与旅游开发的相互影响及其意义 [J]. 旅游学刊，2013，28 (4)：9-11.

[198] 陶慧，冯小霞. 旅游规划与开发：理论、实务与案例 [M]. 北京：中国经济出版社，2014：230.

[199] 陶卓明，卢亮. 长江三角洲地区旅游客源市场共同开拓研究 [J]. 人文地理，2005 (6)：73-77.

[200] 田敏，撒露莎. 旅游仪式论质疑 [J]. 思想战线，2015，41 (1)：14-19.

[201] 田婷婷. 审美现代性视角下的"上海怀旧" [D]. 上海：华东师范大学，2014.

[202] 涂尔干. 宗教生活的基本形式 [M]. 渠敬东，汲喆，译. 北京：商务印书馆，2017.

[203] 王彬汕. 民族地区旅游小城镇规划中的"真实性"理论述评 [J]. 风景园林，2010 (4)：98-101.

[204] 王斌. 线上集体欢腾：理解青年网民集体行动的新视角 [J]. 中国青年研究，2015 (10)：82-87.

[205] 王峰. 从"乡愁"到"城愁"——人与自然关系的反思 [J]. 唐山师范学院学报，2017，39 (6)：131-134.

[206] 王国芳. 后现代精神分析：拉康研究 [M]. 福州：福建教育出版社，2019.

[207] 王金瑾. 城市湿地公园的体验设计研究初探 [D]. 北京：北京林业大学，2011.

[208] 王晶晶，陈宸. 生态休闲农庄游客休闲体验与休闲效益、重游意向的关系

研究——以娄底市生态休闲农庄为例［J］. 湖南人文科技学院学报，2016，33（5）：20-26.

［209］ 王莉. 农家乐旅游发展研究［D］. 郑州：河南大学，2004.

［210］ 王铭玉，孟华. 中国符号学发展的语象合治之路［J］. 当代修辞学，2021（4）：70-85.

［211］ 王宁. 旅游、现代性与"好恶交织"——旅游社会学的理论探索［J］. 社会学研究，1999（6）：93-102.

［212］ 王宁. 旅游中的互动本真性：好客旅游研究［J］. 广西民族大学学报（哲学社会科学版），2007，29（6）：18-24.

［213］ 王培时. 产品语意视角下旅游明信片设计表现研究［D］. 石家庄：河北科技大学，2014.

［214］ 王晓丹. 论旅游中的仪式与仪式感［D］. 大连：东北财经大学，2015.

［215］ 王秀红，杨桂华，张晓萍. 旅游存在真实性的思考［J］. 思想战线，2010，36（4）：118-123.

［216］ 王义彬，陈毅. 本真性旅游体验中声音景观的建构——以贵州肇兴侗寨为例［J］. 华侨大学学报（哲学社会科学版），2020（5）：41-52.

［217］ 王永忠. 西方旅游史［M］. 南京：东南大学出版社，2004.

［218］ 韦伯. 新教伦理与资本主义精神［M］. 于晓，陈维纲，等译. 北京：生活·读书·新知三联书店，1987：4-16；79；143.

［219］ 劳顿. 旅游管理［M］. 谢彦君，等译. 北京：中国人民大学出版社，2014.

［220］ 魏雷，钱俊希，朱竑. 谁的真实性？——泸沽湖的旅游凝视与本土认同［J］. 旅游学刊，2015，30（8）：66-76.

［221］ 温丽. 广州市恩宁路永庆坊的符号化研究［D］. 广州：华南理工大学，2020.

［222］ 翁玫. 听觉景观设计［J］. 中国园林，2007（12）：46-51.

［223］ 吴茂英. 旅游凝视：评述与展望［J］. 旅游学刊，2012，27（3）：107-108.

［224］ 吴天天. "后结构主义之后"的图像理论——论朗西埃对巴特摄影理论的重构［J］. 文艺理论研究，2021（6）：112-120.

［225］ 吴希宝. 乡村旅游体验价值营销研究［D］. 青岛：中国海洋大学，2009.

［226］ 吴志远. 反思传播研究中的视觉中心主义：身体现象学及其可能［J］. 南京社会科学，2022（4）：105-114.

［227］ 西美尔. 货币哲学［M］. 陈戎女，耿开军，文聘元，译. 北京：华夏出版社，2018：481.

[228] 郗浩丽. 安娜·弗洛伊德对精神分析的贡献 [J]. 南京晓庄学院学报, 2006 (5)：51-56.

[229] 席勒. 希腊的群神（席勒文集第1卷）[M]. 张玉书, 译. 北京：人民文学出版社, 2005：64-70.

[230] 谢彦君, 吴凯. 期望与感受：旅游体验质量的交互模型 [J]. 旅游科学, 2000 (2)：1-4.

[231] 谢彦君, 徐英. 旅游场中的互动仪式：旅游体验情感能量的动力学分析 [J]. 旅游科学, 2016 (1)：1-15.

[232] 谢彦君. 基础旅游学 [M]. 4版. 北京：商务印书馆, 2015：143-149.

[233] 谢彦君. 旅游体验的情境模型：旅游场 [J]. 财经问题研究, 2005 (12)：64-69.

[234] 谢彦君. 旅游体验研究：一个现象学的视角 [M]. 北京：中国旅游出版社, 2018.

[235] 谢彦君, 等. 旅游体验研究：走向实证科学 [M]. 北京：中国旅游出版社, 2010：1-4.

[236] 辛志勇, 韩向明, 刘丽. 山西人性格特质的初步研究 [J]. 晋阳学刊, 1994 (4)：66-72.

[237] 邢怀滨, 陈凡. 社会建构论的思想演变及其本质意含 [J]. 科学技术与辩证法, 2002 (5)：70-73.

[238] 熊剑峰, 王峰, 明庆忠. 怀旧旅游解析 [J]. 旅游科学, 2012 (5)：30-37.

[239] 徐菊凤. 重新审视旅游研究的理论与实践关系 [J]. 旅游学刊, 2017, 32 (12)：14-16.

[240] 拉康. 拉康选集 [M]. 褚孝泉, 译. 上海：上海三联书店, 2001：116.

[241] 阎立峰. 观演距离的消长与审美空间的重组——略论20世纪西方三大戏剧家的戏剧观 [J]. 戏剧艺术, 2002 (3)：55-62.

[242] 杨国良, 等. 旅游规划中的文化元素表达：文旅融合的视角 [M]. 北京：科学出版社, 2020：45；85-86.

[243] 杨洪飞, 李庆雷. 基于景观神圣化理论的轿子山旅游开发研究 [J]. 保山学院学报, 2019, 38 (3) 21-27.

[244] 杨洪霖. 拉康的"三界说"与文学批评 [J]. 青岛农业大学学报（社会科学版）, 2019, 31 (3)：73-78.

[245] 杨机卓玛. 藏传佛教"玛尼"仪式研究——以尼尔西寺为例 [D]. 成都：西南民族大学, 2021.

[246] 杨军林. 艺术人类学视野下的吊脚楼建筑景观研究 [J]. 吉首大学学报

参考文献

(社会科学版），2016, 37（S1）: 106-111.

[247] 杨婷，周美岐，林锦屏. 国内外地方感研究比较［J］. 云南地理环境研究，2020, 32（6）: 48-58.

[248] 杨旭. 景观设计中感知与体验的营造［J］. 山东林业科技，2012（1）: 52-55.

[249] 杨莹，王延松. 目标设定理论对乐器学习动机的激发［J］. 陕西教育（高教），2023（2）: 88-90.

[250] 杨振之，陈谨. "形象遮蔽"与"形象叠加"的理论与实证研究［J］. 旅游学刊，2003, 18（3）: 62-67.

[251] 杨振之，胡海霞. 关于旅游真实性问题的批判［J］. 旅游学刊，2011, 26（12）: 78-83.

[252] 杨振之. 旅游资源开发与规划［M］. 成都: 四川大学出版社，2002: 45-47.

[253] 杨振之. 前台、帷幕、后台——民族文化保护与旅游开发的新模式探索［J］. 民族研究，2006（2）: 39-46.

[254] 叶朗. 旅游离不开美学［N］. 中国旅游报，1988-01-20（2）.

[255] 殷英梅. 游客对他人不文明旅游行为的道德情感与行为倾向研究——基于情绪认知评价理论的视角［J］. 燕山大学学报（哲学社会科学版），2018, 19（6）: 70-77.

[256] 尤瑞. 游客凝视［M］. 杨慧，等译. 桂林: 广西师范大学出版社，2009.

[257] 余树勋. 园林设计心理学初探［M］. 北京: 中国建筑工业出版社，2008.

[258] 余晓宝. 氛围设计［M］. 北京: 清华大学出版社，2006.

[259] 余志远，谷平平. 女性自行车旅游者的自我意识觉醒与主体建构［J］. 旅游学刊，2022, 37（6）: 106-120.

[260] 余志远，沈晓婉. 背包旅游体验中的自我认同建构研究［J］. 北京第二外国语学院学报，2013（11）: 9-14.

[261] 余志远，王楠，韵江. 旅游目的地意象的游客感知及形成过程——基于符号学理论视角［J］. 地域研究与开发，2022, 41（3）: 129-134.

[262] 余志远，游姣. 现代性视域下古镇旅游场中的怀旧旅游体验研究——以安仁古镇为例［J］. 旅游科学，2018, 32（5）: 67-80.

[263] 余志远，赵星会，梁春媚. 社区旅游参与视角下民族村寨旅游地居民地方感生成研究［J］. 旅游导刊，2021, 5（1）: 23-42.

[264] 余志远. 成己之路: 背包旅游者旅游体验研究［M］. 北京: 旅游教育出版社，2016: 154.

[265] 原研哉. 设计中的设计［M］. 朱锷，译. 济南: 山东人民出版社，

2006：74.

[266] 派恩，吉尔摩. 体验经济 [M]. 毕崇毅，译. 北京：机械工业出版社，2012：61.

[267] 张积家，刘红艳，叶倩仪. 名字对个体吸引力的影响 [J]. 应用心理学，2006，12（2）：127-134.

[268] 张磊玲，张金晶，蔡立乾. 乡村旅游情境下旅游涉入对地方依恋的影响研究——以苏州市东山镇为例 [J]. 山西农经，2022（17）：14-26.

[269] 张明珠，卢松，吴大明. 基于地方感理论的文化型旅游景区解说系统的构建——以世界文化遗产宏村为例 [J]. 安徽农学通报，2018，24（11）：118-121.

[270] 张琦悦，曹田. 基于心流理论的莫高窟景区体验式设计研究 [J]. 工业工程设计，2020，2（2）：128-133.

[271] 张善峰. 体验式乡村旅游规划 [M]. 北京：中国建筑工业出版社，2019：96-97.

[272] 张婷婷. 话剧舞台布景设计与剧情研究 [J]. 当代戏剧，2015（6）：56-58.

[273] 张晓萍，李伟. 旅游人类学 [M]. 天津：南开大学出版社，2008：48.

[274] 张秀山. 虚拟现实技术及编程技巧 [M]. 北京：国防科技大学出版社，1999：2-15.

[275] 张英斌. 场所的多维建构研究 [D]. 大连：大连理工大学，2009.

[276] 张煜子. 多感官体验式互动景观的研究 [D]. 南京：南京工业大学，2015.

[277] 赵红梅，李庆雷. 回望"真实性"（authenticity）（上）——个旅游研究的热点 [J]. 旅游学刊，2012，27（4）：11-20.

[278] 赵家祥. 理论与实践关系的误区 [N]. 中国教育报，2004-11-23（ZZ1版）.

[279] 赵静蓉. 怀旧文化事件的社会学分析 [J]. 社会学研究，2005（3）：182-195.

[280] 赵一凡. 西方文论关键词 [M]. 北京：外语教学与研究出版社，2006：349.

[281] 赵毅衡. 符号学：原理与推演 [M]. 南京：南京大学出版社，2016：28.

[282] 郑震. 身体：当代西方社会理论的新视角 [J]. 社会学研究，2009（6）：187-205.

[283] 周芳琳. 马克思的交往理论与人的发展理论 [D]. 郑州：河南大学，2009.

[284] 周广鹏，余志远．旅游体验：从视觉凝视到精神升华［J］．商业研究，2011（12）：175-180．

[285] 周琼．台湾休闲农业创意特色之剖析［J］．台湾农业探索，2014，128（3）：1-5．

[286] 周尚意，张晶．地方性对地理标识性产品垄断利润形成的影响——以苏州洞庭碧螺春为例［J］．地理科学，2015（11）：1357-1363．

[287] 周尚意．人文主义地理学家眼中的"地方"［J］．旅游学刊，2013（4）：230-239．

[288] 周熹．长沙休闲农庄规划设计研究［D］．长沙：湖南大学，2013．

[289] 周志强．从"游客凝视"到"游客化"——评《游客凝视》意识形态批评的理论贡献［J］．文学与文化，2010（1）：138-142．

[290] 朱军．"地方"终结了吗：空间理论的辩证思考［J］．文艺理论研究，2020（3）：136-144．

[291] 朱晓兰．"凝视"理论研究［D］．南京：南京大学，2011．

[292] 邹统钎，等．旅游目的地地格理论研究［M］．北京：中国旅游出版社，2022．

索引

后记

　　现阶段，我国旅游学科的发展似乎遇到了瓶颈（事实上，这个问题长期以来就已存在）。在新的历史时期，全国旅游管理专业开始出现了新一轮的萎缩。对此，我们并没有一个确切的数据来反映这一点。但从最近几年所发生的多个省、多所学校旅游院系的调整（旅游院系被其他学院兼并）和本科学位点撤销的反馈中，或许就能看出这个端倪。该专业的萎缩，跟前些年专业建设过快，人才供给量过大、行业信心不足等因素有关，但可能也跟这个专业自身没有建设好存在一定的关联。

　　在旅游人才培养的过程中，我们并不否认少数旅游院校所实行的精英化的教育以及它所取得的成绩，借此培养了一大批优秀的旅游专业人才。但是，如果将本专业的人才培养质量纳入全国总体范畴去评判，或许我们又不得不承认，旅游管理专业所培养的人才并未得到行业的高度认可。很多时候，旅游管理专业毕业的学生在择业时可能会面临被替代的可能与风险。比如，做饭店前台的学生很可能会被外语专业的学生替代；做旅游企业财务的学生很可能会被会计专业的学生替代；做旅游规划的学生很可能会被城乡规划专业的学生替代。在旅游教育年会上，谢朝武针对这一现象，不无忧虑地指出，中国旅游教育正面临来自包括学生、教师、学校、产业和社会等各方面的歧视。

该观点并非危言耸听，而是发人深省。不免让人质疑，旅游管理专业到底有没有存在的必要？这个专业的优势到底在哪里？我们又该如何破解这种尴尬的局面？

旅游管理专业要想摆脱各种歧视的局面，所要付出的努力是多方面的。但最核心、最根本、最迫切需要解决的问题是，旅游学科在专业知识系统成熟度的建设上需要付出更大的努力。只有把知识体系构建好，积累深，知识既有广度，又有深度，旅游专业的执教者才会有底气，这个专业才会被学生认同，它在学校的学科中才会有一定的话语权，培养的人才具有核心竞争力，才能得到社会的认可。正是由于专业知识体系的薄弱，才会有不少人认为旅游专业技术含量不高。但旅游管理看似是一个门槛低的专业，却是一个进阶难的专业。这一特性是由该专业的学科交叉和强实用的属性所决定的。从学科交叉的角度来看，旅游学科的建设需要借助心理学、社会学、经济学、管理学、地理学、美学、环境学等若干学科的哺育和支持。就实践的角度而言，职业经理人孙震指出：优秀的景区操盘手需要具备丰富的交叉学科知识，自然山水景区有大量动植物，是个庞大的、体系完整的动植物基因库，需要有植物学、动物学、土壤学、林学等方面的知识；景观资源的发现和打造，需要地理、地质等方面的知识；景区规划、道路和房屋的创造设计，需要美学、规划、建筑等方面的知识；旅游活动开展、住宿、餐饮、店面经营，需要心理学、传媒学、管理学等方面的知识；投资回报分析、盈利模式建立，又需要有货币银行学、经济学等方面的知识。以上阐释，尽管问题说明的角度不一样，但它们都意味着旅游学科所培养的人才需要掌握复杂的学科知识，并因此带来了更高的挑战性与难度。

李原在谈到旅游学科问题时指出，尽管我国旅游学科已构成一个蔚为壮观的庞大机体，但学科建设尚处在一个粗放的阶段，课程体系设计缺乏严密的科学的内在逻辑，传统知识依然停留在对管理学、经济学、社会学、心理学、历史学等传统学科理论的复制和粘贴后的简单概说上。也就是说，旅游学科知识体系在深度建设上确实存在一定的问题。

这种现象值得我们反思。还有人批评旅游学科没有自己专属的理论或知识贡献。对于这个问题，我的看法是：第一，旅游学科的理论并非没有，其实也不少，但目前还缺乏一些系统性梳理或总结旅游各个领域的理论成果。从现有的文献数量上来看，国内旅游研究已建构起蔚为壮观的学术景象，但这些研究还比较分散，缺少一个体系化或子体系化的聚类，聚焦于各领域的知识整理等方面的工作还比较有限。第二，旅游学科理论的形成，从知识演化的角度来说，或许就是一个从外向内的过程。如果将旅游的本质归为一种体验，那么旅游者体验所衍生的问题则是方方面面的，会涉及借用其他学科的理论进行关照。也就是说，需要针对旅游中的具体问题，结合所牵涉的学科进行他者理论上的学术关照（即对其他学科理论知识的采借与移植）。但在理论知识采借的过程中，旅游学者应该努力做到结合旅游的特性进行深度的融入，尽量避免理论知识的简单移植与生吞活剥，需要从对象相似性、情境趋同性、内容要素的多寡性等不同角度进行仔细研究与推敲，必要时还可做出改良与探索，最终生发出带有自身鲜明特色的理论。因此，这是一个由外向内，又不断内化而形成的知识体系。我们并不认为这种路径会由于他者的关照而感到不自信。只要它的最终内化是成熟的、自洽的、合适的，那就是专属的、实用的。只有在成熟的学科知识体系的关照下，本专业所培养的人才才有可能赢得行业的尊敬和认可。

在以上的论述中，我们既可以看出旅游学科的复杂性，也可以得出一个结论，即优秀的旅游人才所具备的知识体系，很可能是其他背景学科培养的人才难以替代的。因为这个专业的人才培养强调知识的交叉性，而其他学科所培养的人才或许在知识领域的某一方面很擅长或很专长，但在涉及综合知识的运用上或许会有所欠缺。因此，在旅游专业的人才培养中需要解决的一个重要问题是，如何让学生具备这样的能力。这既需要旅游人才的努力及长期的积淀，也需要旅游知识共同体在知识的生产端付出努力。唯有在精耕细作的前提下，长此以往，旅游的知识大厦才会建成，旅游学科之树才能茁壮成长，并根深叶茂。

在这个知识生产的过程中，或许需要特别注意以下方面：

第一，充分认识做科研的重要性和必要性。旅游学科中很多的知识，要想灵活驾驭并向学生清晰表达，如果没有科研上的发现或科研性的学习，则很难做好这种知识的传递。现在很多高校都提倡社会服务，其实做好社会服务（如管理咨询、旅游规划等）同样离不开扎实的科研训练。科学研究不仅是知识生产的重要途径，也是知识传递的关键一环。

第二，迈向高质量的知识生产。在科研指标的重压下，国内的旅游学术界已形成了大量的文献积累。这种景象看似蔚为壮观，但有不少的文献实质上少了研究本该有的深思熟虑与抽丝剥茧。因此，要在政策上做出引导，尽量减少重复性、错误性的知识生产工作，最大程度地避免误导性的知识生成。需要提醒的是，学术界要慎重对待专著及教材这种知识传递工具。高质量建设要求，在成熟学科建设的目标感召下，在敬畏知识的前提下，负责任地做好旅游管理类专著及教材的撰写工作。

第三，重视旅游基础理论的构建。当前，国内旅游学人普遍认识到旅游基础理论建设的薄弱，感受到因理论缺位而带来的研究困境，以及由此造成的旅游产业实践发展的困惑，这些现象都在迫切地呼唤旅游基础理论的构建。这些有益理论的形成，依托于对实践问题的理论化抽象，得到阐发事物的原理，获得其背后的规律与机制。

第四，贴近行业现实，聚焦产业发展实践中的问题，提倡有用知识的建构。孔德在《实证精神论》的著作中，论述"实证"一词的含义时，指出"实证"应意味着有用，反对用于满足人的无用的空泛的好奇心的知识，强调知识必须探求实在，要求对社会有用，有益于个体和集体生活的改善。在现有的旅游知识生产中，我们也看到有大量的学术研究成果追求高大上的学理性，或沉醉于复杂的统计分析，并没有在有用的知识上取得实质性的突破或带来多少有益的实践启示，这也是旅游学科知识生产过程中需要严加注意的问题。

本书的写作，正是在这样的背景下开展的。本书在对旅游体验研究领域的理论知识进行整理的基础上，尝试着做出自己的努力和贡献。显然，这份努力带有个人的一腔热情，但也真实地反映了我的内心，期望旅游学科紧紧地扎根于旅游的广袤田野，枝繁叶茂，硕果累累，滋养着认真生活在这片土地上的每一位旅游人。

　　最后，我要感谢为本书写作提供各种帮助的人。这本书是我在海南大学访学进修期间完成的著作，非常感谢导师谢彦君教授的指导，他把我领进旅游体验研究的殿堂，它好比一座富矿，让我可以在这个领域里不断地开垦，收获着无数的珍宝。感谢施国新、王恩旭、张希等老友，他们在第一时间阅读了我的书稿，并时常给予我鼓励，让我有了坚持写作的动力。非常感谢邹本涛教授热情慷慨地答应了我的请求，为本书拨冗作序。这篇序言洋洋洒洒，文气充沛，充满智慧。邹教授对本书多处地方给予了认可和赞赏，表达了对后生的提携和鼓励之情，让我深深感动。还要特别感谢我的家人，我亲爱的父母、妻子和可爱的小女儿。真心感谢他们的陪伴，这让我的生命充满了力量和幸福感。

东北财经大学旅游与酒店管理学院 余志远
2023 年 11 月于大连